खाद्य एवं पोषण सुरक्षा हेतु दलहन

खाद्य एवं पोषण सुरक्षा हेतु दलहन

लेखकगणः

जय सी. राणा

रणबीर सिंह

मुरलीधर एस. अश्की

आर. राजू

ओ.पी. सिंह

सतीश सीरियल पब्लिशिंग हाउस

403, एक्सप्रेस टॉवर, वाणिज्यिक परिसर, आजादपुर, नई दिल्ली–110033

दूरभाषः 011–27672852 फेक्सः 91–11–27672046

ईमेलः info@satishserial.com, hkjain1975@yahoo.com

वैबसाईटः www.satishserial.com

Published by :

SATISH SERIAL PUBLISHING HOUSE
403, Express Tower, Commercial Complex, Azadpur, Delhi-110033 (INDIA)
Phone : 011-27672852 Fax : 91-11-27672046
E-mail : info@satishserial.com, hkjain1975@yahoo.com

ISBN 978-93-90660-64-3
E-ISBN 978-93-90660-71-1

Composed, Designed & Printed in India

लेखकों का परिचय

डॉ. जय सी. राणा, हिमाचल प्रदेश के गांव हरसी में जन्मे हैं। आपने पीएच.डी. आनुवंशिकी एवं पादप प्रजनन में उपाधि प्राप्त की है। वर्तमान में आप भाकृअनुप–राष्ट्रीय पादप आनुवंशिकी संसाधन ब्यूरो, नई दिल्ली में प्रधान वैज्ञानिक पद पर कार्यरत हैं और प्रतिनियुक्ति के आधार पर अंतर्राष्ट्रीय जैव विविधता एलायंस और सीआईए, भारत, कार्यालय में देश का प्रतिनिधित्व कर रहे हैं। डॉ. राणा ने पादप आनुवंशिक संसाधनों के प्रबंधन और उपयोग में सराहनीय कार्य किया है। उन्होंने फसलों की 13 किस्मों का विकास किया है; 6 पेटेंट, पंजीकृत 25 आनुवंशिक स्टॉक, 6 उपयोगी किस्में किसानों के लिए विकसित की हैं तथा 34 अन्वेषणों का संचालन किया, 2,869 परिग्रहणों को एकत्र किया और मूल्यांकन के दौरान 2,357 परिग्रहणों और 06 नई फसलों की शुरुआत की। 75,000 जर्मप्लाज्म परिग्रहण; कृषि विज्ञान, जैविक, अजैविक, जैव रासायनिक और गुणवत्ता लक्षणों के लिए 3 कोर और 200 विशेषता विशिष्ट संदर्भ सेट विकसित किये हैं। कृषि जैव विविधता को मुख्य धारा में लाने के अंतर्गत, आपके सहकर्मी की समीक्षा की गई राष्ट्रीय और अंतर्राष्ट्रीय पत्रिकाओं में 161 शोध पत्र प्रकाशित हैं। इसके अतिरिक्त आपने 41 पुस्तक अध्याय, 14 लोकप्रिय लेख, 10 तकनीकी बुलेटिन/मैनुअल और 2 पुस्तकें लिखीं। 23 परियोजनाओं के माध्यम से 165 करोड़ 253 बाहरी वित्त परियोजनाओं पर कार्य कर रहे हैं। आपको पहाड़ी कृषि पर उत्कृष्ट अनुसंधान के लिए आईसीएआर–एमएस स्वामीनाथन राष्ट्रीय पुरस्कार प्राप्त हुआ है। डॉ. राणा एनएएएस के मान्यता पुरस्कार, बीआर बरवाले पुरस्कार, आईबीआरए का गोल्डन पीकॉक पुरस्कार, पीजीआर के उपयोग के लिए डॉ. आरबी एकबोटे राष्ट्रीय पुरस्कार, एनएएएस, आईएसजीपीबी, आईएसपीजीआर की फैलोशिप, पोस्ट डॉक्टर फैलोशिप, चीन आदि से सम्मानित व्यक्ति हैं।

श्री रणबीर सिंह, सहायक मुख्य तकनीकी अधिकारी, सस्यविज्ञान संभाग, भाकृअनुप–भारतीय कृषि अनुसंधान संस्थान, नई दिल्ली में कार्यरत हैं। पूर्व में आपने कृषि अभियांत्रिकी संभाग में कृषि यंत्रों एवं मशीनों के निर्माण, खेतों में प्रयोग, रख–रखाव प्रबंधन, फसलोत्पादन तथा कृषि यंत्रों के तकनीकी हस्तान्तरण का कार्य किया है। आपने एम.एससी. (कृषि) एवं नेट (शस्यविज्ञान) तथा एम.ए. अर्थशास्त्र की उपाधियां प्राप्त की हैं। श्री सिंह ने 120 से अधिक वैज्ञानिक व लोकप्रिय कृषि लेख लिखे हैं तथा 16 पुस्तकों तथा 14 प्रपत्रों का आलेखन भी किया है। आपने अनेक सेमिनारों/कार्यशाला/गोष्ठी में राष्ट्रीय एवं अन्तर्राष्ट्रीय स्तर पर भाग लिया है तथा वे दो कृषि समितियों के आजीवन सदस्य भी हैं। आपको

कृषि लेखन कार्य के लिए पूसा संस्थान के अलावा पुस्तक ''**भारतीय कृषिः चुनौतियाँ एवं अवसर**'' के लेखन कार्य हेतु गृह मंत्रालय के ''**राजभाषा गौरव पुरस्कार**'' 2015 में महामहिम राष्ट्रपति द्वारा पुरस्कृत व सम्मानित किया जा चुका है। श्री सिंह को सामाजिक विज्ञान एवं प्राकृतिक संसाधन प्रबंधन व कृषि अभियांत्रिकी विषय पर पुस्तक लेखन हेतु भारतीय कृषि अनुसंधान परिषद द्वारा **''डॉ. राजेन्द्र प्रसाद पुरस्कार''** वर्ष 2016, 2019 एवं 2020 में तीन बार यह पुरस्कार प्राप्त हो चुके हैं। आपको उक्त पुरस्कारों के अतिरिक्त भा.कृ.अ.सं., नई दिल्ली द्वारा दो बार पुस्तक लेखन हेतु ''**डॉ. रामनाथ सिंह**'' पुरस्कार द्विवार्षिक वित्तीय वर्ष 2017 एवं 2020 में प्राप्त हुआ है। सम्प्रति वर्तमान में आप भा.कृ.अ.प.–भा.कृ.अ.सं., नई दिल्ली स्थित सस्यविज्ञान संभाग के जैव पदार्थ उपयोग इकाई में विभिन्न फसल अवशेषों से जैविक खादों एवं वर्मीकम्पोस्ट को तैयार करने तथा उनके दक्षतापूर्ण प्रबंधन पर कार्य कर रहे हैं।

डॉ. मुरलीधर एस. अश्की, वर्तमान में आप भाकृअनुप–भा.कृ.अनु.सं. नई दिल्ली के आनुवंशिकी संभाग में वरिष्ठ वैज्ञानिक पद पर कार्यरत हैं। v ki usDAU, धारवाड़ से B.Sc.(Ag.) और ANGRAU, हैदराबाद एमएससी (Ag.) एवं आईएआरआई से पीएचडी की उपाधि प्राप्त की हैं। आपके पास अनुसंधान प्रशिक्षण और शिक्षण प्रशिक्षण में 14 वर्ष का अनुभव है। डॉ. अश्की को दलहनी फसलों के अनुसंधान और विकास में उत्कृष्ट योगदान के लिए विशेष अनुसंधान उपलब्धि के रूप में 4 वैज्ञानिक पुरस्कारों से सम्मानित किया जा चुका है। डॉ. अश्की ने प्रतिष्ठित अंतर्राष्ट्रीय व राष्ट्रीय पत्रिकाओं में 25 शोध पत्र, सम्मेलन की कार्यवाही में 8 पत्र और अन्य पत्रिकाओं में प्रकाशित किए हैं। उन्होंने 2 शिक्षण / प्रशिक्षण प्रसार मैनुअल, 4 बुलेटिन और 5 अंतर्राष्ट्रीय और राष्ट्रीय कांग्रेस / संगोष्ठी की कार्यवाही और 3 से अधिक पुस्तक अध्याय प्रकाशित हैं। अनुसंधान के अलावा, वह सक्रिय रूप से स्नातकोत्तर शिक्षण में शामिल है। आपका अनुसंधान क्षेत्र के रूप में दलहनी फसलों के किस्मों का विकास रहा है।

डॉ. आर. राजू, वर्तमान में आप कृषि अर्थशास्त्र विभाग, भाकृअनुप–भारतीय कृषि अनुसंधान संस्थान, नई दिल्ली में वरिष्ठ वैज्ञानिक के पद पर कार्यरत हैं। आपने बी.एससी. और एम.एससी. (कृषि अर्थशास्त्र) कृषि विज्ञान विश्वविद्यालय, जीकेवीके, बेंगलुरु से और पीएच.डी. भाकृअनुप–भारतीय कृषि अनुसंधान संस्थान, नई दिल्ली से उपाधियाँ प्राप्त की हैं। इसके अलावा, उन्होंने इंदिरा गांधी राष्ट्रीय मुक्त विश्वविद्यालय (इग्नू), नई दिल्ली से ग्रामीण विकास में स्नातकोत्तर डिप्लोमा (पीजीडीआरडी) प्राप्त किया है। डॉ. राजू को विभिन्न आईसीएआर संस्थानों में अनुसंधान, शिक्षण और विस्तार में 12 वर्षों से अधिक का अनुभव है। उन्होंने एनएएएस रेटेड पत्रिकाओं में लगभग 50 शोध पत्र, 10 पुस्तक अध्याय,

15 लोकप्रिय लेख, 10 सार प्रकाशित किए हैं। आपने 8 प्रशिक्षण नियमावली और 20 से अधिक सफलता की कहानियां और लगभग 20 राष्ट्रीय और अंतर्राष्ट्रीय सम्मेलनों/संगोष्ठियों में भाग लिया। आपने अभी तक 6 एम.एससी. छात्रों का मार्गदर्शन/सह–निर्देशन किया है।

डॉ. ओ.पी. सिंह, प्रधान वैज्ञानिक (कृषि प्रसार), भाकृअनुप–भारतीय कृषि अनुसंधान संस्थान, नई दिल्ली के कृषि प्रसार संभाग में कार्यरत हैं। आपने एम.एससी. एवं पीएच.डी. (डेरी प्रसार) की उपाधियों के अतिरिक्त एल एल.बी. एवं एम.बी.ए. की डिग्रियाँ भी प्राप्त की हैं। आपको वर्ष 2010 में राष्ट्रीय संसाधन प्रबंधन, अमृतसर (पंजाब) का उत्तम पेपर पुरस्कार सहित बहुत सारे अन्य पुरस्कारों को प्राप्त करने का गौरव प्राप्त है। डॉ. सिंह ने वर्ष 2017 से स्नातकोत्तर स्तर के विद्यार्थियों को पढ़ाने, राष्ट्रीय एवं अन्तर्राष्ट्रीय प्रशिक्षण कार्यक्रम आयोजित करने के अतिरिक्त अभी तक 6 पुस्तकों, 25 शोध पत्रों, 55 से अधिक लोकप्रिय आलेख तथा 1 तकनीकी प्रपत्र का प्रणयन किया है। डॉ. सिंह गृह मंत्रालय से राजभाषा गौरव पुरस्कार प्राप्त हैं। डॉ. सिंह पिछले 30 वर्षों से भारत सरकार की जल एवं मृदा संरक्षण की बहुत सी परियोजनाओं जैसे, जलसंग्रहण एवं समेकित जल संग्रहण की सफलतापूर्वक सम्पादन कर चुके हैं।

प्रस्तावना

बढ़ती जनसंख्या एवं जलवायु में हो रहे अप्रत्याशित बदलाव को देखते हुए यह आवश्यक हो गया है कि हम खाद्यान्न उत्पादन में उन फसलों के समावेश पर विशेष बल दें, जो पोषण सुरक्षा में महत्वपूर्ण हैं। ऐसे में दलहनी फसलें केवल एक कारगर विकल्प ही नहीं बल्कि प्रति इकाई क्षेत्र में खाद्यान्न फसलों की तुलना में कई गुना अधिक उपज भी देती हैं। दलहनी फसलें उच्च गुणवत्तायुक्त होती हैं एवं इनमें कम निवेश की आवश्यकता होती है। फसल विविधता में दलहनी फसलों का बहुत बड़ा योगदान है। दलहनी फसलों में प्रोटीन की मात्रा 20 से 25 प्रतिशत तक होती है एवं ये अपनी नत्रजन का आपूर्ति वायुमण्डलीय नाइट्रोजन स्थिरीकरण द्वारा पूरी कर लेती है। विकसित देशों में प्रोटीन का प्रमुख स्रोत मांस है परन्तु विकासशील देशों में प्रोटीन का प्रमुख स्रोत दालें हैं। दालें प्रोटीन का सस्ता एवं आसानी से उपलब्ध होने वाला माध्यम है।

विश्व में अल्प विकसित एवं विकासशील देशों में कुपोषण एक गम्भीर समस्या है। पोषण सुरक्षा के बारे में बढ़ती जागरुकता के कारण दालों की खपत देश में निरन्तर बढ़ रही है तथा पोषण युक्त भोजन के लिए दालों पर निर्भर है। दलहनी फसलें भारत में खाद्यान्न फसलों के बाद दूसरे नम्बर पर आती हैं। इनका पोषण सुरक्षा, मृदा स्वास्थ्य को सुधारने, टिकाऊपन एवं अधिक उत्पादकता को बनाए रखने में महत्वपूर्ण योगदान है। दालें प्रोटीन, खनिज लवण, विटामिन एवं सूक्ष्म पोषक तत्वों इत्यादि का मुख्य एवं सस्ता स्रोत हैं। मानव खाद्य, पोषण एवं स्वास्थ्य संवर्धन और रोग की रोकथाम के लिए दालों में पाये जाने वाले पोषक तत्व एक महत्वपूर्ण भूमिका निभाते हैं। भारत में दालों एवं खाद्य तेलों के कम उत्पादन के कारण आज भी हमें अन्य देशों से इन कृषि उत्पादों का आयात करना पड़ रहा है। इस मद पर काफी मात्रा में बहुमूल्य विदेशी मुद्रा का प्रत्येक वर्ष खर्च करना पड़ रहा है। किसी भी फसल की उत्पादकता एवं उपज बढ़ाने में अच्छे गुणवत्ता के बीजों की सार्थक भूमिका होती है। देश की विभिन्न कृषि जलवायु स्थितियों के अनुकूल ऐसे उन्नत बीजों का विकास कृषि अनुसंधान संस्थानों में कार्यरत वैज्ञानिकों की कड़े श्रम का परिणाम है। किसान इन बीजों का प्रयोग करते हुए संस्तुत कृषि तकनीकियों के माध्यम से दलहनी फसलों की पैदावार में वृद्धि कर अपनी आमदनी में वृद्धि करने के साथ देश की आयात निर्भरता में भी कमी ला सकते हैं। इस प्रकार बड़ी मात्रा में विदेशी मुद्रा की बचत के अतिरिक्त देश की जनता को कम कीमतों पर प्रोटीन से भरपूर दालों की उपलब्धता भी सुनिश्चित करने में सफलता प्राप्त की जा सकती है। भारत सरकार एवं विभिन्न राज्य सरकारों द्वारा दलहनी फसलों की खेती की ओर किसानों को आकर्षित करने तथा इन फसलों का देशव्यापी स्तर पर क्षेत्रफल बढ़ाने के लिए विभिन्न प्रकार के कार्यक्रमों एवं योजनाओं को भी क्रियान्वित किया जा रहा है।

लेखक

आमुख

भारतीय कृषि की रोजगार सृजन, आजीविका, खाद्य, पोषण और पर्यावरण सुरक्षा में बहुआयामी सफलता से जुड़ी एक शानदार लम्बी कहानी रही है। इस विषय में हरित क्रांति परिवर्तन का पहला दौर था। खाद्यान्नों, सब्जियों और बागवानी उत्पादों–फलों के अतिरिक्त, इस बात की सराहना की जानी चाहिए कि दालें कृषि उत्पादन की निरन्तरता बनाये रखने का एक महत्वपूर्ण अवयव हैं क्योंकि दलहन फसलें वाहिका जड़ प्रणाली के कारण मृदा को अधिक उपजाऊ बनाते हुए सम्पूर्ण मृदा की उर्वरता में भी सुधार करती हैं। दालें प्रोटीन, रेशा सामग्री का भी महत्वपूर्ण स्रोत हैं और इनमें विटामिन और खनिजों की प्रचुर मात्रा होती है। भारत विश्व में दालों का सबसे बड़ा उत्पादक, आयातक और उपभोक्ता है। उपज व मूल्य के दृष्टिकोण से खाद्यान्नों के बाद दलहनी फसलों का भारतीय कृषि अर्थव्यवस्था में महत्वपूर्ण स्थान है। भारत की आधे से अधिक जनसंख्या के लिए दालें न केवल खाद्य एवं पौष्टिकता का आधार हैं, बल्कि प्रोटीन, अनेक खनिज लवणों तथा आवश्यक अमीनो अम्लों की आपूर्ति का सबसे सस्ता स्रोत भी है। तीव्र गति से बढ़ती जनसंख्या की दलहन मांग की आपूर्ति हेतु एवं दालों की आयात की समस्या से निपटने के लिए इनका उत्पादन बढ़ाने की नितान्त आवश्यकता है, जिससे दालों के संकट को काफी हद तक कम किया जा सकता है। गत वर्षों से देश में दालों की उत्पादकता व उत्पादन बढ़ा है। वर्ष 2020–21 में दालों का उत्पादन 25 मि. टन लगभग होने का अनुमान है, जबकि पिछले वर्ष 2019–20 में यह 23.2 मि. टन था। एक अनुमान के अनुसार वर्ष 2030 तक दालों की 23 मि. टन की आवश्यकता है। फिर भी आवश्यकता पूर्ति हेतु भारत को 40 लाख टन का आयात विदेशों से करना पड़ता है। इसलिए हमें ऐसी रणनीति बनाने की आवश्यकता है जिससे हम दलहन उत्पादन में आत्मनिर्भर होकर निर्यात कर सकें। अतः संयुक्त राष्ट्र ने दालों के महत्व पर एक समग्र दृष्टिकोण अपनाते हुए वर्ष 2016 को दालों का अंतर्राष्ट्रीय वर्ष घोषित किया था जिसका उद्‌देश्य दालों के उपयोग द्वारा कुपोषण पर अंकुश लगाकर महत्व को उगाकर करना था। भारत दालों का सबसे बड़ा उत्पादक और उपभोक्ता भी है, परन्तु खपत अक्सर अपेक्षित मात्रा से कम होती है, जिसे आयात के द्वारा कमी को पूरा किया जाता है। ऐसी आशा की जा रही है कि दालों की कमी अब बीते दिनों की बात रह जाएगी।

अन्त में लेखकों को राजभाषा में लिखित **"खाद्य एवं पोषण सुरक्षा हेतु दलहन"** पुस्तक के लिये साधुवाद देता हूँ और आशा करता हूँ कि यह पुस्तक समस्त पाठकों के लिए उपयोगी सिद्ध होगी। पाठकों को ढेर सारी शुभकामनाएं।

विषय सूची

अध्याय–1

खाद्य एवं पोषण सुरक्षा हेतु दलहनः सिंहावलोकन/विषय प्रवेश

भारतीय अर्थव्यवस्था के लिए कृषि उसी तरह मूलभूत आवश्यकता है, जैसे मानव शरीर के लिए रीढ़ की हड्डी है। देश में कृषि क्षेत्र ने खाद्य सुरक्षा एवं आर्थिक विकास में बहुमुखी योगदान दिया है, परन्तु पोषण सुरक्षा के ऊपर भी बल दिया जाना आवश्यक है। भारत में स्वतंत्रता प्राप्ति के बाद कृषि की देश की सकल घरेलू उत्पादन में भागीदारी लगभग 51.9 प्रतिशत थी। वर्ष 2020–21 के आर्थिक सर्वेक्षण के आधार पर बातें करें तो 17 वर्षों के बाद सम्पूर्ण देश में कृषि की भागीदीरी बढ़कर 19.9 प्रतिशत पर जा पहुँची है। हमारे देश की तीव्र गति से बढ़ती जनसंख्या हेतु खाद्य, पोषण सुरक्षा एवं अन्य आवश्यकताओं की मुख्य जिम्मेदारी कृषि पर ही आधारित है। कुल कार्य बल की 54.6 प्रतिशत जनसंख्या कृषि एवं उससे सम्बद्ध क्षेत्र के कार्यकलापों में लगी हुई है। भारत की लगभग 70 प्रतिशत जनसंख्या और 43 प्रतिशत लोगों को कृषि क्षेत्र में रोजगार मिला हुआ है। वर्ष 2019–20 के आर्थिक सर्वेक्षण के अनुसार कृषि का कुल सकल मूल्य संवर्धन (जीवीए) में मात्र 16.5 प्रतिशत योगदान रहा है। आज कृषि पर सबसे अधिक दबाव बढ़ती जनसंख्या का है। इसके अतिरिक्त भारतीय कृषि एवं किसानों को जलवायु परिवर्तन के कारण उत्पन्न मौसम की अनियमितताओं और कोरोना संक्रमण के फलस्वरूप विभिन्न प्रकार की कठिनाइयों का सामना करना पड़ रहा है। देश के 329 मिलियन हैक्टेयर क्षेत्रफल में से केवल 143 मिलियन हैक्टेयर पर खेती की जा सकती है, जहाँ पर उपलब्ध प्राकृतिक संसाधनों को बिना नुकसान पहुँचाए उत्पादन एवं उत्पादकता बढ़ाना होगा। ऐसे में कृषि को विकसित करने के लिए नवीनतम तकनीकों का प्रयोग करने की तत्काल आवश्यकता है। वर्ष 2020 की शुरुआत में भारत, चीन के बाद सबसे बड़ा कृषि निर्यातक देश है।

भारतीय कृषि का परिदृश्य

भारत एक समय में खाद्यान्न की कमी वाला देश होने से लेकर अतिरिक्त खाद्यान्न वाला देश बनने तक का लंबा सफर तय कर चुका है। वर्ष 2021 में हमारा

देश आजादी के अमृत महोत्सव का 75 वाँ वर्ष मना रहा है। आजादी के बाद के वर्षों में खाद्यान्न की कमी आम बात थी। भारतीय कृषि में अनुसंधान एवं विकास एक प्रमुख क्षेत्र है, जिसके माध्यम से बहुत पहले खाद्य सुरक्षा प्राप्त कर चुका है और पोषण सुरक्षा जैसे महत्वपूर्ण लक्ष्य की ओर तेजी से कदम बढ़ा रहा है। कृषि तथा सम्बन्धित उद्यमों में भारत ने वैश्विक पटल पर भी अपना एक विशेष स्थान अर्जित किया है। वर्तमान में भारत दूध, दालों, मसाले, चाय, काजू और जूट का विश्व में सबसे बड़ा उत्पादक है, जबकि गेहूँ, धान, फल व सब्जियां, गन्ना, कपास और तिलहन के उत्पादन में इसका दूसरा स्थान है। विश्व के लगभग 4 प्रतिशत जलस्रोत और 2.4 प्रतिशत भू–संसाधन होने के बाद भारत द्वारा विश्व की लगभग 18 प्रतिशत जनसंख्या को खाद्य सुरक्षा कराई गई है, जो अपनी तरह का अकेला वैश्विक कीर्तिमान है। कृषि एवं किसान कल्याण मंत्रालय के अनुसार, तीसरे अग्रिम अनुमान में वित्त वर्ष 2020–21 के दौरान देश का कुल खाद्यान्न उत्पादन 305.44 मिलियन टन अनुमानित है, जो अब तक का उच्चतम रिकार्ड है, जबकि 2019–20 में यह 297.50 मिलियन टन था (सारणी 1)।

सारणी 1: भारत में खाद्यान्न उत्पादन (मिलियन टन में)

2016–17	2017–18	2018–19	2019–20	2020–21
275.11	285.01	285.21	297.50	305.44

खाद्य एवं पोषण सुरक्षा

खाद्य सुरक्षा से तात्पर्य खाद्य पदार्थों की सुनिश्चित आपूर्ति एवं जनसामान्य के लिए भोज्य पदार्थों की उपलब्धता से है। संयुक्त राष्ट्र के खाद्य एवं कृषि संगठन ने खाद्य सुरक्षा को एक ऐसी स्थिति के रूप में परिभाषित किया है, जहाँ सभी लोगों के पास हर समय पर्याप्त, सुरक्षित और पौष्टिक भोजन की भौतिक, सामाजिक और आर्थिक पहुँच सुनिश्चित हो। एक सक्रिय और स्वस्थ जीवन के लिए उनकी आहार सम्बन्धी आवश्यकताओं तथा खाद्य पसन्द को पूरा किया जाता है' (एफएओ, 2000)। पोषण सुरक्षा जनसंख्या की, पारिवारिक स्तर पर प्रोटीन, ऊर्जा, विटामिन और खनिज लवण की पर्याप्त पोषण स्थिति की ओर इंगित करती है। खाद्य और पोषण सुरक्षा एक साथ ही प्राप्त की जाती है और एक साथ ही इसकी महत्ता है। खाद्य एवं पोषण सुरक्षा से अभिप्राय भोजन की पर्याप्त मात्रा (गुणवत्ता, सुरक्षा, सामाजिक–सांस्कृतिक स्वीकार्यता) की उपलब्धता का सुलभ और संतोषजनक रूप से एक स्वस्थ और सक्रिय जीवन के लिए हर समय जनसंख्या द्वारा उपयोग करना है।

जल की तरह खाद्य भी हमारे अस्तित्व के लिए आवश्यक है। खाद्य व्यक्ति के स्वास्थ्य, शरीर और मस्तिष्क को प्रभावित करता है। इस प्रकार स्वास्थ्य को बनाए रखने के साथ–साथ बीमारी को भी रोकता है। समुचित रूप से संतुलित पौष्टिक आहार एक मजबूत प्रतिरक्षा प्रणाली के समर्थन में सहायता करता है। कुपोषण मोटापा, हृदय रोग, मधुमेह और अनेक प्रकार के कैंसर सहित अन्य स्वास्थ्य समस्याओं के विकास की संभावना को भी कम करता है अर्थात मानव के समुचित विकास एवं वृद्धि के लिए पोषक आहार बहुत ही आवश्यक है। यह शारीरिक एवं मानसिक स्थिरता के लिए शरीर के उपापचय (मेटाबॉलिज्म) को बनाए रखने के अतिरिक्त बीमारियों से भी बचाता है। भोजन हमारी प्रतिदिन की मेटाबॉलिज्म माँग को पूरा करने के लिए हमें ऊर्जा, प्रोटीन, आवश्यक वसा, विटामिन्स, प्रतिऑक्सीकारक (एन्टी–ऑक्सीडेंट्स) तथा खनिज पदार्थ प्रदान करता है। चूंकि इनमें से अधिकतर शरीर में नहीं बनते हैं, अतः इनको आहार के द्वारा पूरा किया जाता है। इसके अतिरिक्त खाद्य भाग में विद्यमान पोषण विरोधी तत्व मानव स्वास्थ्य पर प्रतिकूल प्रभाव डालते हैं। असंतुलित भोजन खाने से विश्व में करोड़ों लोग प्रभावित होते हैं जो कि बुरे स्वास्थ्य एवं सामाजिक–आर्थिक परिस्थितियों की ओर ले जाता है। जन स्वास्थ्य पोषण का उद्देश्य जनसंख्या के बीच समग्र पोषणयुक्त स्वास्थ्य को बढ़ावा देना है। ऐसा विभिन्न तरीकों से किया जा सकता है। प्राथमिक तौर पर अभी तक बढ़ती जनसंख्या का पेट भरने के लिए अधिक उपज देने वाली किस्मों के विकास पर ही जोर रहा है। भारतीय कृषि अनुसंधान परिषद ने धान्य, दलहन, तिलहन, सब्जी एवं फल वाली फसलों की उच्च पैदावार वाली किस्मों की पोषक गुणवत्ता में सुधार किया है। अभी तक देश में विभिन्न फसलों की 5600 से अधिक किस्में विकसित की गई हैं जिनमें से विशेष गुणवत्तायुक्त किस्मों की संख्या नहीं के बराबर है। इन सभी जैव सवंर्द्धित किस्मों का देश की पोषण सुरक्षा में बहुत महत्व है। विश्व खाद्य सुरक्षा की स्थिति प्रतिवेदन 2020 के अनुसार संयुक्त राष्ट्र खाद्य और कृषि संगठन ने भारत में 189.2 मिलियन लोगों के कुपोषित होने का अनुमान लगाया है।

विश्व की लगभग 2 अरब जनसंख्या सूक्ष्म पोषक तत्वों की कमी से उत्पन्न कुपोषण से ग्रसित है। उत्तम स्वास्थ्य व शारीरिक क्रियाओं के लिए आवश्यक कार्बोहाइड्रेट, प्रोटीन, वसा, खनिज तत्व, विटामिन व सूक्ष्म तत्व युक्त पौष्टिक भोजन (जिसमें फल, सब्जी, अनाज, दाल व पशु उत्पाद सम्मिलित हैं) से विश्व की बड़ी जनसंख्या वंचित है। कम आय, सीमित क्रय शक्ति, सूक्ष्म तत्व कुपोषण का मुख्य कारण है। आय का अधिकांश हिस्सा मूल भोजन पर व्यय होता है। मूल

भोजन में सूक्ष्म तत्वों की मात्रा कम है। इस कारण बीमारियां हो जाती हैं तथा मानव की उत्पादकता घट जाती है। कुपोषण विकासशील देशों की मुख्य समस्या है। कुपोषण का प्रभाव महिलाओं व बच्चों पर सर्वाधिक है। संयुक्त राष्ट्र द्वारा निर्धारित ''टिकाऊ विकास लक्ष्य'' वैश्विक समुदायों से खाद्य एवं पोषण सुरक्षा सुनिश्चित करने का आग्रह करते हैं। भारत की 21.9 प्रतिशत जनसंख्या गरीबी रेखा से नीचे रहती है। भारत विश्व के सबसे अधिक कुपोषित लोगों का घर है (194.6 मिलियन), जहाँ 5 वर्ष से कम उम्र के 38.4 प्रतिशत बच्चे छोटे कद के एवं 35.7 प्रतिशत बच्चे कम वजन के हैं।

विश्वभर में भोजन के अभाव में करोड़ों लोग भुखमरी, कुपोषण और भूखजनित बीमारियों से ग्रस्त हो रहे हैं। भुखमरी व कुपोषण के कारण दुनिया में स्वास्थ्य और विकास की प्रत्येक चुनौती और गंभीर हो जाती है। बेहतर स्वास्थ्य के लिए हमें संतुलित आहार की आवश्यकता होती है। संतुलित आहार सभी प्रकार की दालों के बिना अधूरा होता है। स्वाद और स्वास्थ्य की दृष्टि से दालें महत्वपूर्ण हैं। भारतीय उपमहाद्वीप में दलहन फसलें प्रोटीन का प्रमुख स्रोत है,। संतुलित भोजन का आधार होते हुए, वातावरणीय जैविक नत्रजन को मृदा में स्थिर करती है। इसके अतिरिक्त इसकी गहरी जड़ व्यवस्था मृदा के भौतिक गुणों को बनाए रखने में महत्वपूर्ण भूमिका निभाती हैं। दालों में प्रोटीन और रेशे की मात्रा अधिक और वसा की मात्रा कम होती है।

दलहन क्या है?

सरल भाषा में कहा जाए तो दलहन उस अनाज को कहते हैं, जिससे दाल बनती है यानी दाल पैदा करने वाली फसल को दलहन कहा जाता है। भारत में कई प्रकार की दालें प्रयोग की जाती हैं। चना, मसूर, राजमा, मटर, कुल्थी, मूँग और उड़द जैसी कई और दालें दलहन के अंतर्गत आती हैं। दालें हमारे भोजन का सबसे महत्वपूर्ण भाग होती हैं। इनकी विशेषता यह होती है कि आँच पर पकने के बाद भी उनके पौष्टिक तत्व सुरक्षित रहते हैं। दलहन खाद्य फसलों का महत्वपूर्ण समूह है जो राष्ट्रीय खाद्य और पोषण सुरक्षा को सुनिश्चित करने और पर्यावरणीय चुनौतियों से निपटने में महत्वपूर्ण भूमिका निभा सकता है। कुल खाद्यान्न में दलहन की हिस्सेदारी लगभग 9 से 10 प्रतिशत है और फसल आधारित प्रोटीन, इनमें बहुत अधिक मात्रा में प्रोटीन, खनिजों और विटामिन्स का सस्ता स्रोत है।

दलहनी फसलें

Pulse शब्द लैटिन भाषा के शब्द Puls से लिया गया है जिसका अर्थ होता है Cooked Pottage (भूनी फलियां) अर्थात उन पौधों को पल्स की संज्ञा दी गई है, जिनकी फलियों को भूनकर खाया जा सकता है।

वे दलहनी पौधे वे पौधे होते हैं, जिनकी फलियों को तोड़कर उनके अंदर के बीजों का प्रयोग दाल के रूप में किया जाता है, दलहनी फसलें कहलाती हैं। दालें लेग्यूमिनोसी परिवार का भाग होती हैं। ये केवल सूखे बीज को संदर्भित करती हैं। फली के अंदर मानव के साथ–साथ पशु उपभोग के लिए भी उपयोगी विभिन्न आकृति, आकार और रंग के एक से 12 बीज तक निकलते हैं। दालों के परिवार में हरी मटर, हरी फलियों को सम्मिलित नहीं किया जाता है। इन फलियों का उपयोग सब्जी बनाने में किया जाता है, इसलिए इन्हें सब्जियों की फसलों के रूप में वर्गीकृत किया जाता है। दलहन समूह की वे फसलें, जिन्हें मुख्य रूप से तेल प्रसंस्करण के लिए उपयोग किया जाता है, जैसे कि सोयाबीन, मूँगफली, क्लोवर और अल्फा–अल्फा, को दालों के समूह से बाहर रखा जाता है। **दलहनी फसलें अपने** बीज, फलियों में बनाती हैं। यह घास, अनाज और अन्य गैर फलियों वाली फसलों से स्पष्ट रूप से भिन्न होती हैं। इनमें नाइट्रोजन पोषक तत्व की मांग अन्य फसलों की तुलना में कम होती है। इनकी जड़ों की गांठों में राइजोबियम जीवाणु पाये जाते हैं, जो वायुमंडलीय नाइट्रोजन का स्थिरीकरण करके पौधों को उपलब्ध करवाते हैं। इससे मृदा की उर्वरता में वृद्धि होती है। दालों में 20 से 30 प्रतिशत प्रोटीन पाये जाने के कारण ये शाकाहारी लोगों के लिए प्रोटीन का मुख्य स्रोत मानी जाती हैं। इनमें प्रचुर मात्रा में आहारीय रेशा तथा आवश्यक अमीनो अम्ल (मेथियोनीन व लाइसिन) पाये जाने की वजह से ये अनाजों के साथ पोषण के रूप में परिपूरक भी होती हैं।

दलहनी फसलों का इतिहास

लगभग 5,000 से भी अधिक वर्षों से मानव दलहनी फसलों की खेती कर रहा है। ये फसलें दुनिया के अधिकांश क्षेत्रों में उगाई जाती हैं। विश्व में इनके क्षेत्रफल एवं उत्पादन में भारत का प्रथम स्थान है। ये अपेक्षाकृत कम लागत की खाद्य फसलें हैं। मूँग, उड़द, अरहर, चना, लोबिया एवं मटर मुख्य रूप से उगाई जाने वाली दलहनी फसलें हैं। ये फसलें किसानों और उपभोक्ताओं में बेहद लोकप्रिय हैं।

सारणी 2: विभिन्न दालों के हिन्दी एवं अंग्रेजी नाम

क्र. सं.	हिन्दी में नाम	दालों के वैज्ञानिक नाम	अंग्रेजी में नाम	अंग्रेजी में उच्चारण
खरीफ में उगाई जाने वाली दालें				
1.	अरहर/तूर	कैजेनस कजान	Pigeon pea/Red gram	पिजनपी/ रेड ग्राम
2.	मूँग	विग्ना रेडिएटा	Green gram	ग्रीन ग्राम
3.	उड़द/मास	विग्ना मूंगो	Black gram	ब्लैक ग्राम
4.	लोबिया/सोंटा	वगीना अनज्यू कुलाटा	Cowpea	काऊपी
5.	सोयाबीन/भट्ट	ग्लाइसिन मैक्स	Soyabean	सोयाबीन
6.	मोठ	फेसियोलस एकोनलिटफोलियस	Turkish gram	मोथ बीन
7.	कुल्थी/गहत	मैक्रोटेलोमा यूनिफ्लोरम	Kulthi/Horse Bean	हॉर्स बीन
8.	ग्वार	स्यामोपसिस टेट्रागोनोलोब	Cluster Bean/Gaur	ग्वार
रबी की दलहनी फसलों के नाम				
8.	चना	सिसर एरिटिनम लीन	Bengal gram	बंगाल ग्राम
9.	मसूर	लैन्स एसकुलेंटा	Lentil	लेंटिल
10.	मटर	पाइसम स्पीसीज	Peas	पी
11.	राजमा	फैजियोलस वल्गैरिस	Kidney Beans	फ्रेंचबीन/ किडनी बीन
12.	खेसारी	लेथाइरस सेटाइवस	Lathyrus/Khesari	खेसारी/ग्रासपी
जायद की दलहनी फसलें				
1.	मूँग	विग्ना रेडियेटा	Green gram	ग्रीन ग्राम
2.	उड़द	विग्ना मूंगो	Black gram	ब्लैक ग्राम
3.	सोयाबीन	ग्लाइसिन मैक्स	Soyabean	सोयाबीन

सारणी 3: दलहनी फसलों में प्रोटीन की प्रतिशत मात्रा

चना	21 प्रतिशत
मटर	21 प्रतिशत
मूँग	24 प्रतिशत
उड़द	24 प्रतिशत
अरहर	22.4 प्रतिशत
मसूर	25.2 प्रतिशत
सोयाबीन	42.0 प्रतिशत

दलहनी फसलों के गुण

दलहनी फसलों के विशेष गुण जैसे; गहरी जड़ प्रणाली, मृदा पर वनस्पति का आच्छादन, कम पानी चाहने वाली एवं कम उर्वर भूमि में अच्छा उत्पादन क्षमता इत्यादि होते हैं, इसके अतिरिक्त कुछ विशिष्ट गुण भी होते हैं, जैसेः

1. दलहनी फसलें वायुमंडल में उपस्थित नत्रजन (78 प्रतिशत) का स्थिरीकरण करके मृदा को उर्वर बनाए रखने में सहायता करती हैं।
2. रासायनिक उर्वरकों की कम या आवश्यकता नहीं पड़ती है, जिससे किसानों की जोत की लागत कम होती है।
3. दलहनी फसलें कम खर्च में आसानी से तैयार हो जाती हैं तथा इनका प्रयोग भी बहुत सुगम है।
4. मृदा में अघुलनशील फॉस्फोरस को घुलनशील बनाती है, जिससे अगली फसल को भी लाभ पहुँचता है।
5. दलहनी फसलों के प्रयोग से विभिन्न फसलों में 10 से 25 प्रतिशत तक उपज में वृद्धि होती है।
6. इनके प्रयोग से बीजों का अंकुरण शीघ्र होता है एवं पौधों में कल्लों की संख्या में वृद्धि होती है।
7. इनके प्रयोग से रासायनिक उर्वरकों के उपयोग में भी कमी की जा सकती है।
8. इनके प्रयोग से पौधों की जड़ों के आस–पास वृद्धि कारक नियामक उत्पन्न करते हैं, जिससे पौधों की वृद्धि पर अनुकूल प्रभाव पड़ता है।
9. दलहनी फसलों का उपयोग वातावरण सुरक्षा में सहायक है।
10. किसानों को कृषि लागत में कमी और आर्थिक लाभ में सहायता मिलती है।

दलहनी फसलों की विविधता का महत्व

1. दालों में प्रोटीन प्रचुर मात्रा में पाई जाती है और भारतीय शाकीय भोजन में दालें प्रोटीन का एक अच्छा स्रोत हैं।
2. खाद्यान्न के बाद दालें भारतीय भोजन का दूसरा प्रमुख अवयव हैं।
3. दलहनी फसलें लगभग सभी तरह की मृदा एवं जलवायु में उगाई जा सकती हैं।

4. दलहनी फसलें वातावरण में उपलब्ध नाइट्रोजन का मृदा में स्थिरीकरण करती हैं जिससे मृदा की उत्पादकता बढ़ जाती है।
5. फसल चक्र में दलहनी फसलें महत्वपूर्ण भूमिका निभाती हैं क्योंकि वह मृदा को उपजाऊ बनाने के साथ मृदा कणों में संरचनात्मक सुधार करती हैं।
6. दलहनी फसलों की पत्तियों के मृदा में गिरने से मृदा में जीवांश बढ़ता है।
7. दलहनी फसलों में उर्वरकों की आवश्यकता बहुत कम होती है।
8. दलहनी फसलों में पत्तियां चौड़ी एवं अधिक होने तथा जड़ों के लम्बी होने के कारण मृदा क्षरण कम होता है।
9. दलहनी फसलों से उपज के अतिरिक्त, पशुओं के लिए पौष्टिक चारा भी मिलता है।
10. दलहनी फसलों का उपयोग हरी खाद के रूप में मृदा उर्वरता बढ़ानें के लिए किया जाता है।
11. दलहनी फसलों से बहुत से उद्योगों को कच्चा माल मिलता है, जैसेः दाल उद्योग, पापड़ उद्योग, भुने दानों का उद्योग आदि।
12. दलहनी फसलें किसान के लिए नगदी फसलों का काम करती हैं।
13. दालों में रेशे प्रचुर मात्रा में पाये जाते हैं जो कि हृदय को स्वस्थ रखने एवं कोलेस्टेरॉल कम करने में सहायक होते हैं।
14. दालों में पोटैशियम प्रचुर मात्रा में पाया जाता है जो कि रक्तचाप को कम करने में सहायता करता है।
15. दालों का ग्लाइसीमिक क्रमांक कम होता है, जिससे ये रक्त में शर्करा की मात्रा को कम बढ़ाती हैं या रक्त शर्करा को कम रखने में सहायता करती हैं।

दालों की पोषण महत्ता

दालें विकासशील देशों में निम्न–वसा, उच्च रेशा युक्त प्रोटीन का अहम स्रोत हैं। दालें परम्परागत आहार में शामिल रही हैं। दालें उन स्थानों में अति महत्वपूर्ण प्रोटीन स्रोत हैं, जहाँ अजैविक उत्पादों से प्रोटीन की पूर्ति की जाती है। इसके अतिरिक्त दालों से कैल्शियम, लौह और लायसिन जैसे महत्वपूर्ण सूक्ष्म पोषक तत्व भी मिलते हैं। दलहन उत्पादन का 60 प्रतिशत मानवीय उपयोग के काम आता है।

लेकिन दालों के बारे में महत्वपूर्ण बात यह है कि मानव आहार में इनकी मात्रा और इनका प्रकार हर क्षेत्र के अनुसार अलग–अलग देखा गया है। विकासशील देशों में जहाँ कुल आहार में दालों की मात्रा 75 प्रतिशत है, वहीं विकसित देशों में इनकी मात्रा केवल 25 प्रतिशत है। कुल दलहन उत्पादन में से 5 प्रतिशत मात्रा का उपयोग जानवरों के आहार में रूप में किया जा रहा है।

सभी दलहनी फसलें न केवल भारतीय आहार का एक प्रमुख अवयव हैं बल्कि इसके अतिरिक्त वे पशु प्रोटीन की तुलना में आहार प्रोटीन का सस्ता स्रोत हैं। दालें प्रोटीन, विटामिन, खनिज की महत्वपूर्ण स्रोत हैं तथा '**गरीबों का मांस**' और '**अमीरों की सब्जी**' के रूप में, पोषण सुरक्षा हेतु महत्वपूर्ण योगदान करती हैं (सारणी 4)। वर्तमान में, हम दलहन उत्पादन, खपत में आत्मनिर्भर होने के साथ विश्व में प्रमुख आयातक भी हैं। भारत 2050 तक जनसंख्या की मांग के अनुसार उत्पादन को बनाए रखने में सक्षम होगा तथा शुद्ध निर्यातक के रूप हमारी गिनती होगी। दालों की प्रमुख विशेषता आजीविका का प्रमुख स्रोत है और अभी भी एक व्यावसायिक व्यवसाय नहीं है (सिंह एवं अन्य, 2013)।

सारणी 4: दालों में पोषण मान

प्रमुख तत्व	**मात्रा**
प्रोटीन	20 प्रतिशत से अधिक
कार्बोहाइड्रेट्स	55–60 प्रतिशत
वसा	55–60 प्रतिशत
रेशा	3.2 प्रतिशत
फॉस्फोरस	300 से 500 मि.ग्रा./100 ग्रा.
लौह	7–10 मि.ग्रा./100 ग्रा.
विटामिन 'सी'	10–15 मि.ग्रा./100 ग्रा.
कैल्शियम	69–75 मि.ग्रा./100 ग्रा.
कैलोरी	343
विटामिन 'ए'	430–489 आईयू

स्रोतः जर्नल ऑफ एग्री सर्च, वॉल्यूम 2, भारत में दाल उत्पादन का परिदृश्य, द्वारा अनिल कुमार सिंह एवं अन्य

सारणी 5: दालों की पोषक गुणवत्ता

क्र.सं.	दालों का नाम	नमी (ग्रा.)	प्रोटीन (ग्रा.)	वसा (ग्रा.)	खनिज लवण (ग्रा.)	खाद्य रेशे (ग्रा.)	कार्बोहाइड्रेट्स (ग्रा.)	खाद्य ऊर्जा (कि.ग्रा.)	कैल्शियम (मि.ग्रा.)	फॉस्फोरस (मि.ग्रा.)	लौह तत्व (मि.ग्रा.)
1.	चना (साबुत)	9.8	17.1	5.3	3.0	3.9	60.9	360	202	312	4.6
2.	चना (दाल)	9.9	20.8	5.6	2.7	1.2	59.8	372	56	331	5.3
3.	चना (भुना हुआ)	10.9	22.5	5.2	2.5	1.0	58.1	369	58	340	9.5
4.	उड़द (दाल)	10.9	24.0	1.4	3.2	0.9	59.6	347	56	385	3.8
5.	लोबिया (दाल)	13.4	24.1	1.0	3.2	3.8	54.5	323	56	414	8.6
6.	मूँग(साबुत)	10.4	24.0	1.3	3.5	4.1	56.7	334	56	326	4.4
7.	मूँग(दाल)	10.1	24.5	1.2	3.5	5.3	59.9	348	56	405	3.9
8.	कुल्थी (साबुत)	11.8	22.0	0.5	3.2	2.3	57.2	321	287	311	6.77
9.	खेसारी	10.0	28.2	0.6	2.3	0.3	56.6	345	90	317	6.3
10.	मसूर	12.4	25.1	0.7	2.1	0.7	59.0	343	69	293	7.58
11.	मोठ	10.8	23.6	1.1	3.5	4.5	56.5	330	202	230	9.5
12.	हरी मटर	72.9	7.2	0.1	0.8	4.0	15.9	93	20	139	1.5
13.	मटर (सूखी)	16.0	22.9	1.1	2.2	4.5	56.5	315	75	298	7.05
14.	मटर (भुनी हुई)	16.0	19.7	1.4	2.4	4.4	58.8	340	81	345	6.4
15.	राजमा(साबुत)	10.1	22.9	1.3	3.2	4.8	60.6	346	260	410	5.1
16.	अरहर (दाल)	13.4	22.3	17	3.5	1.5	57.6	335	73	304	2.7
17.	सोयाबीन	8.1	43.2	19.5	4.6	3.7	20.9	432	240	690	10.4

स्रोत: गोपालन एवं अन्य, राष्ट्रीय पोषण संस्थान, हैदराबाद, 2002

दालों का पोषणिक महत्व

भारत एक शाकाहार प्रधान देश है। शाकाहारियों के लिए दाल प्रकृति की एक अद्‌भुत प्रदत्त उपहार है। इसमें पाये जाने वाले अमीनो अम्ल लायसिन की मात्रा उच्चकोटि की प्रोटीन प्रदान करने वाले अण्डे के बराबर है। साबुत दालें खाद्य रेशों, खनिज लवणों और विटामिन का अच्छा स्रोत हैं। 'दि हिन्दू-सीएनएन-आईबीएन' द्वारा करवाए गए एक सर्वेक्षण के अनुसार (वर्ष 2006), भारत में लगभग 31 प्रतिशत लोग शाकाहारी हैं, जिनके आहार में दालें उनकी प्रोटीन आवश्यकता के एक बड़े हिस्से को पूरा करने में प्रमुख भूमिका निभा सकती हैं। अनाज की प्रोटीन में आमतौर पर लायसिन की मात्रा काफी कम पाई जाती है। खाद्य एवं कृषि संगठन के अनुसार एक अध्ययन में यह निष्कर्ष सामने आया है कि मानव के स्वास्थ्य के लिए पशु प्रोटीन या अण्डा आवश्यक कैलोरी की पूर्ति हेतु उतना ही सहायक है, जितना एशिया महाद्वीप के लोगों के भोजन में। दाल यहाँ प्रोटीन का सबसे व्यापक व सस्ता स्रोत है। कहावत है कि घर की मुर्गी दाल बराबर लेकिन डॉक्टर कहते हैं कि शाकाहारियों के लिए तो दाल ही मुर्गी के बराबर है। वजह है, इनसे ही शरीर की प्रोटीन की बड़ी आवश्यकताएं पूरी होती हैं। रोज एक कटोरी पकी हुई दाल मांसपेशियों के लिए आशातीत लाभप्रद्र होती है लेकिन इसका असली लाभ लेना हो तो एक ही किस्म की जगह दालें बदल-बदल कर और मौसमी सब्जियां डाल कर बनाएं। एक सामान्य व्यक्ति को प्रति कि.ग्रा. वजन के लिए 0.8 ग्राम प्रोटीन की आवश्यकता होती है। लेकिन जंक फूड का प्रयोग करने वाली आज की पीढ़ी की थाली से दालें समाप्त होती जा रही हैं। शाकाहारी व्यक्तियों को प्रतिदिन कम से कम 130 ग्राम दाल अवश्य खानी चाहिए। खाद्य एवं कृषि संगठन के अनुसार भारत में प्रति व्यक्ति दाल की आवश्यकता 80 ग्राम प्रति दिन है परन्तु दुर्भाग्यपूर्ण केवल 47.3 ग्राम प्रति दिन प्रति व्यक्ति ही उपलब्ध है (सारणी 6)।

सारणी 6: भारत में प्रति व्यक्ति प्रति दिन खाद्यान्न की उपलब्धता (ग्राम प्रति दिन)

वर्ष	खाद्यान्न	दालें	कुल खाद्यान्न
1951	334.2	60.7	394.9
1961	399.7	69.0	468.7
1971	417.6	51.2	468.8
1981	417.3	37.5	454.8
1991	468.5	41.6	510.1
2001	386.2	30.0	416.2
2009	407.0	37.0	444.0
2010	407.0	31.6	444.0
2019	447.4	**47.3**	494.7

स्रोत: आर्थिक एवं सांख्यिकी निदेशालय, डीएसी एवं एफ डब्ल्यू

सारणी 7: ग्रामीण क्षेत्रों में दालों की औसत प्रति व्यक्ति दैनिक घरेलू खपत

राज्य	प्रति दिन व्यक्ति खपत (ग्राम)
केरल	21
तमिलनाडु	34
कर्नाटक	40
आंध्र प्रदेश	25
महाराष्ट्र	34
गुजरात	34
मध्य प्रदेश	30
ओडिशा	33
पश्चिम बंगाल	15
उत्तर प्रदेश	40
औसत	31
अनुशंसित दालों की मात्रा	40

स्रोत: पोषण सुरक्षा में दालों का योगदान द्वारा मृदुला डी, खेती, फरवरी, 2021

दालें और टिकाऊ विकास

दलहनी फसलें अनेक प्रकार से धारणीय विकास में योगदान देती हैं। फसल चक्रण की दृष्टि से दलहनी फसलें महत्वपूर्ण हैं। इन फसलों को अधिक उर्वर मिट्टी

की आवश्यकता नहीं होती है। अनेक दालों का मिट्टी की उर्वरता बढ़ाने में भी अहम योगदान होता है। मिट्टी में नाइट्रोजन स्थिरीकरण करने के कारण दालें मृदा उर्वरकता में अहम भूमिका रखती हैं। इनसे मिट्टी में ऐसे सूक्ष्मजीवों की वृद्धि होती है जो फसल की उपज को बढ़ाने में सहायक होते हैं। इसके अतिरिक्त दालें प्रोटीन का ऐसा स्रोत हैं जिनसे कार्बन फुटप्रिंट में कम हिस्सेदारी है। अन्य प्रोटीन स्रोतों की तुलना में इन्हें पानी भी कम चाहिए होता है। एक कि.ग्रा. मांस, सोयाबीन का उत्पादन करने में दालों की तुलना में क्रमशः 18, 11 और 5 गुणा अधिक पानी लगता है। इसी तरह प्रोटीन के अन्य स्रोतों की तुलना में इनके उत्पादन में होने वाला कार्बन उत्सर्जन भी काफी कम होता है।

दालों को स्थानीय स्तर पर उगाया जा सकता है जिसके कारण खाद्यान्न सुरक्षा में इनकी महत्वपूर्ण भूमिका है। इसलिए दलहन उत्पादन में मृदा प्रबंधन की अहम भूमिका है। फसलों की उत्पादन की पद्धति को उन्नत करके किसान फसल की उपज बढ़ा कर खाद्यान्न सुरक्षा में अपना योगदान दे सकते हैं।

भारत में दालों का उत्पादन व वितरण

दलहनी फसलें कम समयावधि में पकने के कारण किसी भी फसल चक्र एवं प्रणाली के लिए उपयुक्त हैं। दलहनी फसलें काफी सूखा प्रवण क्षेत्रों के लिए उपयोगी हैं। रबी में उगाई जाने वाली प्रमुख दलहनी फसलों में चना, मसूर, राजमा, मटर व खेसारी का महत्वपूर्ण स्थान है, जबकि खरीफ में मूँग, अरहर, लोबिया, उड़द व मोठ इत्यादि हैं। वैसे तो दलहनी फसलों की खेती सम्पूर्ण भारत में की जाती है, परन्तु दलहन उगाने वाले राज्यों में मध्य प्रदेश, महाराष्ट्र, उत्तर प्रदेश, आंध्र प्रदेश, ओडिशा, झारखंड, गुजरात, राजस्थान और कर्नाटक सम्मिलित हैं। दाल की अधिक उपज मध्य प्रदेश, महाराष्ट्र व कर्नाटक राज्यों में होती है। कर्नाटक देश का तीसरा सबसे अधिक दाल उत्पादक राज्य है। राज्य का कलबुर्गी जिला देश में 'अरहर दाल का कटोरा' माना जाता है।

भारत में दालों की उत्पादन स्थिति

खाद्य सुरक्षा का मूल्यांकन प्रायः उस खाद्य वस्तु की प्रति व्यक्ति आवश्यकता के अनुसार उपलब्धता से किया जाता है। बढ़ती जनसंख्या के साथ भारत में खाद्य वस्तु के उत्पादन में भी प्रति व्यक्ति आवश्यकता को पूरा करने के लिए कई गुना वृद्धि करने की आवश्यकता है। दालों का उत्पादन सभी तीनों ऋतुओं में किया जाता है। खरीफ में अरहर, उड़द, मूँग, लोबिया, कुल्थी, मोठ; रबी में चना, मसूर,

मटर, खेसारी, राजमा और जायद में मूँग, उड़द, लोबिया का उत्पादन होता है। क्षेत्रफल की दृष्टि से कुल खाद्यान्नों के संदर्भ में दालों का कुल योगदान 11 प्रतिशत है, जिसमें चना 4 प्रतिशत, अरहर 2 प्रतिशत और अन्य दालों का लगभग 5 प्रतिशत क्षेत्र है। दलहनी खेती का लगभग 37 प्रतिशत ही सिंचाई पर आधारित है, जबकि लगभग 63 प्रतिशत दलहनी खेती का क्षेत्रफल वर्षा पर निर्भर है। वर्ष 2015–16 के दौरान भारत में दालों का उत्पादन लगभग 16.35 मि.टन था। इसमें आशातीत वृद्धि के साथ वर्ष 2017–18 में दालों का उत्पादन 25.42 मि.टन के रिकार्ड स्तर पर हुआ है। इसका श्रेय प्रमुख दालों के क्षेत्रफल में उल्लेखनीय वृद्धि और उत्पादकता के साथ–साथ किसानों के प्रयासों, विभिन्न स्तरों पर भारत सरकार और कृषि क्षेत्र में संलग्न अनुसंधानकर्ताओं, वैज्ञानिकों, अधिकारियों एवं कार्मिकों को दिया जा सकता है (सारणी 8)।

सारणी 8: भारत में दलहनी फसलों की उत्पादन स्थिति

वर्ष	क्षेत्रफल (मिलियन हैक्टेयर)	उत्पादन (मिलियन टन)	उत्पादकता (कि.ग्रा. प्रति हैक्टेयेर)
1950–51	19.09	8.410	441
1951–52	18.78	8.42	448
1952–53	19.84	9.19	463
1953–54	21.73	10.62	489
1954–55	21.91	10.95	500
1955–56	23.22	11.04	476
1956–57	23.32	11.55	495
1957–58	22.54	9.56	424
1958–59	24.31	13.15	541
1959–60	24.83	11.80	475
1960–61	23.56	12.70	539
1961–62	24.24	11.76	485
1962–63	24.27	11.53	475
1963–64	24.18	10.07	416
1964–65	23.88	12.42	520
1965–66	22.72	9.94	438
1966–67	22.12	8.35	377
1967–68	22.65	12.10	534

1968–69	21.26	10.42	490
1969–70	22.02	11.69	531
1970–71	22.54	11.82	524
1971–72	22.15	11.09	501
1972–73	20.92	9.91	474
1973–74	23.43	10.01	427
1974–75	22.03	10.2	455
1975–76	24.45	13.04	433
1976–77	22.98	11.36	494
1977–78	23.50	11.97	510
1978–79	23.66	12.58	515
1979–80	22.26	8.57	385
1980–81	22.46	10.63	473
1981–82	23.84	11.51	483
1982–83	22.83	11.86	519
1983–84	23.54	12.89	548
1984–85	22.74	11.96	526
1985–86	24.42	13.36	547
1986–87	23.16	11.71	506
1987–88	21.27	10.96	515
1988–89	23.15	13.85	598
1989–90	23.41	12.86	549
1990–91	24.66	14.26	578
1991–92	22.54	12.02	533
1992–93	22.36	12.82	573
1993–94	22.25	13.30	598
1994–95	23.03	14.04	610
1995–96	22.28	12.31	552
1996–97	22.45	14.15	630
1997–98	22.87	12.97	567
1998–99	23.50	14.91	634
1999–00	21.12	14.42	635
2000–01	20.35	11.08	544
2001–02	22.01	13.37	607

2002–03	20.50	11.13	543
2003–04	23.46	14.91	635
2004–05	22.76	13.13	577
2005–06	22.39	13.39	598
2006–07	23.19	14.20	612
2007–08	23.63	14.76	625
2008–09	22.09	14.57	659
2009–10	23.28	14.66	630
2010–11	26.40	18.24	691
2011–12	24.46	17.09	699
2012–13	23.47	18.45	786
2013–14	25.21	19.25	764
2014–15	23.55	17.15	728
2015–16	24.91	16.32	655
2016–17	29.15	23.13	786
2017–18	29.81	25.42	853
2018–19	29.16	22.08	757
2019–20 अनुमानित	28.34	23.09	817

स्रोतः आर्थिक एवं सांख्यिकी निदेशालय, डीएसी एवं एफडब्ल्यू

भारत में दलहन का कुल क्षेत्रफल, उत्पादन और उपज (2018–19)

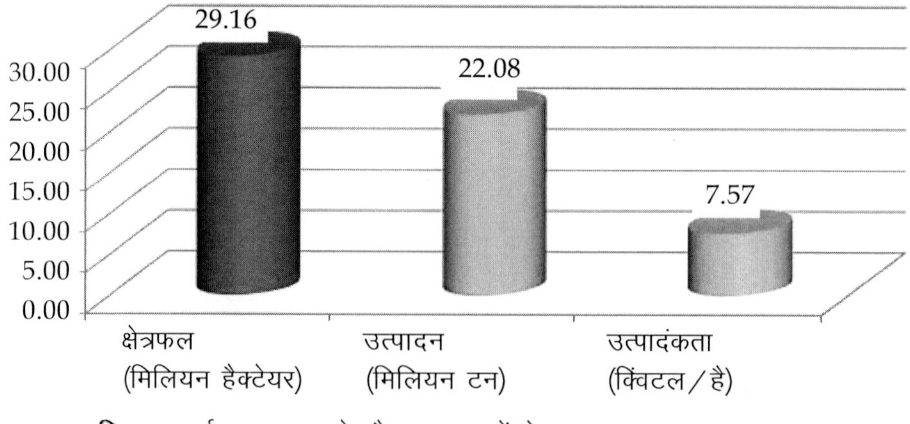

चित्र 1: वर्ष 2018–19 के दौरान भारत में क्षेत्र, उत्पादन व उत्पादकता

भारत में दालों का परिदृश्य

कृषि मंत्री भी नरेंद्र सिंह तोमर ने विश्व दलहन दिवस पर रोम में एक अंतर्राष्ट्रीय सम्मेलन में एक आभासी संबोधन के दौरान कहा कि ''भारत दुनिया में दालों का सबसे बड़ा उत्पादक और उपभोक्ता देश है और दालों के उत्पादन में भारत लगभग आत्मनिर्भर हो गया है।'' उन्होंने एक बयान में कहा कि ''वर्ष 2019–20 में, भारत ने दो करोड़ 31.5 लाख टन दालों का उत्पादन किया, जो कि वैश्विक उत्पादन का 23.62 प्रतिशत हिस्सा है।'' हमारा देश दुनिया में दालों के वैश्विक उत्पादन में लगभग 24 प्रतिशत का योगदान देता है और 2050 तक इसे 32 मिलियन टन पहुँचाने का लक्ष्य निर्धारित किया गया है। भारत में दालों का उत्पादन पिछले 5 से 6 वर्षों में 1.4 करोड़ टन से बढ़कर 2.2 करोड़ टन हो गया है। भारत में सबसे ज्यादा (77 प्रतिशत) दलहन उत्पादन करने वाले प्रमुख राज्यों में मध्य प्रदेश (27 प्रतिशत), उत्तर प्रदेश (10 प्रतिशत), महाराष्ट्र (12 प्रतिशत), राजस्थान (17 प्रतिशत), आन्ध्र प्रदेश (3 प्रतिशत) और कर्नाटक (8 प्रतिशत) राज्य हैं (सारणी 9)। शेष 23 प्रतिशत उत्पादन में गुजरात, छत्तीसगढ़, बिहार, ओडिशा और झारखण्ड राज्यों की हिस्सेदारी है। दलहन में रबी और खरीफ दोनों ही फसलें आती हैं। देश में कुल उत्पादन का लगभग 64 प्रतिशत रबी से, 30 प्रतिशत खरीफ व 6 प्रतिशत जायद की फसल से दलहन प्राप्त होता है। भारत दलहन और तिलहन का बड़ा उत्पादक देश होने के साथ ही सबसे बड़ा उपभोक्ता भी है। बीते पांच–छह वर्ष में ही भारत ने दलहन उत्पादन को 140 लाख टन से बढ़ाकर 240 लाख टन से ज्यादा कर लिया है। वर्ष 2019–20 में, भारत में 23.15 मिलियन टन दलहन उत्पादन हुआ, जो विश्व का 23.62 प्रतिशत अधिक है। वर्ष 2020–21 के दौरान कुल खरीफ दालों का उत्पादन 9.31 मिलियन टन होने का अनुमान है। यह 2019–20 (चौथे अग्रिम अनुमान) में 7.72 मिलियन टन दालों के उत्पादन की तुलना में 1.59 मिलियन टन अधिक है।

सारणी 9: वर्ष 2018–19 में भारत के विभिन्न राज्यवार दलहन क्षेत्र, उत्पादन एवं उत्पादकता

राज्य	क्षेत्रफल (मिलियन हैक्टेयर)	क्षेत्रफल (%)	उत्पादन (मिलियन टन)	उत्पादन (%)	उत्पादकता (कि.ग्रा./हैं.)
राजस्थान	5.91	20.27	3.76	17.03	636
महाराष्ट्र	4.00	13.72	2.68	12.14	670
मध्य प्रदेश	6.60	22.63	6.05	27.40	916
उत्तर प्रदेश	2.29	7.85	2.41	10.91	1051
कर्नाटक	3.36	11.52	1.77	8.02	528
आंध्र प्रदेश	1.33	4.56	0.74	3.35	558
गुजरात	0.66	2.26	0.68	3.08	1029
झारखंड	0.74	2.54	0.74	3.35	990
तेलंगाना	0.51	1.75	0.44	1.99	861
तमिलनाडु	0.85	2.91	0.55	2.49	648
अन्य	2.91	9.98	2.26	10.24	768
कुल	29.16	100.00	22.08	100.00	757

स्रोतः आर्थिक एवं सांख्यिकी निदेशालय, डीएसी एवं कि. कल्याण मंत्रालय

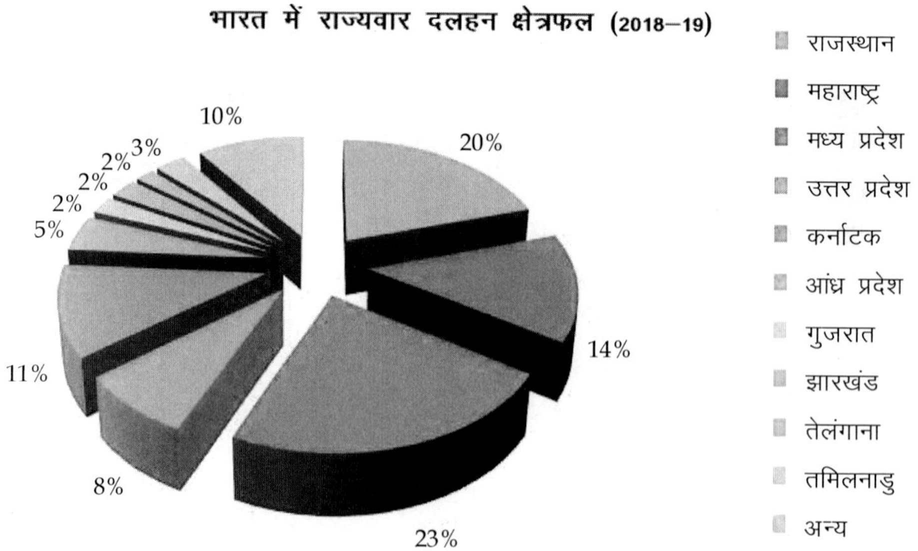

चित्र 2: भारत में राज्यवार दलहन उत्पादन

भारत में राज्यवार दलहन क्षेत्रफल (2018–19)

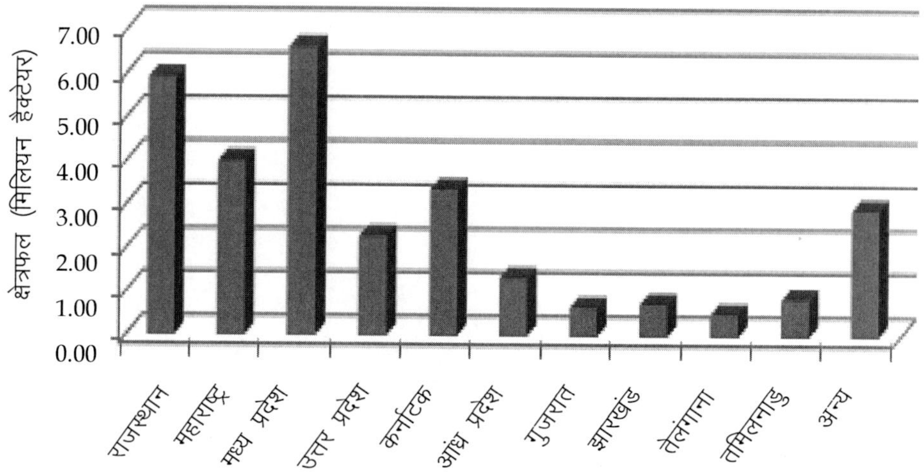

भारत में राज्यवार दलहन उत्पादन (2018–19)

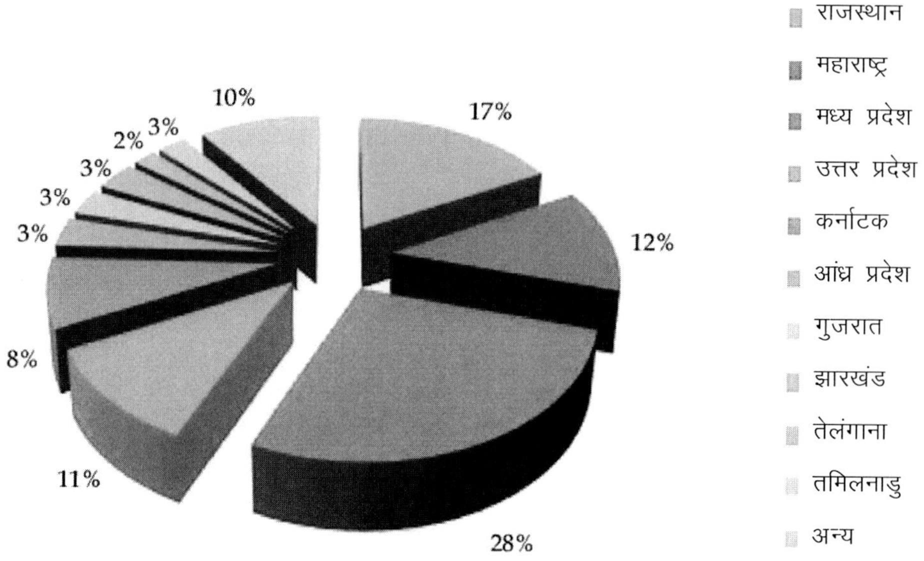

चित्र 3: भारत में राज्यवार उत्पादन

भारत में दलहन की राज्यवार उपज क्षेत्रफल (2018–19)

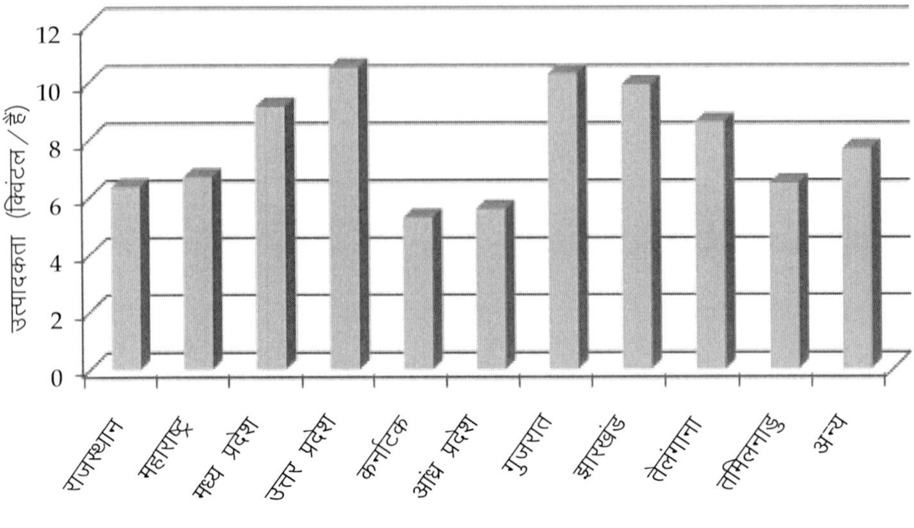

चित्र 4: भारत में विभिन्न राज्यों में दलहन उत्पादकता

उत्पादन की बात करें तो पिछले वित्तीय वर्ष यानी 2020–21 में अरहर की दाल 38.80 लाख मीट्रिक टन, उड़द की दाल 24.50 मीट्रिक टन, मसूर की दाल 13.50 मीट्रिक टन, मूँग की दाल 26.20 मीट्रिक टन और चना की दाल 116.20 मीट्रिक टन उत्पादित की गई थी। जबकि अरहर, उड़द, मसूर, मूँग और चना की दाल क्रमशः 4.40 मीट्रिक टन, 3.21 मीट्रिक टन, 11.01 मीट्रिक टन, 0.52 मीट्रिक टन और 2.91 मीट्रिक टन की मात्रा में आयात करना पड़ा था (सारणी 10)।

सारणी 10: राज्यवार दालों का क्षेत्रफल, उत्पादन एवं उत्पादकता

राज्य	वर्ष 2019–20 अनुमानित			वर्ष 2018–19			
	क्षेत्रफल (मि. हैक्टेयर)	सम्पूर्ण भारत में प्रतिशत	उत्पादन (मि. टन)	क्षेत्रफल (मि. हैक्टेयर)	उत्पादन (मि. टन)	उत्पादकता (कि. ग्रा./हैक्टेयर)	सम्पूर्ण भारत में प्रतिशत हिस्सा
राजस्थान	2.34	22.36	4.49	5.91	3.76	636	17.03
महाराष्ट्र	4.39	15.48	4.03	4.00	2.68	670	12.15
मध्य प्रदेश	4.73	16.70	3.80	6.60	**6.05**	916	27.38
उत्तर प्रदेश	2.37	8.36	2.45	2.29	2.41	1051	10.91
कर्नाटक	3.26	11.51	2.223	3.36	1.77	528	8.03
आन्ध्र प्रदेश	1.26	4.46	1.19	1.33	0.74	558	3.35
गुजरात	0.88	3.11	1.06	0.66	0.68	1029	3.09
झारखंड	0.79	2.78	0.82	0.74	0.74	990	3.33
तेलंगाना	0.52	1.84	0.56	0.51	0.44	861	1.99
तमिलनाडु	0.83	2.91	0.52	0.85	0.55	648	2.50
अन्य	2.97	10.49	2.01	2.91	2.26	768	10.25
सम्पूर्ण भारत	28.34	100	23.15	23.16	22.08	757	100

सारणी 11: भारत में वर्ष 2000–01 से 2018–19 तक मौसमवार क्षेत्र, उत्पादन, उत्पादकता

वर्ष	क्षेत्रफल (मिलियन हैक्टेयर)			उत्पादन (मिलियन टन)			उत्पादकता (कि.ग्रा./हे.)		
	खरीफ	रबी	कुल	खरीफ	रबी	कुल	खरीफ	रबी	कुल
2000-01	106.58	96.89	203.47	44.48	66.26	110.74	417	684	544
2001-02	107.22	112.85	220.07	48.39	85.29	133.67	451	756	607
2002-03	99.50	105.45	204.95	41.51	69.73	111.24	417	661	543
2003-04	116.83	117.74	234.57	61.64	87.39	149.03	528	742	635
2004-05	113.17	114.45	227.62	47.17	84.11	131.28	417	735	577
2005-06	106.80	117.10	223.90	48.65	85.19	133.83	456	727	598
2006-07	106.76	125.15	231.91	47.95	94.01	141.96	449	751	612
2007-08	114.90	121.37	236.27	64.03	83.55	147.58	557	688	625
2008-09	98.09	122.78	220.87	46.86	98.77	145.63	478	804	659
2009-10	105.82	126.93	232.76	42.04	104.54	146.58	397	824	630
2010-11	123.20	140.59	263.78	71.20	111.01	182.21	578	790	691
2011-12	111.90	132.48	244.39	60.58	110.09	170.67	541	831	698
2012-13	99.54	133.03	232.57	59.16	124.27	183.42	594	934	789
2013-14	103.35	148.85	252.20	59.97	132.60	192.57	580	891	764
2014-15	100.00	135.55	235.55	57.33	114.22	171.54	573	843	728
2015-16	113.14	135.98	249.11	55.30	107.93	163.23	489	794	655
2016-17	143.63	150.82	294.45	95.85	135.46	231.31	667	898	786
2017-18	139.35	158.78	298.13	93.06	161.10	254.16	668	1015	853
2018-19	148.30	143.26	291.56	80.91	139.84	220.76	546	976	757

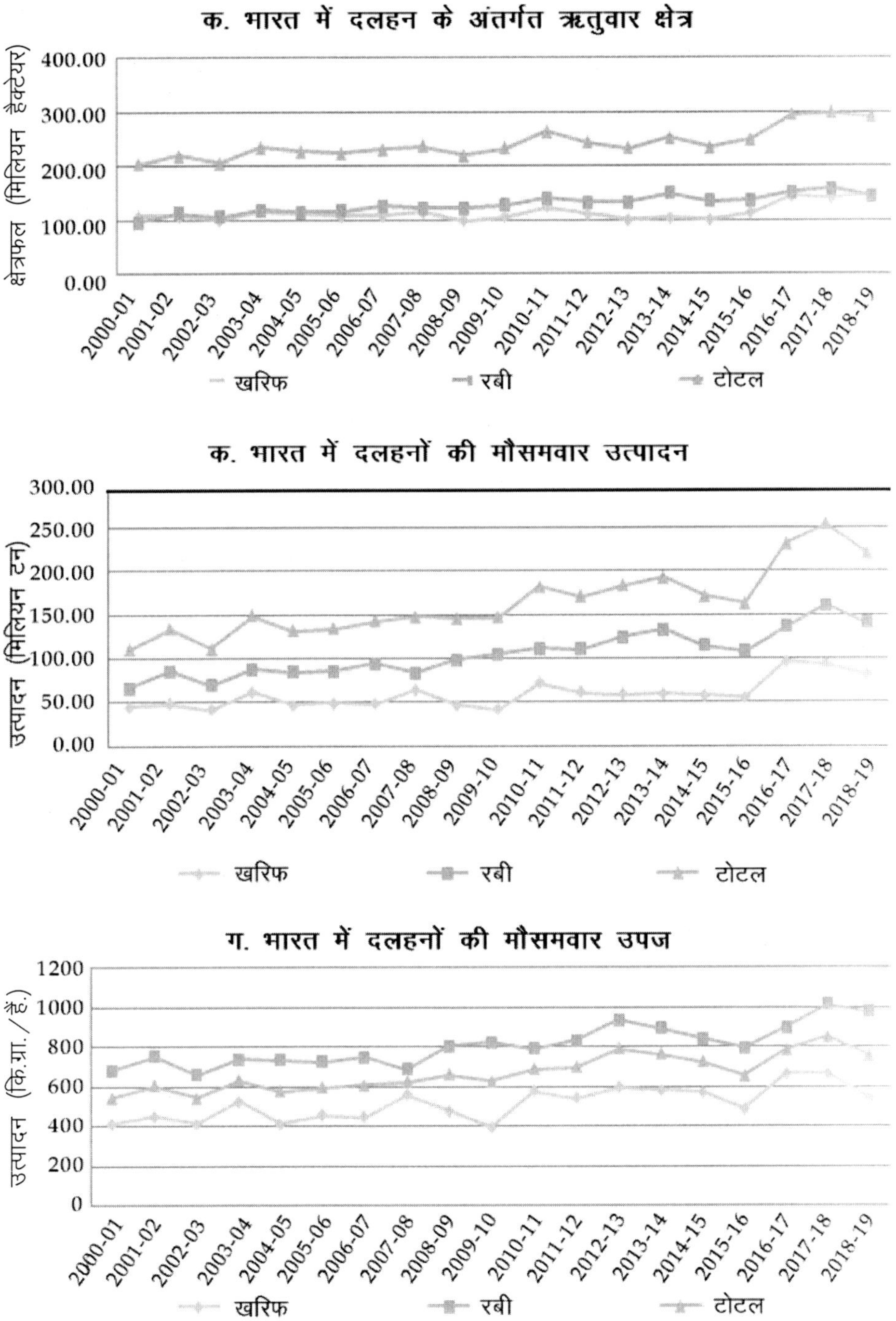

चित्र 5: भारत में वर्ष 2000–01 से 2018–19 तक मौसम के अनुसार क्षेत्र, उत्पादन एवं उत्पादकता

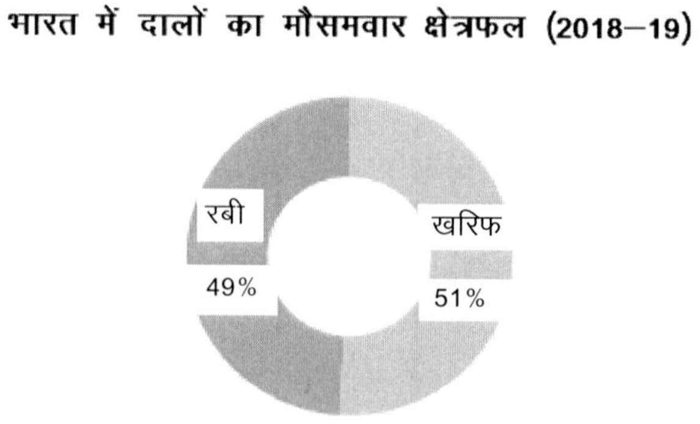

चित्र 6: भारत में दलहन का मौसम के अनुसार क्षेत्रफल

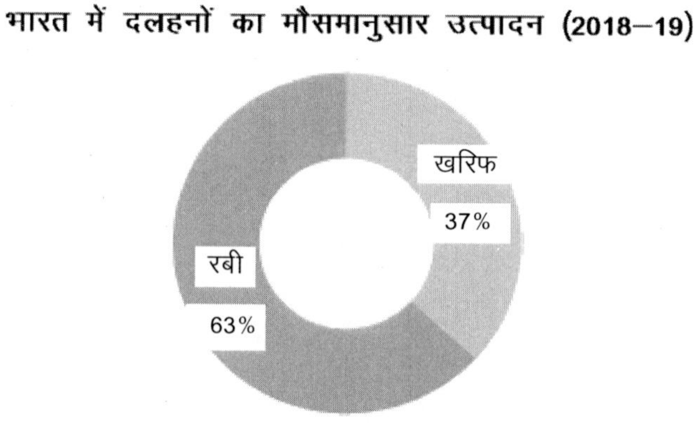

चित्र 7: भारत में मौसम के अनुसार उत्पादन

दलहनी फसलें उगाने से खेती में लाभ

1. उत्पादन एवं मृदा की उर्वरा शक्ति में सुधार

दलहनी फसलों पर फसल चक्र मृदा उर्वरता पोषण फसल चक्र होता है। इन फसल चक्रों का मृदा की उर्वरा शक्ति पर अनुकूल प्रभाव पड़ता है। दलहन आधारित फसल चक्र अपनाने से कुल उपज में वृद्धि ही नहीं होती बल्कि मृदा उर्वरता में काफी सुधार होता है।

2. भूमि एवं जल संरक्षण

दलहनी फसलों की जड़ें गहरी होने के कारण मृदा कणों का कटाव कम होता है। इसके अतिरिक्त दलहनी फसलों की शीघ्र एवं अधिक वृद्धि होने से मृदा की सतह को पूर्ण रूप से नमी का वाष्पीकरण भी नहीं होने देती है।

3. खरपतवार नियंत्रण

दलहनी फसलें शीघ्र कम समय में वानस्पतिक वृद्धि करके मृदा सतह को ढक लेती हैं जिससे खरपतवारों की वृद्धि रुकती है, स्वयं खरपतवार नियंत्रण हो जाता है।

4. दलहनी फसलों द्वारा उर्वरकों की बचत

दलहनी फसलें मृदा में नत्रजन की मात्रा बढ़ाती हैं जिससे उसी अनुपात में धान्य फसलों में नत्रजन की बचत की जा सकती है। दलहनी फसलों को फसल चक्र में सम्मिलित करने से नत्रजन की 30–50 कि.ग्रा. मात्रा की प्रति हैक्टेयर तक बचत की जा सकती है।

5. फसल चक्र में दलहनी फसलों का उपयोग

पारम्परिक तौर पर भारत में दलहनी फसलों का उत्पादन मिश्रित फसलीय प्रणाली के अंतर्गत किया जाता था, जो मृदा की उर्वरा–शक्ति को बनाये रखने में सक्षम थी। परन्तु हरित क्रांति के अन्तर्गत गेहूँ–धान की एक फसली प्रणाली ने दलहनी फसलों के उत्पादन के प्रति किसानों की रुचि को कम कर दिया था। धान, गेहूँ, ज्वार/मक्का–गेहूँ, बाजरा–गेहूँ आदि फसल चक्र भूमि से काफी मात्रा में पोषक तत्व ग्रहण करते हैं जिसके कारण भूमि का स्वास्थ्य दिनों दिन गिरता जा रहा है। इसके लिए यह आवश्यक है कि वर्तमान फसल चक्रों को बदलकर कुछ नये फसल चक्रों का प्रयोग किया जाये जैसे, धान–गेहूँ–मूँग, बाजरा–गेहूँ–मूँग, मक्का–आलू–मूँग, मक्का–गेहूँ– मूँग, परती–सरसों–मूँग आदि। फसल चक्र में दो अनाज वाली फसलों के बीच एक दलहनी फसल लगाने से भूमि में नाइट्रोजन की मात्रा कम नहीं होती एवं भूमि की उर्वरा–शक्ति पर अनुकूल प्रभाव पड़ता है।

सारणी 12: दाल उत्पादन में प्रमुख अंतर्वर्तीय फसल चक्र

अंतर्वर्तीय प्रणाली	राज्य
सोयाबीन+अरहर	मध्य प्रदेश, महाराष्ट्र
बाजरा / ज्वार+अरहर	कर्नाटक, आन्ध्र प्रदेश, गुजरात, महाराष्ट्र
मूँगफली+अरहर	गुजरा
मूँगफली / ज्वार / बाजरा+उड़द	बिहार, महाराष्ट्र, मध्य प्रदेश, कर्नाटक
मूँग / लोबिया	गुजरात, उत्तर प्रदेश, राजस्थान
गन्ना+लोबिया / मूँग / उड़द	उत्तर प्रदेश, महाराष्ट्र, कर्नाटक, आन्ध्र प्रदेश, तमिलनाडु
कपास+मूँग / उड़द / लोबिया	पंजाब, हरियाणा, मध्य प्रदेश, गुजरात, आन्ध्र प्रदेश, महाराष्ट्र

खरीफ ऋतु में दलहनी फसलों, मोटे अनाज व धान जैसी फसलों के साथ अन्तर्वर्तीय फसल के रूप में अरहर की आधार फसल बहुत उपयुक्त पायी गयी है। धान–गेहूँ फसल प्रणाली की तुलना में अरहर+धान अन्तर्वर्तीय प्रणाली अधिक उत्पादक एवं लाभदायक पायी गयी है। उत्तरी भारत के मैदानों के बारानी क्षेत्रों में मोटे अनाजों, अरहर व कपास तथा सिंचित क्षेत्रों में गन्ने के साथ मूँग, उड़द व लोबिया जैसी शीघ्र पकने वाली दलहनी फसलें उत्कृष्ट अंतः फसलें हैं।

6. दलहनी फसलों द्वारा वायुमण्डलीय नत्रजन स्थिरीकरण

चित्र 8: धान+ढैंचा

दलहनी फसलों में नाइट्रोजन पोषक तत्व की मांग अन्य फसलों की तुलना में बहुत कम होती है। दलहनी फसलों के पौधों की जड़ों की गांठों में राइजोबियम जीवाणु पाए जाते हैं, जो वायुमंडलीय नाइट्रोजन का स्थिरीकरण करके पौधों को आवश्यक पोषक तत्व प्राप्त करवाते हैं। इससे मृदा की उर्वरता शक्ति में वृद्धि होती है जिससे अधिक उपज प्राप्त होती है। स्वस्थ मृदा व टिकाऊ खेती के लिए दलहनी फसलों को फसल प्रणाली में समावेश करना अति आवश्यक है। ये फसलें न केवल वायुमण्डलीय नत्रजन को राइजोबियम जीवाणु के सह–जैविक सम्बन्ध से भूमि में स्थिरीकृत करती हैं, अपितु पर्याप्त मात्रा में कार्बनिक पदार्थ की आपूर्ति भी करती हैं। इस क्रिया–कलाप से मृदा की भौतिक, रासायनिक तथा जैविक दशाओं में सुधार होता है। देश के उत्तरी राज्यों में पिछले दो दशकों

से प्रचलित फसल प्रणाली, धान–गेहूँ व मक्का–गेहूँ के कारण मृदा में कार्बनिक पदार्थों तथा सूक्ष्म तत्वों का ह्रास बहुत तेजी से हुआ है। अतः मृदा में पोषक तत्वों का संतुलन तथा जैविक दशा में सुधार हेतु जायद ऋतु में गेहूँ की फसल कटाई उपरान्त दलहनी फसल मूँग की खेती करके अच्छी आय भी प्राप्त की जा सकती है।

दलहनी फसलें जैसे, चना, मटर, मसूर, अरहर, सोयाबीन, लोबिया, उड़द, मूँग, बरसीम, लुसर्न आदि उगाने से पौधों की जड़ों की ग्रन्थिकाओं में पाये जाने वाले सहजीवी जीवाणु वायुमण्डल की स्वतंत्र नत्रजन का स्थिरीकरण करके मृदा की उर्वरा–शक्ति बढ़ाते हैं। इन दलहनी फसलों को उगाने से पत्तियाँ तथा फसल अवशेष भूमि पर गिरने से मृदा में कार्बनिक पदार्थ की मात्रा भी बढ़ जाती है। विभिन्न दलहनी फसलें नाइट्रोजन की विभिन्न मात्रा मृदा के अन्दर छोड़ती हैं जो अगली फसल के काम आती हैं। एक दलहनी फसल के द्वारा स्थिर किये गए नत्रजन का लगभग दो तिहाई हिस्सा आने वाली फसल के लिए उपलब्ध रहता है। दलहनी फसलें लगभग 30 से 150 कि.ग्रा. नत्रजन प्रति हैक्टेयर स्थिर कर सकती हैं परन्तु यह राइजोबियम की संख्या, किस्म, फसल, मृदा की संरचना व गुणों, वातावरण कारकों पर भी निर्भर करता है। चारे वाली दलहन फसल, दाने वाली दलहनी फसलों की अपेक्षा मृदा में अधिक मात्रा में नाइट्रोजन छोड़ती हैं, औसतन 50 से 60 कि.ग्रा. प्रति हैक्टेयर नत्रजन अगली फसल को मिल जाती है (सारणी 13)।

सारणी 13: दलहनी फसलों द्वारा मृदा में नत्रजन स्थिरीकरण की मात्रा

फसल	नत्रजन स्थिरीकरण (कि.ग्रा./हे.)	नत्रजन की मात्रा को छोड़ना (कि.ग्रा./हे.)
चना	26–63	–
लोबिया	53–85	50.3
मसूर	35–100	32.8
मूँग	50–55	34.5
अरहर	68–200	–
मटर	46	59.4
उड़द	50–60	38.3

स्रोतः ब्रह्मप्रकाश, एवं अन्य 2004, सिंह एवं अन्य, 1981, गिल एवं अन्य 2009

सारणी 14: विभिन्न फसलों के लिए राइजोबियम की प्रजातियाँ

प्रजातियाँ	फसलें
मेलिलोटाई	रिजका, मैथी
ट्राइफोलाई	बरसीम
लेग्युमिनोसेरम	मटर, मसूर, दलहनी फसलें
फेजियोलाई	राजमा
जेपोनिकम	सोयाबीन
अनामित जातियां	लोबिया, बीन, मूँगफली

7. दलहनी फसलों से मृदा रंध्रता में सुधार

दलहनी फसलों में मूसला जड़तंत्र होने के कारण इनकी जड़ें लगभग 6–8 फीट गहराई तक चली जाती हैं। इन फसलों के अवशेष में नाइट्रोजन अधिक मात्रा में होने के कारण ये केंचुओं की संख्या में वृद्धि करती हैं। गहरा जड़तंत्र व केंचुओं के बिल मृदा रंध्रता में वृद्धि करके मृदा वायु संचार व जल परिसंचरण को बढ़ावा देते हैं।

8. हरी–खाद के रूप में दलहनी फसलें

सनई एवं ढैंचा भारत की सर्वाधिक प्रचलित हरी खाद हैं। अन्य हरी खाद की फसल सेम, लोबिया, बरसीम हैं। मुख्य फसल के बीच के खाली स्थान से खेत में अधिक जैव पदार्थ पैदा करने वाली फसल लगा देनी चाहिए तथा उसे 60–75 दिनों के बाद इसमें हल की सहायता से मिट्टी में दबा देनी चाहिए। ये फसलें मुख्यतः गाँठ–जड़ें वाली होनी चाहिए जिससे कार्बन के साथ–साथ नाइट्रोजन भी मृदा में बढ़ जाये। वर्तमान में भारत में लगभग 6.3 मिलियन हैक्टेयर पर हरी खाद की फसलें उगाई जाती हैं। हरी खाद की फसल जहाँ एक ओर प्रचुर मात्रा में वायुमण्डलीय नत्रजन को मृदा में स्थिर करती हैं, वहीं दूसरी ओर इनके मृदा में सड़ने से मृदा को कार्बनिक पदार्थ मिलता है जिससे मृदा के भौतिक व रासायनिक गुणों में सुधार होता है लाभकारी सूक्ष्म जीवाणुओं की गति विधियों में सक्रियता आती है। हरी खाद देने से मृदा में लगभग 40–60 कि.ग्रा. नत्रजन प्रति हैक्टेयर मिल जाती है। गेहूँ–धान फसल चक्र में ढैंचा को हरी खाद के रुप में उगाकर प्रति हैक्टेयर लगभग 72–75 कि.ग्रा. नत्रजन की धान की फसल में पूर्ति होती है। विभिन्न हरी खाद का जैविक खेती में योगदान निम्न सारणी में दर्शाया गया है।

सारणी 15: विभिन्न दलहनी हरी खाद वाली फसलों द्वारा नत्रजन यौगिकीकरण में योगदान

फसल का नाम	वानस्पतिक नाम	उगाने की ऋतु	हरे पदार्थ की औसत उपज (टन/हैक्टेयर)	हरे पदार्थ में नाइट्रोजन (प्रतिशत)	मृदा में नाइट्रोजन का योगदान (कि.ग्रा.)
सनई	क्रोटोलेरिया जंसिया	खरीफ, जायद	15	0.43	84
ढैंचा	सैस्बेनिया एक्युलिएटा	खरीफ, जायद	14	0.42	77
मूँग		खरीफ, जायद	6	0.53	39
लोबिया	विगना अंगुईकुलेटा	खरीफ, जायद	11	0.49	56
ग्वार	साइमोपासिस ट्रेट्रागोनोलोवा	खरीफ, जायद	14	0.34	62
सेंजी	मैलीलोटस अल्बा	रबी	21	0.51	134
खेसारी	लेथाइरस सेटाइवम	रबी	9	0.54	61
बरसीम	ट्राईफोलियम एलेक्जेन्ड्रिनम	रबी	11	0.43	61

स्रोतः यावलकर एवं साथी (1996)

सारणी 16: विभिन्न हरी खाद में नाइट्रोजन (प्रतिशत)

क्रमांक	स्थानीय नाम	वैज्ञानिक नाम	नाइट्रोजन
1.	ढैंचा	सेस्बेनिया एक्युलियाटा	0.41–0.43
2.	सनई	क्रोटोलेरिया जन्सिया	0.40–0.42
3.	सेंजी	मेलिलोटस अल्वा	0.55–0.57
4.	बरसीम	ट्राईफोलियम एलेक्जेन्ड्रिनम	0.44–0.46

स्रोत: खेती, मार्च, 2017, पृ. 35

9. पोषक तत्वों का पुनर्चक्रण

फसल चक्र में उथले जड़तंत्र वाली फसलें केवल मृदा की ऊपरी सतह से ही पोषक तत्वों को ग्रहण कर पाती हैं। अधिकांश पोषक तत्वों की मात्रा, पानी के साथ घुलकर मृदा की निचली सतह में चली जाती हैं। इस कारण ये फसलें इनका उपयोग नहीं कर पाती हैं। दलहनी फसलों की गहरी जड़ प्रणाली होने के कारण यह गहराई में उपस्थित पोषक तत्वों को आसानी से उपलब्ध करवाने की क्षमता रखती हैं जिससे उर्वरक व पोषक तत्वों का अधिक उपयोग होता है तथा लीचिंग के कारण पोषक तत्वों की हानि से भी बचते हैं। वैस्कुलर माइकोराइजा के साथ दलहनी फसलों की जड़ें पोषक तत्व तथा जल की उपलब्धता बढ़ाती हैं। दलहनी फसलों की जड़ों से निकलने वाले कार्बनिक अम्ल मृदा में अनुपलब्ध पोषक तत्वों को उपलब्ध करवाता है।

10. दलहनी फसलों में खरपतवार नियंत्रण

कुछ दलहनी फसलें जैसे; मोठ, मूँग, लोबिया एवं मूँगफली आवरण फसलों की श्रेणी में आती हैं। इन फसलों को अंतर्सस्य प्रणाली में शामिल करने से खरपतवारों की वृद्धि एवं विकास के लिए उचित मात्रा में प्रकाश नहीं मिल पाता है। इसके फलस्वरूप खरपतवार प्रबंधन में सहायता मिलती है।

11. मृदा में कीट व रोग के चक्र को तोड़ना

दलहनी फसलों को फसल प्रणाली में सम्मिलित करने से यह मृदा में खरपतवार, कीट व रोगों की समस्याओं को कम करती हैं। भारतीय दलहन अनुसंधान संस्थान, कानपुर में हुए एक लम्बे अनुसंधान के अनुसार धान–गेहूँ फसल चक्र में दलहनी फसलों को सम्मिलित करने से फ्लैरिस माइनर खरपतवार, कीट व रोगों का प्रकोप कम होता है।

12. मृदा जैविक कार्बन पर प्रभाव

दलहनी फसलें प्रोटीन का अच्छा स्रोत होती हैं। इसके फसल अवशेष नत्रजन व कार्बन का अधिक मात्रा में संचय रखती हैं जो कि जीवाणु के लिए भोज्य का अच्छा स्रोत होता है। दलहनी फसलों के द्वारा उपलब्ध नत्रजन से फसल अवशेष का अपघटन तथा मृदा में जैविक कार्बन में परिवर्तन होने की मात्रा को बढ़ाती हैं।

13. पानी की उपयोग दक्षता

खाद्यान्न फसलों की तुलना में दलहनी फसल को पानी की आवश्यकता कम तथा उपयोग दक्षता अधिक होती है। गहरी जड़ प्रणाली होने के कारण यह मृदा की गहरी परतों से जल को लेने की दक्षता रखती हैं। धान को 1500 से 2500 मि. ली, गेहूँ को 500 से 650 मि.ली. पानी की आवश्यकता होती है, जबकि दलहनी फसलों को 150 से 250 मि.मी. पानी पर्याप्त रहता है।

अंतर्राष्ट्रीय दलहन वर्ष

चित्र 9: अन्तर्राष्ट्रीय दलहन दिवस

विश्व में 10 फरवरी को हर साल "अंतर्राष्ट्रीय दलहन दिवस" (वर्ल्ड पल्स डे) मनाया जाता है, क्योंकि दालें खाद्य और पोषण सुरक्षा के लिए आवश्यक हैं। दुनिया में दालों के महत्व को समझाने के लिए वर्ष 2016 को अंतर्राष्ट्रीय दालों का वर्ष घोषित किया गया था। इसके बाद संयुक्त राष्ट्र महासभा ने 10 फरवरी को विश्व दाल दिवस के रूप में मनाने के लिए प्रस्ताव पारित किया था। तब से इसको "अंतर्राष्ट्रीय दलहन दिवस" के रूप में मनाया जा रहा है। यह यूनाइटेड नेशन द्वारा प्रायोजित एक वैश्विक कार्यक्रम है, जिसके तहत दलहन या दालों के महत्व को पहचाना जाता है। 10 फरवरी, 2019 को दुनिया में पहला विश्व दलहन दिवस मनाया गया था। इस दिन का उद्देश्य केवल दाल खाने के लाभ का प्रसार नहीं है, बल्कि दाल उगाना भी है। हम भूख और गरीबी को मिटाने के लिए दालों पर भरोसा कर सकते हैं और एक आम आदमी की थाली में एक प्रमुख खाद्य पदार्थ की आपूर्ति कर सकते हैं।

"अंतर्राष्ट्रीय दलहन दिवस" (वर्ल्ड पल्स डे) मनाने का उद्देश्य

आधुनिकता की दौड़ में फास्ट फूड के प्रचलन से हमारे भोजन में दालों का प्रयोग कम होता जा रहा है। इससे पूरा पोषण शरीर को नहीं मिल पा रहा है जिसका दुष्प्रभाव लोगों, विशेषकर बच्चों और युवा वर्ग के स्वास्थ्य पर पड़ रहा है। लोगों के स्वास्थ्य और खाद्य सुरक्षा के लिए दालें कितनी आवश्यक हैं, इस बात को लोगों तक पहुँचाने और दालों को खाने में शामिल करने के लिए जागरूकता फ़ैलाने के उद्देश्य से इस "अंतर्राष्ट्रीय दलहन दिवस" (विश्व पल्स डे) को मनाया जाता है।

दलहनी फसलों में खरपतवार प्रबंधन

दलहनी फसलें जैसे, चना, मसूर, अरहर, मूँग, उड़द इत्यादि की प्रारम्भिक वृद्धि कम होती है। इसके कारण इसमें खरपतवारों का प्रकोप अधिक देखने को मिलता है। सही समय पर यदि खरपतवारों का प्रबंधन नहीं किया जाए, तो उपज में लगभग 35 से 45 प्रतिशत तक कमी आती है।

रबी दलहनी फसलों में पाए जाने वाले खरपतवार

गेहूँ का मामा, दूब घास, जंगली प्याजी, हिरनखुरी, कृष्णनील, बथुआ, सत्यनाशी।

खरीफ एवं जायद दलहनी फसलों में पाए जाने वाले खरपतवार

सावां, दूब घास, गिनी घास, जॉनसन घास, मोथा, लहसुआ, कन्कवा, मकोय, हजारदाना, जंगली चौलाई इत्यादि।

सारणी 17: विभिन्न फसलों में खरपतवार प्रबंधन के लिए क्रांतिक अवस्था

क्र.सं.	फसल	क्रांतिक अवस्था (दिन)	उपज हानि (दिन)
1.	चना	30–60	20–30
2.	मटर	30–45	20–30
3.	मसूर	30–60	20–40
4.	अरहर	15–60	20–60
5.	मूँग / उड़द	15–35	20–50
6.	लोबिया	15–45	20–30

सारणी 18: दलहनी फसलों के लिए अनुशंसित भाकनाशी

क्र.सं.	रसायन	दर ग्रा. सक्रिय मात्रा प्रति हैक्टेयर	प्रयोग
1.	फ्लूक्लोरलीन	1500–2000	बुवाई के पूर्व
2.	ऑक्सीफ्लोर फेन	400–500	बुवाई के 0–3 दिन के बाद
3.	पेंडिमेथिलीन	750–1000	बुवाई के 0–3 दिन के बाद
4.	ऑक्साडाइजोन	1000	बुवाई के 0–3 दिन के बाद
5.	क्यूजालोफोप इथाइल	2000	बुवाई के 15–20 दिन के बाद
6.	एमाजाथीपर	500–1000	बुवाई के 15–20 दिन के बाद

दलहनी फसलों की कटाई उपरान्त तकनीक

भारत में दलहन की तैयार फसलों में फसल कटने से लेकर भंडारण तक के बीच लगभग 20 प्रतिशत फसल उत्पाद नष्ट हो जाते हैं। कृषि वैज्ञानिकों का मानना है कि तैयार बीजों को बचाने के लिए समय–समय पर उपयुक्त उपायों को अपनाकर कीटों के प्रकोप को निर्धारित सीमा के नीचे रखा जाता है। वास्तव में कीट प्रबंधन का कार्य फसल की कटाई से ही प्रारम्भ हो जाता है। इसके लिए कटाई, गहाई एवं ढुलाई में प्रयुक्त यंत्रों व साधनों को कीट मुक्त रखना चाहिए। खलिहान को भी समतल एवं साफ–सुथरा करके कटी फसल को वहाँ रखना चाहिए। इस बात का विशेष ध्यान रखना चाहिए कि फसल कटने के बाद वर्षा या अन्य कारणों से बीज व अनाज भीगना नहीं चाहिए क्योंकि भीगे अनाज व नमी युक्त बीजों में कीटों का प्रकोप अधिक होता है। भण्डारण कक्ष एवं भण्डारण पात्र को कीट मुक्त रखने हेतु समुचित उपाय करना आवश्यक होता है। आधुनिक तकनीकी, इनका सही समय पर किसानों को हस्तान्तरण तथा किसानों द्वारा इनका अंगीकरण कर भंडारण में नुकसान की समस्या को कम कर सकता है।

दालों का प्राथमिक प्रसंस्करण

दलहनों को मुख्यतः छिलका उतारने के उपरान्त प्रयोग में लाया जाता है। भारत में गेहूँ और धान की मिलिंग के बाद दाल मिलिंग तीसरा सबसे बड़ा खाद्य प्रसंस्करण उद्योग है। दलहन के कुल उत्पादन का लगभग 75 प्रतिशत दाल के रूप में ही उपयोग में लाया जाता है। प्राथमिक प्रसंस्करण से दलहन के अपोषक तत्वों में कमी के साथ ही दाल की पाक और पाचन गुणवत्ता में वृद्धि होती है। दलहनी फसलों में छिलके और दाल के मध्य गोंद जैसा पदार्थ होता है, जिसकी

पकड़ को कम करने के लिये दाल के दानों का मिलिंग से पूर्व उपचार अत्यंत आवश्यक है। चना, मसूर और मटर का छिलका आसानी से उतर जाता है, जबकि अरहर, मूँग और उड़द का छिलका उतारने में कठिनाई आती है। छिलके की पकड़ को कम करने के लिए मिलिंग से पूर्व उपचार आवश्यक है। कुटीर और घरेलू स्तर पर दाल की मिलिंग हेतु दालों को पानी में भिगोने और सुखाने का उपचार पारम्परिक रूप से प्रचलित है, किन्तु व्यावसायिक मिलों में तेल और पानी उपचार का बहुतायत से प्रयोग होता है। पारम्परिक मिलिंग में वह उपचार मौसम आधारित होता है, जिसके कारण वर्षा और जाड़े के मौसम में उचित धूप न मिल पाने से प्रभावी उपचार नहीं हो पाता है।

दलहन उत्पादन अथवा दलहन खेती की मुख्य समस्याएं अथवा दलहन उत्पादन कम होने के कारण

दालों को अक्सर सीमांत, अपर्याप्त सिंचाई और कम गुणवत्ता वाली मृदा में उगाया जाता है, जिसके परिणामस्वरूप फसल का कम उत्पादन होता है। इसके अतिरिक्त भारत के कुछ हिस्सों में दालों की फसल विफलता अथवा कम उपज भी इस तथ्य के कारण हैं कि भारत में फसलें मुख्यतः अस्थित और अनिश्चित वर्षा स्थितियों के कम वर्षा वाले क्षेत्रों में उगाई जाती हैं।

1. **शुष्क क्षेत्रों में खेत**: दलहनी फसलों का बोये जाने वाला लगभग 92 प्रतिशत क्षेत्र वर्षा पर आधारित है जिससे मानसून के असामान्य व्यवहार व समय पर वर्षा न होने के कारण इन फसलों की बुवाई समय पर नहीं हो पाती है तथा प्रति हैक्टेयर पौध संख्या भी सामान्य से कम रहती है जिससे इन फसलों की उत्पादकता में भारी कमी होती है।
2. **सिंचाई में कमी या उचित समय पर सिंचाई न करना**: दाल वाली फसलों को सूखा ग्रस्त बारानी क्षेत्रों में उगाया जाता है जहाँ पर सिंचाई की कोई सुविधा नहीं होती है। क्रांतिक अवस्था पर सिंचाई न होने के कारण इन फसलों की उपज में भारी कमी आ जाती है।
3. **अनुपयुक्त भूमि की दशा**: दलहन फसलों की बुवाई प्रायः लवणीयता, मृदा कटाव एवं जलमग्नता आदि क्षेत्रों में की जाती है, उन भूमियों में अच्छा दलहन उत्पादन नहीं हो पाता।
4. **दलहनी फसलों पर प्राकृतिक दबाव**: दलहन फसलें अत्यधिक संवेदनशील होती हैं जिससे अधिक वर्षा, ओले, पाला और वातावरण में अधिक नमी के कारण उत्पादन में गिरावट आ जाती है।

5. **कीटों व बीमारियों से हानि**: साधारण तथा दाल वाली फसलें बीमारियों एवं कीट पतंगों के प्रति संवेदनशील होती है। इनमें लगने वाली बीमारियों में विल्ट, झुलसा, मोजैक, चूर्णी फफूँदी, पत्ती धब्बा मुख्य हैं। कीटों में चेंपा, बिहार रोमिल सूण्डी, फली भेदक एवं दीमक हैं जिनकी समय पर रोकथाम नहीं होने के कारण इन फसलों की उपज कम मिलती है।

6. **खरपतवारों का प्रकोप**: दलहन फसलों की प्रारम्भिक वृद्धि धीमी होने के कारण खरपतवारों की संख्या भी अधिक है। इन फसलों में खरपतवारों के नियंत्रण का क्रांतिक समय 20–45 दिन होता है। सामान्यतः फसलों की उपज में भारी कमी आ जाती है।

7. **प्रमाणित बीजों की कमी**: दलहनी फसलों के प्रमाणित बीजों की उपलब्धता में कमी तथा इन बीजों के वितरण में संस्थाओं द्वारा रुचि लेने के कारण समय से किसानों को समुचित मात्रा में आपूर्ति नहीं हो पाती है, जिससे किसान देशी बीज की बुवाई कर देते हैं। इससे उत्पादन में वृद्धि नहीं होती है।

8. **अधिक उपज देने वाली प्रजातियों की कमी**: विभिन्न दलहन फसलों में हमारे देश में विदेशों की तुलना में अधिक उपज देने वाली जातियों का विकास नहीं हो पाया है। फ्रांस में दलहन फसलों की औसतन उपज 50–95 क्विंटल प्रति हैक्टेयर है, जबकि भारत में दलहन फसलों की औसतन उपज 5.53 क्विंटल प्रति हैक्टेयर है।

9. **कम अवधि वाली जातियों की कमी**: दलहनी फसलों में कम समय में पकने वाली उन्नत जातियों की कमी है। अतः सघन फसल चक्र में सभी दलहनी फसलों को नहीं अपनाया जा सकता।

10. **सही विधि से बुवाई नहीं करना**: इन फसलों की बुवाई छिड़कवां विधि से की जाती है जिससे बीजों का असमान वितरण होता है तथा अन्य सस्य क्रियाओं को करने में भी परेशानी होती है।

11. **राइजोबियम कल्चर का प्रयोग नहीं करना**: विभिन्न दलहन फसलों में राइजोबियम कल्चर का प्रयोग नहीं करने के कारण उपज में भारी कमी आती है।

12. **उर्वरकों का असन्तुलित प्रयोग**: फॉस्फेटिक उर्वरकों का दलहनी फसलों में प्रयोग किसानों के द्वारा बहुत कम ही किया जाता है, नत्रजन उर्वरकों का

प्रयोग भी नगण्य है या असन्तुलित है अर्थात् दलहनी फसलों में रासायनिक व जैविक उर्वरकों के प्रयोग न करना।

13. **मिश्रित खेतीः** अधिकतर दलहनी फसलों की मिश्रित खेती की जाती है क्योंकि इस पर पूर्ण प्रकाश नहीं पड़ने के कारण वृद्धि कम होती है। कुछ फसलों के साथ यह कम उपज देती है।

14. **जैविक तथा अजैविक दबावः** दलहनी फसलों में विभिन्न कीटों एवं बीमारियों का अत्यधिक प्रकोप होता है तथा मौसम के प्रति कम सहनशीलता के कारण भी उत्पादन एवं उत्पादकता में कमी होती है, जिससे दलहन की खेती के प्रति किसान उदासीन रहते हैं।

15. **शिक्षा का अभावः** किसानों में शिक्षा का अभाव है जिसके कारण वे कई तकनीकियों को पूरी तरह से समझ नहीं पाते हैं, जैसे फसल में लगने वाले कीटों–बीमारियों आदि का सही ज्ञान न होने के कारण उचित समय पर फसल की सुरक्षा नहीं कर पाते हैं।

16. **दाल वाली फसलों से कम लाभः** ये लागत अनुपात गेहूँ व धान की तुलना में कम आकर्षक एवं कम आवश्यक होती हैं जिससे किसान इन फसलों को कम महत्व देते हैं अर्थात् खाद्यान्न व नकदी फसलों की अपेक्षा दलहनी फसलों की कम देख–रेख करना।

17. **कटाई बाद की तकनीकीः** किसानों के पास दलहनी फसलों की औसाई करने एवं सुखाने के लिए भी आधारभूत ढाँचों की कमी पाई जाती है जिस कारण उनके उत्पादन का सही मूल्य नहीं मिल पाता है।

18. **उचित भण्डारण तथा भण्डार तकनीकी का अभावः** दलहन की स्थानीय स्तर पर उचित भण्डारण की व्यवस्था नहीं होना तथा किसानों में भण्डारण तकनीक के ज्ञान की कमी के कारण दलहनों की 40–50 प्रतिशत मात्रा किसान तुरन्त कटाई के बाद कम मूल्यों में मण्डियों में बेच देता है।

19. गेहूँ व धान की अपेक्षा दलहनी फसलों के अनुसंधान में कमी है।

20. सरकारी बिक्री मूल्यों की समय पर घोषणा नहीं होने के कारण तथा सरकारी खरीद की सुविधा न होने के कारण।

21. किसानों द्वारा दलहन के स्थान पर गेहूँ, धान और गन्ना जैसी अधिक लाभ देने वाली फसलों को अधिक उगाया जा रहा है, क्योंकि इनकी खेती में

किसानों को कम समस्याएं व अधिक लाभ होता है, जिससे किसान इन्हें कम महत्व देते हैं।

22. मृदा में मुख्य/द्वितीय/सूक्ष्म पोषक तत्वों जैसे, फॉस्फोरस, गन्धक, जिंक व कैल्शियम की कमी की जाँच न करना।

दलहनी फसलों का उत्पादन बढ़ाने के लिए उपाय/सुझाव

1. दलहनी फसलों के अन्तर्गत क्षेत्रफल बढ़ाया जाए यदि संभव नहीं हो तो दलहनी फसलों की बेकार/बंजर, नीची, ऊँची, अनुपयुक्त भूमियों को छोड़कर उपजाऊ एवं सिंचित दशाओं में उगाया जाए।
2. दलहनी फसलों के रोगरोधी उन्नतशील बीजों को समय एवं विधि से किसानों को उपलब्ध कराया जाना चाहिए।
3. दलहनी फसलों को गन्ना, आलू आदि के साथ मिश्रित तथा सहफसल के रुप में उगाने पर बल दिया जाना चाहिए ताकि इसकी खेती व उत्पादन को बढ़ाया जा सके।
4. मृदा परीक्षण के आधार पर ही उर्वरक दें एवं सन्तुलित उर्वरक उपयोग करें तथा जैव उर्वरक जैसे, राइजोबियम कल्चर, वैम, पी.एस.बी. एवं एजोटोबैक्टर का प्रयोग करें।
5. किस्म का चुनाव जलवायु एवं मृदा के अनुसार करें।
6. फसल सुरक्षाओं में कीट, रोग, खरपतवारों आदि का समय से नियंत्रण करें।
7. 50 प्रतिशत फूल आने/फलियाँ बनने के समय कीटनाशी, कवकनाशी का प्रयोग करें, यदि आवश्यक हो तो 15–20 दिन बाद पुनः छिड़कें।
8. संस्तुत बीज दर एवं पंक्तियों में बुवाई करें।
9. सिंचाई जब आवश्यक हों, दें।
10. कम अवधि की किस्में प्रयोग करें।
11. फसल की बुवाई समय पर करें।
12. बुवाई के समय 50–60 कि.ग्रा. फॉस्फोरस +20 कि.ग्रा. नत्रजन प्रति हैक्टेयर प्रयोग करें।
13. दलहनी फसलों के उत्पादन को उन्नत तकनीकी ज्ञान के प्रसार एवं प्रशिक्षण का उचित प्रबंधन करें ताकि किसानों को इनकी खेती का पूर्ण ज्ञान हो जाये और किसान इन्हें उगाने में कोई कठिनाई महसूस न करें।

14. दलहनी फसलों पर तकनीकी ज्ञान व नई किस्मों पर अनुसंधान के लिए पर्याप्त सुविधाएं उपलब्ध करायें।
15. प्रत्येक दलहनी फसलों का सरकार लाभकारी मूल्य निर्धारित करे ताकि किसान दलहनी फसलों के उत्पादन में रुचि बढ़ा सकें।

दालों का आयात

प्रत्येक वर्ष उत्पादन और खपत के बीच की कमी को पूरा करने के लिए दालों का आयात किया जाता है जिस पर प्रत्येक वर्ष करोड़ों रुपये खर्च हो रहे हैं। भारत को दालों का निर्यात करने वाले देशों में कनाडा (मसूर दाल), म्यांमार (अरहर), आस्ट्रेलिया (चना) और कुछ अफ्रीकी देश सम्मिलित हैं। तेजी से बढ़ती जनसंख्या की माँग की पूर्ति हेतु तथा दालों की आयात की समस्या से निपटने के लिए इनका उत्पादन बढ़ाने की नितान्त आवश्यकता है। इसके लिए कृषि वैज्ञानिकों, किसानों और सरकार को दलहन उत्पादन बढ़ाने की रणनीति पर विचार करना होगा, जिनमें दलहन फसलों के अनुसंधान, उन्नत तकनीकियों के प्रचार–प्रसार एवं न्यूनतम समर्थन एवं खरीद मूल्य पर अधिक जोर देना होगा। तभी हम वर्ष 2030 तक दलहन उत्पादन का लक्ष्य 32 मिलियन टन प्राप्त कर सकते हैं, जिससे दालों के संकट को काफी हद तक कम किया जा सकेगा।

दालों की मांग और आपूर्ति

हमारे देश में वर्ष 2015 कृषि क्षेत्र के लिए एक चुनौतीपूर्ण वर्ष था। देश के कई हिस्सों में रुखे मौसम और सूखे के कारण किसानों के लिए यह परेशानी भरा लगातार दूसरा वर्ष था। दक्षिण–पश्चिमी मानसून 2015 में लंबी अवधि औसत के सामान्य स्तर से 14 प्रतिशत कम रहा, जिसका असर खरीद फसलों पर पड़ा। इसके बाद जो उत्तर–पूर्वी मानसून आया, वह तमिलनाडु एवं आस–पास के क्षेत्रों में भारी विनाश का कारण बना। इससे वहाँ अभूतपूर्व बाढ़ का संकट आया। वैसे दाल एवं तिलहनों का उत्पादन पिछले कई वर्षों से मांग की तुलना में लगातार कम होता रहा है। दालों का उत्पादन 2014–15 में 19.24 मिलियन टन से कम होकर 17.20 मिलियन टन रह गया, जिसकी वजह से दालों की कीमतों में अभूतपूर्व तेजी देखी गयी।

उदाहरण के लिए, अरहर की कीमतें एक साल पहले के 75 रुपए प्रति कि.ग्रा. से उछल कर 199 रुपए प्रति कि.ग्रा. तक पहुँच गईं और अभी भी ये कीमतें नियंत्रण के बाहर हैं। न केवल अरहर, उड़द की कीमतें बल्कि खुदरा बाजार में भी

लगभग सभी प्रमुख दालों की कीमतें वर्तमान में लगभग 140 रुपए प्रति कि.ग्रा. के आस–पास बनी हुई हैं। ऐसी स्थिति को देखते हुए सरकार को दालों की उपलब्धता के लिए बार–बार बाजार में हस्तक्षेप करने को बाध्य होना पड़ा है।

हालांकि किसानों के लिए एक खबर यह अच्छी रही की पिछले वर्ष सरकार ने प्रमुख दालों के न्यूनतम समर्थन मूल्य में 275 रुपए प्रति क्विंटल की वृद्धि की है। इसके अतिरिक्त दालों के बढ़ते भावों की स्थिति पर नियंत्रण करने के लिए सरकार ने 500 करोड़ रुपए की एक संचित राशि के साथ एक मूल्य स्थिरीकरण कोष की स्थापना की है। इस वर्ष कुछ फंड ऐसे राज्यों में दालों की सब्सिडी प्राप्त बिक्री के लिए जारी किए गए थे, जिन्होंने सार्वजनिक वितरण प्रणाली के लाभार्थियों को उचित दरों पर दाल उपलब्ध कराने के लिए अन्वेषक योजनाएं प्रस्तुत की थीं।

दालों की कीमतें बढ़ने के कारण

वर्ष 1951 में दालों की खपत 61 ग्राम प्रति व्यक्ति प्रतिदिन से घटकर वर्ष 2019 में लगभग 37 ग्राम रह गई है, जबकि हमें अपनी प्रोटीन माँग को पूरा करने के लिए 45 ग्राम दाल प्रतिदिन चाहिए। प्रतिवर्ष देश में 9 लाख मीट्रिक टन दाल की माँग बढ़ रही है। दलहन की उपज की तुलना घरेलू खपत लगभग 30 मि.टन है। दालों को माँग और आपूर्ति में काफी अंतर आ गया है, जो कीमतें बढ़ने का प्रमुख कारण है। इससे एक तरफ घरेलू बाजार में ग्राहकों को ऊँची कीमत पर दाल खरीदनी पड़ती है, इसके अतिरिक्त दालों के रिटेल कीमतें बढ़ने का प्रमुख कारण इनकी जमाखोरी व कालाबाजारी है। जमाखोरों का लक्ष्य किसी विशेष अवसर पर दालों की कीमतों में रिकॉर्ड तेजी लाकर लाभ प्राप्त करना होता है। सरकार को दलहन के न्यायपूर्ण दाम सुनिश्चित करनी चाहिए व बिक्री की उचित व्यवस्था करें। साथ ही उपभोक्ता का भी ध्यान रखें। प्रतिवर्ष दालों के आयात के लिए भारी मात्रा में विदेशी पूँजी की आवश्यकता पड़ती है। विदेशी मुद्रा बचाने तथा दालों की मांग को पूरा करने के लिए देश में दालों का उत्पादन बढ़ाना अत्यन्त आवश्यक है।

दलहन फसलों की उत्पादकता बढ़ाने हेतु सरकारी प्रयास

भारत ने खाद्यान्न में आत्मनिर्भरता के उपरान्त दलहन उत्पादन बढ़ाने के लिए विशेष प्रयास किए गए, क्योंकि इनके आयात पर देश को बहुमूल्य मुद्रा खर्च करनी पड़ती थी। दलहन उत्पादन में आत्मनिर्भरता के लिए कृषि अनुसंधान के माध्यम से पिछले पांच वर्षों में दालों की 100 से अधिक उन्नत किस्में विकसित की गईं और

प्रमुख दालों के उन्नत बीज किसानों को बांटे गए। देश का दलहन उत्पादन वर्ष 2007–08 के 14.76 मि. टन की तुलना में बढ़कर 24.42 मिलियन टन के रिकार्ड स्तर पर पहुँच गया है (वर्ष 2020–21, दूसरा अग्रिम अनुमान)। दलहन के उन्नत बीज उत्पादन के लिए 24 राज्यों में 'सीड हब' स्थापित किए गए हैं और उन्नत कृषि विधियां विकसित करके किसानों तक पहुँचाई गई हैं। मुख्य फसलों के बीच दलहन की अंतर्वर्तीय फसल उगाने की विधि प्रचलित करने से सार्थक लाभ हुआ।

दालों के अंतर्राष्ट्रीय आयात में कमी करने हेतु भारत सरकार ने क्षेत्र विस्तार और उत्पादन वृद्धि हेतु अनेक योजनाओं के अंतर्गत दाल विकास कार्यक्रम प्रारम्भ किया था। इसके बाद विशेष खाद्यान्न उत्पादन कार्यक्रम और समेकित तिलहन, दलहन, ऑयलपाम तथा मक्का योजना जैसी अनेक अन्य पहलें शुरू की गईं। दालों की उपलब्धता बढ़ाने हेतु केंद्रीय सरकार ने एक बड़ा कदम उठाते हुए दालों के सुरक्षित भंडार को 1.5 टन से बढ़ाकर 8 लाख टन करने का फैसला किया है। बाद में राष्ट्रीय खाद्य सुरक्षा मिशन के अधीन पिछले कुछ वर्ष पहले दलहन फसलों की फसल पोषण और संयंत्र केंद्रित सुधार तकनीकियों को प्रदर्शित करने के उद्देश्य के साथ त्वरति दाल उत्पादन कार्यक्रम नामक एक विशेष कार्यक्रम शुरू किया गया था। इसका उद्देश्य चना, काला चना और हरे चने का उत्पादन बढ़ाना था। जैसा कि उल्लेख किया गया है, सरकार ने दालों की कमी को दूर करने और मूल्यों से सम्बन्धित सभी संभव प्रयास किये हैं।

भारत सरकार ने दालों की कमी को दूर करने और मूल्यों से सम्बन्धित सभी संभव प्रयास किये हैं। भारतीय किसानों ने भी सरकार के चुनौतीपूर्ण कार्यों के प्रति अच्छा उत्साह दिया है और ग्रीष्मकालीन फसलीय मौसम खरीफ सहित दालों की बुवाई करने के प्रति बड़ी रुचि दिखाई है। किसानों के सोयाबीन की अपेक्षा अरहर और उड़द की खेती के प्रति रुझान बदलने की भी रिपार्ट है। ऐसा रुझान मध्य प्रदेश, महाराष्ट्र और राजस्थान में देखने को मिला है। राजस्थान में किसानों ने मूँग की खेती में रुचि दिखाई है। ऐसे संकेत हैं कि देश के विभिन्न हिस्सों में किसान चने और मसूर दाल की बुवाई में भी इतनी ही व्यापक रुचि दिखायेंगे। सरकार दलहन के उत्पादन को बढ़ाने की दिशा में लगातार काम कर रही है। इसी के तहत सरकार ने फैसला लिया है कि 82.01 करोड़ रुपए के बीज के 20 लाख से अधिक मिनी–किट वितरित करेगी ताकि फसल वर्ष 2021–22 (जुलाई–जून) के खरीफ सत्र में दलहन उत्पादन को बढ़ावा दिया जा सके। खरीफ (गर्मी) के मौसम में बुवाई जून में दक्षिण–पश्चिम मानसून की शुरुआत के साथ शुरू होती है।

मानसून इस वर्ष सामान्य रहने का अनुमान है। खरीफ की मुख्य दलहनी फसलों में तुअर, मूँग और उड़द की खेती हैं। हाल ही में कृषि मंत्रालय ने एक बयान में कहा था कि अरहर, मूँग और उड़द आदि फसलों के क्षेत्र विस्तार और उत्पादकता में सुधार, दोनों ही कार्यों के लिए राज्य सरकारों के परामर्श से एक विस्तृत योजना तैयार की गई है। मंत्रालय ने कहा, 'रणनीति के तहत अधिक उपज देने वाली किस्मों (एचवाईवी) के बीज का उपयोग करने की योजना है। इन बीजों को अंतर–फसल और एकमात्र फसल के माध्यम से क्षेत्रफल को बढ़ाने के लिए निः शुल्क वितरित किया जाएगा।

यदि देश को दलहन में आत्मनिर्भर करना है तो शोध, प्रसार, प्रशिक्षण एवं संसाधनों को गांव स्तर तक उपलब्ध कराना आवश्यक होगा। साथ ही साथ किसानों की मानसिकता धान और गेहूँ कर तरफ से अरहर और चना कर तरफ मोड़ना होगा, क्योंकि अरहर और चना में धान और गेहूँ से अधिक लाभ होता है और कम श्रम तथा उत्पादन लागती है। शोध द्वारा अनुशंसित की गई तकनीकों को अपनाकर और उपरोक्त समस्याओं को हल करके संभावित उपज और वास्तवित उपज में अंतर कम कम किया जा सकता है।

❑❑❑

अध्याय–2

सामाजिक संरक्षण हेतु दलहन

भारतीय कृषि में दलहनी फसलों की विशेष भूमिका है, क्योंकि ये मानव स्वास्थ्य के साथ–साथ मृदा स्वास्थ्य को भी स्वस्थ रखने में समर्थ है। दलहनी फसलें न केवल प्रोटीन से भरपूर भोजन उपलब्ध कराती हैं वरन् इनमें अनेक अमीनो अम्ल होते हैं, जो मानव स्वास्थ्य के लिए हितकर हैं। इसके अतिरिक्त दलहनी फसलें खाद्य फसलों के बाद पौष्टिक तत्वों व आमदनी के उद्देश्य से मानव जीवन में महत्व रखती हैं। इस प्रकार दलहनी फसलें पोषण सुरक्षा, मृदा स्वास्थ्य प्रबंधन व स्थायी फसल उत्पादन के लिए महत्वपूर्ण है तथा समय के साथ वर्षा आधारित खेती वाले क्षेत्रों में फसल प्रणाली का एक आंतरिक घटक बनी रही है। दालों की लगभग 8000 वर्ष पूर्व से प्राचीन खाद्य फसल के रूप में खेती की जा रही है। दलहन प्रोटीन का समृद्ध स्रोत होने के साथ–साथ यह वायुमंडलीय नत्रजन स्थिरीकरण के साथ, जड़ों व पत्तियों के द्वारा वृह्द मात्रा में मृदा में कार्बनिक पदार्थों को मिलाकर वातावरण नत्रजन को मृदा में स्थिर करती है तथा नत्रजन उर्वरकों के अतिरिक्त उपयोग को कम करती है।

दालों के नाम

चित्र 1: विभिन्न प्रकार की दालें

प्रत्येक वर्ष 10 फरवरी को विश्व दलहन दिवस मनाया जाता है जिससे विश्व में दालों का उत्पादन बढ़ाया जा सके और प्रोटीन की कमी से होने वाले कुपोषण को कम किया जा सकता है।

कुपोषण भारत की एक गंभीर, आर्थिक एवं सामाजिक समस्या है। कहा जाता है कि मनुष्य केवल रोटी के सहारे जीवित नहीं रह सकता, लेकिन दालों के सहारे जीवित रह सकता है। विश्व स्तर पर दालें पोषण, खाद्य व आजीविका सुरक्षा के अतिरिक्त मृदा स्वास्थ्य की दृष्टि से महत्वपूर्ण भूमिका निभाती हैं, जैसे:

1. पोषण सुरक्षा में दालों की भूमिका

मानव पोषण के लिए विभिन्न प्रकार के पोषक तत्वों की आवश्यकता होती है, जैसे कि कार्बोहाइड्रेट्स, प्रोटीन, वसा, विटामिन्स इत्यादि। इन्हें एक ही फसल से नहीं प्राप्त किया जा सकता है। उदाहरण के लिए, प्रोटीन की आवश्यकता पूरी करने हेतु दलहनी फसलों की आवश्यकता पड़ती है, जो कि दलहन कुल में आती है। भोजन में दाल का महत्वपूर्ण स्थान है। विशेषकर शाकाहारी लोगों के भोजन में प्रोटीन का सबसे बड़ा स्रोत दाल एवं फलियां ही हैं। "**दाल–रोटी खाओ, प्रभु के गुण गाओ**" इस कहावत का सार आपकी सेहत बदल सकता है। दाल और रोटी का कॉम्बिनेशन एक प्रोटीन रिच डाइट बनाता है, जो स्वास्थ्य के लिए विशेष लाभप्रद है। फूड पॉलिसी रिसर्च इंस्टीट्यूट के आंकड़ों के अनुसार पिछले बीस वर्षों में भारतीय कम दाल खाने लगे हैं। बदलती जीवनशैली और जंक फूड अधिक खाने से ऐसा हो रहा है। दालें दलहन परिवार की सदस्य हैं। दालों में प्रोटीन और रेशा अधिक और वसा कम होती हैं। भारत में कई प्रकार की दालें उगाई जाती हैं। दालें अनाज में आती हैं। इन्हें पैदा करने वाली फसल को कहा जाता है। दालें हमारे भोजन का सबसे महत्वपूर्ण भाग होती हैं। दुर्भाग्यवश आज आधुनिकता की दौड़ में फास्ट फूड के प्रचलन से हमारे भोजन में दालों का प्रयोग कम होता जा रहा है, जिसका दुष्प्रभाव लोगों, विशेषकर बच्चों एवं युवा वर्ग के स्वास्थ्य पर पड़ रहा है। दालों की सर्वप्रमुख विशेषता यह होती है कि आँच पर पकने के बाद भी उनके पौष्टिक तत्व सुरक्षित रहते हैं, इनमें, और बहुतायत में पाए जाते हैं। दालें मानव आहार में प्रोटीन की आवश्यकता पूर्ति का प्रमुख स्रोत हैं, लगभग 3 प्रतिशत प्रोटीन की पूर्ति दालों द्वारा की जाती है। भोजन में प्रयोग आने वाली दालें मुख्यतः छिलका रहित दो टुकड़ों वाली होती हैं। अतः दलहनों से दाल बनाने के लिए उनके ऊपर का छिलका उतारना सर्वप्रथम तथा प्रमुख क्रिया है। इसके लिए दालों को उपचारित किया जाता है और तत्पश्चात् ही उनका संसाधन किया जाता है। पुरानी

पद्धति द्वारा दाल बनाने में लगभग 1 से 15 प्रतिशत तक दाल की हानि संसाधन क्रिया में होती है। अतः दालों की उपलब्धि बढ़ाने के लिए उन्नत उत्पादन तकनीक के साथ ही साथ संसाधन की भी उन्नत तकनीक एवं उपकरणों का उपयोग किया जाना चाहिए।

चित्र 2: विश्व दलहन दिवस

दाल खाने के लाभ

दालें मानव के लिए पादप आधारित प्रोटीन एवं अमीनो अम्ल का उत्तम स्रोत हैं, के साथ ही जानवरों के लिए चारे के रूप में पादप आधारित प्रोटीन का स्रोत भी हैं। भारत जैसे देश में शाकाहारियों के लिए प्रोटीन का सबसे आसान स्रोत दाल हैं। संयुक्त राष्ट्र संघ ने मानव स्वास्थ्य के लिए दालों के महत्व की प्रति जागरूकता फैलाने के लिए 10 नवम्बर, 2015 को इटली के रोम में स्थिति खाद्य एवं कृषि संगठन के मुख्यालय में वर्ष 2016 को अंतर्राष्ट्रीय दलहन वर्ष के रूप में मनाए जाने की घोषणा की।

चित्र 3: दालों के लाभ

जो लोग सप्ताह में चार से पांच बार दालें खाते हैं, उनमें दाल नहीं खाने वालों की तुलना में हृदय रोगों का खतरा 22 प्रतिशत और धमनियों से जुड़े रोगों का खतरा 11 प्रतिशत तक कम हो जाता है। दालों का ग्लासेमिक सूचकांक कम होता है, जिससे पेट देर तक भरा हुआ रहता है। इससे वजन कम करने में सहायता मिलती है। नियमित दालें खाने से गंभीर रोग, जैसे, मोटापा, डायबिटीज, हृदय रोगों और कुछ तरह के कैंसर की आंशका कम करने में सहायता मिलती है। दालें आंतों में पाये जाने वाले अच्छे जीवाणु के संतुलन को बनाए रखती हैं और बढ़े कोलेस्ट्रॉल के स्तर को कम करती हैं। वर्ष 2014 में हुए एक शोध अध्ययन के अनुसार तीन सप्ताह तक लगातार दालें खाने से शरीर में बढ़े कोलेस्ट्रॉल का स्तर निर्णायक रूप से कम हो जाता है, जो हार्ट अटैक और स्ट्रोक के खतरे को कम कर सकता है।

सारणी 1: विभिन्न दालों में पोषण चार्ट

फसल का नाम	कैलोरी	रेशा	कार्बोहाइड्रेट	प्रोटीन	वसा	खनिज
काला चना	372	1.2	59.8	20.8	5.6	2.7
राजमा	346	4.8	60.6	22.9	1.3	3.2
मूँग	348	0.8	59.9	24.5	1.2	3.5
मोठ	330	4.5	56.5	23.6	1.1	3.5
मटर	315	4.5	56.5	19.7	1.1	2.2
अरहर	335	4.8	57.5	19.7	1.1	2.2
सोयाबीन	432	1.5	57.6	22.3	1.7	4.6
मसूर	115	15.6	39.9	17	0.8	2.9

सारणी 2: दलहनी फसलों की रासायनिक संरचना (प्रति 100 ग्राम)

दलहन	नमी (ग्राम)	प्रोटीन (ग्राम)	वसा (ग्राम)	खनिज (ग्राम)	रेशे (ग्राम)	कार्बोहाइड्रेट (ग्राम)	कैल्शियम (ग्राम)	फॉस्फेट (ग्राम)	लौह (ग्राम)
चना	9.8	17.1	5.1	3.0	3.9	60.9	202	312	4.6
लोबिया	13.4	24.1	1.0	3.2	3.8	54.5	77	414	8.6
मूँग	10.4	24.0	1.3	3.5	4.1	56.7	124	326	4.4
मसूर	12.4	25.1	0.7	2.1	0.7	59.0	69	293	7.58
मोठ	10.8	23.6	1.1	3.5	4.5	56.5	202	230	9.5
मटर	16.0	19.7	1.1	2.2	4.5	56.5	75	298	7.05
राजमा	12.0	22.9	1.3	3.2	4.8	60.6	260	410	5.1
सोयाबीन	8.1	43.2	19.5	4.6	3.7	20.9	240	690	10.4

स्रोतः न्यूट्रीशियन वेल्यू ऑफ इण्डियन फूड्स, राष्ट्रीय पोषण संस्थान, हैदराबाद, सो. अनु.केन्द्र प्रसार बुलेटिन न.5, पृ.सं. नं. 22

अतः दालें, पादप प्रोटीन का सबसे प्रमुख स्रोत हैं, विशेषकर शाकाहारियों के लिए इनका नियमित सेवन आवश्यक है जिनका संक्षिप्त विवरण निम्न प्रकार उल्लेखित है, जैसेः

1. चने की दाल

चने की दाल पौष्टिक होने के साथ शरीर को ताकत भी देती है। इसमें रेशा सबसे अधिक मात्रा में होता है, जो कोलेस्ट्रॉल को कम करने में सहायक होता है।

पोषकताः चना दाल फोलेट, मैग्नीशियम, तांबा, रेशा, प्रोटीन, लौह और जिंक तत्वों का स्रोत है।

सेहत को लाभः चने की दाल का सेवन रक्त की कमी (एनीमिया), कब्ज, पीलिया, उल्टी और बालों को गिरने की समस्या से राहत देता है। मधुमेह रोगियों के लिए यह लाभप्रद है और खून में शर्करा के स्तर को ठीक रखती है। यह दाल खाने में भारी होती है। जिन्हें अपच हो, उन्हें इसे लौकी, तौरी इत्यादि सब्जियों के साथ खाना चाहिए।

2. मूँग की दाल

मूँग दाल को सबसे पोषक दाल कहा जाता है। यह सुपाच्य है। अंकुरित साबुत मूँग को सर्वाधिक पोषक माना जाता है।

पोषकताः यह मैंगनीज, पोटैशियम, फोलेट, मैग्नीशियम, तांबा, जिंक और विटामिन बी व आहारक रेशा का अच्छा स्रोत है।

चित्र 4: मूँग की दाल

स्वास्थ्य लाभः जिन्हें पेट से जुड़ी समस्याएं हैं, उन्हें मूँग दाल खानी चाहिए। यह हड्डियों के लिए लाभप्रद है। इसका सूप रोगों शीघ्र उबरने में सहायता करता है। गर्भवती महिलाओं को सप्ताह में कम से कम तीन दिन ये दाल खानी चाहिए।

3. अरहर की दाल

इसे तुर/तुअर दाल भी कहा जाता है।

पोषकताः इसमें लौह, कैल्शियम, मैग्नीशियम, पोटैशियम, विटामिन बी और आहारक, रेशा प्रचुर मात्रा में होता है।

स्वास्थ्य लाभः इसमें आहारक रेशा अधिक होता है। यह आंतों को साफ रखती है। हृदय रोगों की आशंका कम रहती है।

4. उड़द की दाल

उड़द दाल पौष्टिक व बलवर्द्धक होती है। यह दाल भारी होती है, इसलिए कमजोर पाचन वालों को कम खानी चाहिए।

पोषकताः उड़द दाल प्रोटीन, विटामिन बी, विटामिन सी, स्टार्च, राइबोफ्लेबिन, कैल्शियम व घुलनशील रेशा से भरपूर होती हैं। इसमें लौह और जिंक प्रचुर मात्रा में होता है।

स्वास्थ्य लाभः रेशा का उच्च स्तर बढ़े कोलेस्ट्रॉल को कम कर हृदय रोगों और टाइप 2 डायबिटीज के खतरे को स्वस्थ्य रखती है। इससे धमनियों में ब्लॉकेज रोकने में सहायता मिलती है। रक्त संचार सही रहता है।

5. मसूर की दाल

मसूर को साबुत और बिना छिलकों वाली दोनों रूप में खाया जाता है।

पोषकताः प्रोटीन, जिंक, कैल्शियम, सल्फर, कार्बोहाइड्रेट, एल्यूमीनियम, तांबा, आयोडीन, मैग्नीशियम, सोडियम, फॉस्फोरस, क्लोरीन और विटामिन डी जैसे तत्व पर्याप्त मात्रा में होते हैं।

स्वास्थ्य लाभः पाचन तंत्र की गड़बड़ी से परेशान लोगों को इसका सेवन करना चाहिए। मसूर की दाल का सूप पीने से आंतों और गले से सम्बन्धित समस्याएं दूर होती हैं। लौह तत्व का अच्छा स्रोत होने के कारण ये खून की कमी नहीं होने देती। इसका सेवन स्ट्रोक, हाइपरटेंशन, हृदय रोग और डायबिटीज का खतरा कम करता है।

6. लोबिया

लोबिया को अंकुरित करके भी खाया जाता है, जिससे इसमें एंजाइमों और आहार रेशा की मात्रा बढ़ जाती है।

पोषकताः उड़द दाल प्रोटीन, विटामिन बी, विटामिन सी, स्टार्च, राइबोफ्लेबिन, कैल्शियम व घुलनशील रेशा से भरपूर होती हैं। इसमें लौह और जिंक प्रचुर मात्रा में होता है।

स्वास्थ्य लाभः प्रोटीन और रेशा का अच्छा स्रोत है, इसलिए वजन कम करने के इच्छुकों को इसे खाना चाहिए। यह कोलेस्ट्रॉल को ठीक रखने, कब्ज, दर्द व सुजन में भी लाभप्रद है। बांझपन से ग्रसित व्यक्तियों के लिए लाभप्रद माना जाता है।

7. सोयाबीन

सोयाबीन, मानव पोषण एवं स्वास्थ्य के लिए उपयोगी खाद्य पदार्थ है। सोयाबीन में स्टार्च की मात्रा नहीं होने के कारण अन्य दालों की तरह इसकी दाल नहीं बन पाती है।

पोषकता: इसमें प्रोटीन 38 से 42 प्रतिशत, कोलेस्ट्रॉल रहित वसा, कार्बोहाइड्रट एवं भस्म आदि प्रचूर मात्रा में पाया जाता है। सोयाबीन गुणकारी प्रोटीन का रास्ता, सुलभ और अधिकतम मात्रा में प्राप्त होने वाला उपयोगी स्रोत है। वर्तमान में उपलब्ध प्रोटीन के अन्य स्रोतों की तुलना में सोयाबीन में सर्वाधिक गुणवत्तायुक्त 40 प्रतिशत प्रोटीन पाया जाता है।

स्वास्थ्य लाभ: सोया–प्रोटीन में मानव शरीर के लिए आवश्यक सभी अमीनो अम्लों की उपस्थिति के साथ–साथ लगभग 20 प्रतिशत वसा (तेल) पाया जाता है जिसमें ह्रदय रोगियों के लिए विशेष रूप से उपयुक्त ओमेगा–3 एवं ओमेगा–6 नामक अमीनो अम्लों का सही एवं उचित अनुपात होता है। एनीमिया (खून में हीमोग्लोबीन की कमी) तथा हड्डी का कमजोर होकर क्षरण होना (ऑस्टीयोपोरोसिस) से पीड़ित महिलाओं और कुपोषण के ग्रस्त बच्चों के लिए सोयाबीन का प्रतिदिन अपनी खुराक में प्रयोग करना बहुत ही लाभकारी होता है।

2. आजीविका सुरक्षा की दृष्टि से भूमिका

दलहन उत्पादन में अत्यधिक व नवीनतम वैज्ञानिक तकनीकों को अपनाने से अधिक उत्पादन के साथ गुणवत्तायुक्त फसल का उत्पादन भी प्राप्त हो रहा है। साथ ही किसानों को बाजार में इन उत्पादों के आकर्षक मूल्य प्राप्त होते हैं। इस प्रकार किसान दलहनों की खेती कर दो से तीन महीने में भरपूर पैदावार लेकर आर्थिक रूप से भी समृद्ध हो सकते हैं। इसके अतिरिक्त ग्रामीण युवक व युवतियाँ लघु उद्योगों के रूप में दलहनों के साबुत दानों की दाल बनाकर व पैकिंग एवं इन्हें बाजार में बेचकर रोजगार सृजन कर सकते हैं। अनेक महिला समूह दालों की बड़ी एवं पापड़ बनाकर अपनी आय बढ़ा सकते हैं। आजकल दालों से निर्मित अनेक प्रकार के उत्पाद बाजार में उपलब्ध हैं। दालों के आटे का प्रयोग दक्षिण भारतीय व्यंजन जैसे इडली व डोसा बनाने में भी किया जाता है। बेरोजगार पढ़े–लिखे युवा व प्रगतिशील किसान दलहनी फसलों की उन्नतशील प्रजातियों का बीज उत्पादन कर न केवल अपने क्षेत्र का शुद्ध बीज उपलब्ध करा सकते हैं, बल्कि अपनी आय में भी वृद्धि करने की प्रबल सम्भावनाएं रहती हैं। इसके अतिरिक्त अनेक सहकारी समितियाँ भी बीज उत्पादन में महत्वपूर्ण निभा सकती हैं। इससे न केवल दलहनी फसलों की उपज में वृद्धि होगी, बल्कि अनेक बेरोजगारों को वर्ष भर रोजगार मिलता रहेगा। दालों की खेती दाने के अतिरिक्त हरे चारे के लिए भी की जाती है।

3. मृदा सुरक्षा की दृष्टि से भूमिका

प्रत्येक किसान को फसल चक्र में वर्ष में एक बार दाल वाली फसल अवश्य उगानी चाहिए। मृदा में संरचना सुधार हेतु फसल चक्र में दलहनी फसलों सम्मिलित करना चाहिए। मृदा में दलहनी फसलों के अवशेष जीवांश पदार्थ की वृद्धि करके मृदा की भौतिक अवस्था में सुधार के साथ–साथ मृदा में विभिन्न पोषक तत्वों को उपलब्ध करवाने में योगदान करती है। दलहनी फसलों की जड़ों में राइजोबियम जीवाणु की गाँठें होती हैं, जो वायुमण्डीय नाइट्रोजन का मृदा में स्थिरीकरण का काम करती हैं। अनाज वाली फसलों के साथ दलहनी फसलों को उगाना चाहिए। इस प्रकार भूमि में जीवांश पदार्थ की उपलब्धता को भी बढ़ाया जा सकता है, जो अन्ततः सड़ने के बाद मृदा में मुख्य पोषक तत्वों की भी आपूर्ति करती है। इससे भूमि की उर्वरा–शाक्ति तो बढ़ती ही है, साथ ही मृदा स्वास्थ्य में भी सुध ाार होता है। परिणामस्वरूप अगली फसलों का उत्पादन भी अच्छा होता है। इस प्रकार भूमि की जल धारण क्षमता तथा फसलों में जल की उपलब्धता को भी बढ़ाया जा सकता है। दलहनी फसलों के पौधे भूमि कम समय में आच्छादन प्रदान करके मृदा नमी संरक्षण के अतिरिक्त खरपतवारों के बीजों को उगने नहीं देते हैं तथा वायु क्षरण को रोकने में भी सहायक हैं।

उपरोक्त तथ्यों से स्पष्ट है कि दलहन की मृदा की गुणवत्ता को बनाए रखने के साथ–साथ मानव प्रोटीन की आवश्यकता को पूरा करेगा। दलहन की कृषि द्वारा अपनी वर्तमान आवश्यकताओं के साथ भविष्य को भी धारणीय बनाने में सहयोग करेगा।

❑❑❑

अध्याय–3

हरी खाद हेतु दलहन

हरी खाद एक प्रकार की जैविक खाद ही है। यह ताजे रूप में प्रयोग में लायी जाती है, जिसमें हरे पौधे विशेषकर दलहनी फसलों को खेत में उगाकर फूल आने से पहले उसे हल चलाकर मृदा में दबा दिया जाता है। ये पौधे नत्रजन का प्राकृतिक रूप से स्थिरीकरण करते हैं, एवं मृदा में जैविक तत्वों की वृद्धि तथा पोषक तत्वों की उपलब्धता बढ़ाते हैं। भारत में मृदा की उर्वरता एवं उत्पादकता बढ़ाने में हरी खाद का प्रयोग प्राचीनकाल से होता आ रहा है। सघन कृषि पद्धति के विकास तथा नकदी फसलों के अन्तर्गत क्षेत्रफल बढ़ने के कारण हरी खाद के प्रयोग में निश्चित ही कमी आई है, लेकिन बढ़ते ऊर्जा संकट, उर्वरकों के मूल्यों में वृद्धि तथा गोबर की खाद जैसे अन्य जैविक स्रोतों की सीमित आपूर्ति से आज हरी खाद का महत्व और बढ़ गया है। भारत में हरी खाद के लिए दलहनी फसलें उगाई जाती हैं क्योंकि इनकी जड़ों में गांठें पाई जाती हैं। इन गांठों में विशेष प्रकार के सहजीवी जीवाणु पाये जाते हैं, जो कि वायुमण्डल में पाई जाने वाली नाइट्रोजन का स्थिरीकरण कर मृदा में पूर्ति करते हैं। रासायनिक उर्वरकों से होने वाले नुकसान और खेती की बढ़ती लागत के बीच हरी खाद किसानों के लिए जैविक खादों का उत्तम विकल्प है। इससे खेती की लागत को तो कम किया ही जा सकता है, साथ ही साथ पैदावार को भी बढ़ाया जा सकता है। हरी खाद की मुख्य विशेषता यह है कि यह मृदा की उपजाऊ शक्ति बढ़ाती है। हरी खाद को खेत में उगाकर या किसी दूसरे स्थान से लाकर उसे खेत की मृदा में मिला दिया जाता है। हरी खाद के पौधों के खेत में सड़ने के बाद वे जैविक खाद का काम करते हैं। इससे मृदा के पोषक तत्वों के साथ उसमें उपलब्ध नाइट्रोजन की मात्रा भी बढ़ जाती है। हरी खाद रेतीली और चिकनी मृदा को सुधार कर उसे खेती के अनुसार बना देती है। धान–गेहूँ फसल चक्र में ढैंचा, मूँग, लोबिया आदि फलीदार फसल लगाने से न केवल इन फसलों की उत्पादकता में वृद्धि होने के संकेत मिले बल्कि मृदा में जैविक पदार्थ में वृद्धि भी देखी गई (सारणी 1)।

सारणी 1: हरी खाद का चावल–गेहूँ क्रम की उत्पादकता पर प्रभाव

हरी खाद के स्रोत	उपज (क्विंटल/है.)		मृदा में कार्बन
	चावल	गेहूँ	(प्रतिशत)
नियंत्रित	27.32	21.12	0.48
ढैंचा	33.90	22.35	0.56
मूँग	29.84	22.10	0.54
लोबिया	29.50	22.11	0.56

स्रोतः ठाकुर और साथी (1999) इंडियन जर्नल ऑफ एग्रोनामी 44(4): 64–68

हरी खाद हेतु प्रमुख दलहनी फसलें

चित्र 1: हरी खाद हेतु ढैंचा की फसल

हरी खाद हेतु प्रमुख दलहनी फसलें जैसे, सनई, ढैंचा, ग्वार, बरसीम, उड़द, मूँग, व लोबिया इत्यादि अधिक प्रचलित हैं, क्योंकि इनकी जड़ों में गांठें होती हैं, जो मृदा में नाइट्रोजन की कमी को पूरा कर देती है। एक टन ढैंचा के शुष्क पदार्थ मृदा में लगभग 26.2 कि.ग्रा. प्रति हैक्टेयर नाइट्रोजन पोषक तत्व उपलब्ध होता है।

हरी खाद हेतु खरीफ ऋतु की दलहनी फसलें: सनई, ढैंचा, ग्वार, मूँग, उड़द, लोबिया, सोयाबीन एवं नील।

हरी खाद हेतु रबी ऋतु की दलहनी फसलें: सैंजी, मेथी, बरसीम, खेसारी एवं मसूर।

हरी खाद हेतु बहुवार्षिक फलीदार फसलें: सुबबुल, कैसिया, सिस्बानिया आदि।

हरी खाद हेतु अदलहनी फसलें

ये फसलें केवल जैविक पदार्थ प्रदान करती हैं, जैसे, भांग, कोदोगिरा, ज्वार, मक्का, सूरजमुखी, मदार आदि हरी खाद हेतु उपयुक्त पाई गई है। सारणी 2 में प्रमुख फसलों में उपलब्ध जीवांश की मात्राएं दी गई हैं।

सारणी 2: प्रमुख हरी खाद की फसलों में उपलब्ध जीवांश की मात्राएं

खरीफ ऋतु की फसलें	बुवाई का समय	बीज दर (कि.ग्रा.)	हरे पदार्थ की मात्रा (टन/है.)	प्राप्त नत्रजन (कि.ग्रा./है.)
सनई	अप्रैल–जुलाई	80–100	18–28	60–100
ढैंचा	अप्रैल–जुलाई	80–100	20–25	84–105
लोबिया	अप्रैल–जुलाई	45–55	15–18	74–88
उड़द	जून–जुलाई	20–22	10–12	40–49
मूँग	अप्रैल–जुलाई	30–40	20–25	68–85
बरसीम	अक्टूबर–सितम्बर	20–30	16	60
मटर	अक्टूबर–सितम्बर	80–100	21	67
ग्वार	अप्रैल–जुलाई	30–40	20–25	68–85

हरी खाद वाली फसलों का संक्षिप्त विवरण

सनई: इसे सनहैंप भी कहते हैं। इसकी खेती पूरे भारत में की जाती है। यह सबसे अच्छी हरी खाद है तथा शीघ्र बढ़ने वाली और सूखे को सहन करने वाली फसल है। यह घनी बुवाई करने पर खरपतवारों को दबा देती है। इसकी बुवाई अप्रैल–मई या मानसून की पहली वर्षा के बाद की जा सकती है। इसे बुवाई के 6 से 8 सप्ताह में पलट दिया जाता है। मृदा में गल–सड़ कर फसल ह्यूमस बनाती है और इसकी जड़ों के बैक्टीरिया नाइट्रोजन का भंडारण करते हैं जिसका प्रयोग अगली फसल के पौधे करते हैं। सनई की एक हैक्टेयर फसल से लगभग 18 से 28 हजार कि.ग्रा. जैविक पदार्थ मिलता है; जो सड़ने पर प्रति हैक्टेयर 60 से 100 कि.ग्रा. नाइट्रोजन खेत को देता है। इससे अधिक मात्रा में फॉस्फोरस व पोटाश भी मिलता है।

चित्र 2: मूँग की हरी खाद हेतु फसल

ढैंचा: यह सभी प्रकार की मृदा में उग सकता है। इसे 75 सें.मी. वर्षा वाली और अच्छी सिंचाई वाली स्थानों पर उगाया जाता है। ढैंचा वर्षा शुरू होने पर बोया जाता है। इससे मृदा में नाइट्रोजन व जीवांश पदार्थ बढ़ता है।

मूँग: मूँग की हरी खाद की हर स्थान पर; जहाँ जल न भरता हो, उगाया जा सकता है। बुवाई के 50 से 60 दिन बाद फलियां चुनने के साथ ही फसल को

जून–अगस्त महीने के आखिर तक खेत में जोत दिया जाता है। इससे प्रति हैक्टेयर मृदा में लगभग 75 से 115 क्विंटल जीवांश पदार्थ और लगभग 60 कि.ग्रा. नाइट्रोजन मिलती है।

लोबिया: इससे लगभग 149 क्विंटल हरा पदार्थ व 55 कि.ग्रा. नाइट्रोजन मिलती है। इससे मृदा की दशा जल्दी सुधरती है (सारणी 3)।

सारणी 3: हरी खाद से प्राप्त विभिन्न पोषक तत्व

फसल का नाम	हरे पदार्थ की मात्रा (टन/है.)	नाइट्रोजन का प्रतिशत	प्राप्त नाइट्रोजन (कि.ग्रा./है.)
सनई	20–30	0.43	86–129
ढैंचा	20–25	0.42	84–105
उड़द	10–12	0.41	41–105
मूँग	8–10	0.48	38–48
ग्वार	20–25	0.34	68–85
लोबिया	15–18	0.49	74–88
कुल्थी	8–10	0.33	26–33
नील	8–10	0.78	62–78

स्रोत: खेती, पृ, 24, जून, 2014

हरी खाद वाली फसलों की विशेषताएं

- हरी खाद वाली फसलों के वानस्पतिक भाग अधिक होने चाहिए।
- फसल के तने कोमल रसदार होने चाहिए।
- फसल की जड़ें शीघ्र बढ़ने वाली तथा गहरी होनी चाहिए, जिससे वह मृदा में गहराई तक जाकर अधिक से अधिक पोषक तत्वों को खींच सकें।
- फसल की जड़ों में अधिक ग्रन्थियाँ हों ताकि वायुमण्डलीय नाइट्रोजन को अधिक मात्रा में स्थिरीकरण कर सकें।
- फसल को कम से कम जल आवश्यकता पड़े।
- फसल कीट व रोग अवरोधी हो।
- उगाने में न्यूनतम खर्च हो।
- फसलें ऐसी हों जो विभिन्न मृदाओं में उग सकें।
- फसल भूमि में अधिक जैविक पदार्थ प्रदान करने वाली हो।
- फसल का बीज सस्ता व आसानी से उपलब्ध हो।

हरी खाद तैयार करने की विधि

जिस खेत में हरी खाद का प्रयोग करना है, उसमें वर्षा के मौसम से पहले हरी खाद वाली फसलों बुवाई कर देनी चाहिए। इन फसलों में पुष्पन से पहले पाटा चलाकर पौधों को दबा दिया जाता है। बाद में कुछ दिनों बाद मृदा पलटने वाले हल चलाकर पौधों को सड़ने के लिए छोड़ दिया जाता है। इस विधि में दो मुख्य फसलों की बुवाई के मध्य के समय में शीघ्र उगने वाली दलहनी फसलों जैसे, सनई, ढैंचा, मूँग, उड़द, बरसीम, जंगली नील तथा लोबिया इत्यादि को उगाया जाता है तथा मुख्य फसल बुवाई से पहले जुताई के समय मृदा में पलट दिया जाता है। उगाने की विधि निम्न प्रकार हैः

भूमिः बलुई से लेकर मटियार भूमियों में हरी खाद लगाई जा सकती है।

भूमि की तैयारीः हरी खाद के लिए भूमि की अधिक तैयारी की आवश्यकता नहीं पड़ती है। 1 से 2 जुताई करके बीज छिड़क कर बो दिया जाता है और उसके बाद पाटा लगा देते हैं।

बुवाई का समयः उत्तरी भारत में सिंचाई की सुविधा होने पर जून के आरम्भ में बो देना चाहिए। यदि सिंचाई की सुविधा न हो तो वर्षा प्रारम्भ होने पर जून के अन्तिम सप्ताह से जुलाई के प्रथम सप्ताह तक बो देना चाहिए।

बीज दरः सनई की बीज 100 कि.ग्रा. एवं ढैंचा 60 कि.ग्रा. प्रति हैक्टेयर की दर से प्रयोग करें।

हरी खाद पलटने का समयः हरी खाद हेतु फसल में जब फूल आने वाले हों अर्थात 7 से 8 सप्ताह की फसल पलटने हेतु सर्वोत्तम है।

हरी खाद वाली फसलों को मृदा में पलटने का समय

हरी खाद वाली फसल को एक विशेष अवस्था पर ही खेत में पलटने से मृदा को अधिकतम नाइट्रोजन एवं जीवांश पदार्थ की मात्रा प्राप्त होती है। विशेष अवस्था उस समय होती है जब फसल कुछ अपरिपक्व अवस्था में हो तथा फूल निकलना प्रारम्भ हो गये हों। इस समय वानस्पतिक वृद्धि अधिक होती है तथा पौधों की शाखाएं व पत्तियाँ मुलायम होती हैं और फसल का कार्बनः नाइट्रोजन अनुपात भी कम होता है। सनई की फसल में 50 दिन बाद तथा ढैंचा में 40 दिन बाद यह अवस्था आती है। बरसीम की फसल में 3 से 4 कटाई के बाद फसल को पलटना लाभप्रद रहता है।

हरी खाद पलटने की विधि एवं दबाने की गहराई: हरी खाद की फसल जब 42 से 45 दिनों की हो जाये तो ट्रैक्टर चालित हैरो आदि से मृदा में दबा देना चाहिए। हल्की भूमि में गहरा तथा भारी भूमि में उथला दबाना चाहिए। अधिक दिनों की फसल को विघटन हेतु उथला दबाना चाहिए।

हरी खाद को पलटने के बाद अगली फसल बोने का समय: हरी खाद को दबाने के बाद विघटन क्रिया चालू हो जाती है। केवल धान की फसल के लिए रोपाई से लगभग एक सप्ताह पूर्व जोतकर इसे मिला देना चाहिए। इसके अतिरिक्त हरी खाद को पलटने के बाद अगली फसल की बुवाई के बीच 2 माह का अंतराल उपयुक्त होता है।

हरी खाद प्रयोग विधि

इसकी दो विधियाँ मुख्य रूप से प्रचलित हैं

1. हरी खाद की स्वःस्थाने विधि (इन सीटू)

इस विधि में हरी खाद वाली फसल उसी खेत में पैदा की जाती है तथा जुताई करके उसी खेत की मिट्टी में दबा देते हैं। इस प्रकार की फसलें एकल या दूसरी फसल के साथ मिश्रित रूप में बोयी जाती हैं। यह विधि अधिक वर्षा वाले क्षेत्रों के लिए उपयुक्त है।

2. हरी पत्ती की खाद (एक्स सीटू)

इस विधि में झाड़ियों के पत्ते तथा शाखाओं को खेत में दबाया जाता है। ये मृदा में थोड़ी–सी नमी होने पर सड़ जाती है। इस प्रकार की हरी खाद बनाने के लिए सस्बानियां, करेंज तथा ग्लायरी खोड़िया आदि का प्रयोग करते हैं।

हरी खाद के लाभ

- हरी खाद से मृदा को जीवांश पदार्थ मिलता है, मृदा की भौतिक एवं रासायनिक दशा में सुधार होता है।
- हरी खाद की फसलें मृदा की निचली सतहों से पोषक तत्व ग्रहण करके ऊपरी सतह पर एकत्रित करती हैं जिससे अग्रिम फसलें लाभान्वित होती हैं।
- मृदा की जल अवशोषण क्षमता में सुधार होता है एवं मृदा क्षरण भी कम होता है।
- दलहनी फसलों की जड़ें वातावरण के स्वतंत्र नाइट्रोजन को एकत्र करती हैं।

- कुछ पोषक तत्वों जैसे कैल्शियम, पोटैशियम, फॉस्फोरस आदि की उपलब्धता बढ़ती है।
- हरी खाद के प्रयोग से मृदा भुरभुरी होती है और मृदा में सूक्ष्मजीवों की संख्या एवं क्रियाशीलता बढ़ती है तथा मृदा की उर्वरा–शक्ति एवं उत्पादन क्षमता भी बढ़ती है।
- हरी खाद वाली फसलें खरपतवारों की वृद्धि रोकने में भी सहायक हैं।

दलहन प्रकृति का स्वभाविक वरदान है। इसको कम लागत पर आसानी से खेत पर उगाया जा सकता है। जैसे, गोबर की खाद, कम्पोस्ट खाद, बायोगैस से तैयार कम्पोस्ट, वर्मीकम्पोस्ट, नाडेप कम्पोस्ट, हरी खाद, जैव अपशिष्ट, गन्ना अपशिष्ट, मुर्गी व पक्षियों की बीट, हड्डी चूर्ण, कीचड़, शीरा, नीम, महुआ, अलसी, सरसों, अरंडी, मूँगफली, बिनौला की खली, सनई, ढैंचा एवं दलहनी फसलों के अवशेष आदि खेतों के जैविक पोषण के प्रमुख स्रोत हैं। जैविक खादें सस्ती होती हैं परन्तु इनकी अधिक मात्रा खेत में डालनी पड़ती हैं लेकिन रासायनिक उर्वरकों की तुलना में इनका प्रभाव 2 से 3 वर्ष तक मृदा में बना रहता है। इनके प्रयोग से मृदा की भौतिक, रासायनिक और जैविक दशा में सुधार होता है। मृदा में वायु संचार बढ़ता है और ताप नियंत्रित रहता है, जीवांश सड़ने पर कार्बनिक अम्ल छोड़ते हैं जो अन्य तत्वों की घुलनशीलता बढ़ाते हैं तथा पोषक जीवाणुओं की वृद्धि में सहायता करते हैं। इनसे कार्बनःनाइट्रोजन अनुपात तो संतुलित रहता है, साथ ही साथ मृदा की जलधारण क्षमता में भी वृद्धि होती है। इनके अधिक प्रयोग का फसलों पर न तो कोई नकारात्मक प्रभाव पड़ता है और न ही इनके भंडारण में कोई विशेष सावधानी की आवश्यकता पड़ती है। स्थानिक संसाधनों पर आधारित जीवांश खादों के प्रयोग से फसल कीट प्रभावों और बीमारी जनित हानियों का प्रभाव भी कम होता है। अतः इनसे खेतों की कम होती उत्पादन क्षमता को रोका जा सकता है। हरी खाद मौसम के उस समय उगाई जाती है जब कोई मुख्य फसल न ली जा रही हो। हरी खाद के रूप में सनई, ढैंचा और मूँग इत्यादि न केवल जीवांश की आपूर्ति में सहायक हैं बल्कि वातावरण से नत्रजन को सोखकर मृदा में उसका स्थिरीकरण भी करती हैं। इस प्रकार जैविक खेती हेतु हरी खाद एक महत्वपूर्ण घटक है। किसानों का यदि जैविक खेती न भी करनी हो, तब भी हरी खाद की खेती करके अपने खेत की मृदा की स्थिति सुधार कर लेनी चाहिए।

❑❑❑

अध्याय–4

दलहन उत्पादन में अनुसंधान एवं विकास

भारत जैसे विकाशील देशों में निम्न आय वर्ग के लोगों के लिए दालों का महत्वपूर्ण स्थान है। मानव पोषण में दालें प्रोटीन की कम खर्चीले स्रोत हैं। दालों में प्रोटीन की मात्रा 20 से 25 प्रतिशत के बीच होती है। प्रोटीन के अतिरिक्त दालें आहार सम्बन्धित रेशा, खनिज और विटामिन का भी अच्छा स्रोत होती है। दालें विभिन्न प्रकार की चयापचयी बीमारियों जैसे, मधुमेह, हृदय रोग और कोलोन कैंसर इत्यादि के नियंत्रण और रोकथाम में भी अनेक प्रकार से लाभदायक सिद्ध होती हैं। भूमि की उपजाऊ शक्ति बढ़ाने और उसे बनाए रखने में भी दलहनी फसलों का महत्व लम्बे समय से स्वीकार किया जाता रहा है। भारत में मुख्य रूप से उत्पादित की जाने वाली दालों में चना (बंगाल ग्राम), अरहर (रेड ग्राम), मूसर (लेंटिल), उड़द (ब्लैक ग्राम), मूँग (ग्रीन ग्राम), मोठ, मटर (पी), खेसारी (ग्राम पी), लोबिया (काउ पी), और बाकला (ब्राड बीन) इत्यादि प्रमुख हैं। भारत में दलहन उत्पादन पिछले 73 वर्षों में जनसंख्या वृद्धि के बराबर नहीं रह पाया है। इसलिए दालों की प्रति व्यक्ति उपलब्धता लगभग आधी हो गई है। उन्नत किस्मों और अनुकूल मौसम के लिए संगत तकनीकियों की कमी, रोग के प्रतिरोधिता, शीघ्र पकना और समर्थन मूल्य न मिलना दलहन उत्पादन के ठहराव के प्रमुख कारण हैं दलहन उत्पादन को बढ़ाने का एक ढंग सिंचित परिस्थितियों के लिए किस्मों और तकनीकियों को विकसित करने हेतु अनुसंधान एवं विकास प्रयास के माध्यम हैं जिनके द्वारा रोग–रोधी और शीघ्र पकने वाली किस्मों की उपलब्धता से भारत में दलहन उत्पादन पर्याप्त रूप से बढ़ सकता है। इसलिए देश में दलहन उत्पादन को बढ़ाने के लिए रणनीति के दो पहलू होने चाहिए, पहला, किस्मों और उत्पादन तकनीकियों का विकास करें और उन्हें अपनाते हुए उपज की प्रति यूनिट क्षेत्र में बढ़ाना तथा दूसरा, रबी एवं खरीफ परती भूमि को दलहन की खेती के लिए सम्मिलित करते हुए क्षेत्र का विस्तार। प्रस्तुत अध्याय में इन दोनों बिन्दुओं पर बल दिया गया है, जैसेः

भारत में दलहन उत्पादन में बाधाएं (समस्याएं)

1. ये फसलें सीमांत से उप–सीमान्त भूमियों पर उगाई जाती हैं।
2. विभिन्न जलवायु एवं मृदा परिस्थतियों के लिए किस्मों एवं तकनीकियों की कमी के कारण दलहन खेती मुख्यतः किसानों द्वारा अपनाई गई।
3. दलहनी फसलें आवधिक रूप से रोगों, कीटों और खरपतवारों से नष्ट हो जाती हैं।
4. उपभोक्ता दालों के लिए ऊँची कीमतें देते हैं, किसानों को इसका लाभ कम मिलता है और अधिकांश लाभ व्यापारियों द्वारा ले लिया जाता है।
5. अधिकांश किसान धान एवं गेहूँ पर अधिक ध्यान देते हैं।
6. मौसमी उतार–चढ़ावों का प्रतिकूल प्रभाव।
7. आनुवंशिक अनुसंधानों की कमी और दलहन से सम्बद्ध खेती क्षेत्र का रूपान्तरण, दलहन की खेती से सम्बद्ध क्षेत्रों में सिंचाई क्षेत्र कम होना भी एक गंभीर कारण है।

दलहन उत्पादन बढ़ाने के उपाय

भारत में दलहन उत्पादन पर्याप्त रूप से बढ़ सकता है, बशर्ते कि उत्पादन में सम्मिलित सभी व्यक्ति इसे चुनौती के रूप में लें। सम्बन्धित संगठनों में अनुसंधान कर्मी, प्रसार कर्मी, किसान और विपणन कर्ता सम्मिलित हैं।

1. दलहन में अनुसंधान एवं विकास कार्य

पिछले 40 वर्षों, दलहनी फसलों की अनेक उन्नत किस्में विकसित की गईं जिसमें भू–प्रजातियों की अपेक्षा 10 से 15 प्रतिशत उपज देने की आनुवंशिक संभावनाएं थीं लेकिन इनमें से कोई भी किस्म उच्च उपजशील किस्मों की समान्ता नहीं कर सकी, जैसा कि धान एवं गेहूँ की किस्मों या मक्का, ज्वार, बाजरा और कपास संकरों के साथ है। इसका एक मुख्य कारण यह था कि दलहन वैज्ञानिकों ने कम उपयुक्त वातावरण के लिए किस्मों और तकनीकियों को विकसित करने पर ध्यान दिया अर्थात बारानी परिस्थितियां, जो कि मौसम की मर्जी पर ही निर्भर करती हैं। दूसरा मुख्य कारण यह था कि वैज्ञानिक बहु–प्रतिकूल स्थिति प्रतिरोधी किस्मों को विकसित करने में विफल रहे हैं। तीसरा कारण जंगली प्रजातियों का प्रयोग न करना था। चौथा कारण, आनुवंशिक संसाधनों के उपयोग की कमी है जो कि

बाद में दलहन वैज्ञानिकों को पर्याप्त संख्या में उपलब्ध हो गए। पांचवां कारण, अधिकांश अन्य फसलों की तुलना में दलहन अनुसंधान के लिए अपर्याप्त धन का आबंटन है। अतः मिश्रित खेती, अंतर्वर्तीय खेती, फसल विविधीकरण के लिए उपयुक्त शीघ्र पकने वाली किस्मों को तैयार करने के लिए पर्याप्त ध्यान नहीं दिया गया है। प्रस्तुत अध्याय में भारत में दलहन उत्पादन को पर्याप्त रूप से बढ़ाने के लिए इनमें से कुछ कमियों को दूर करने के लिए सुझाव दिए गए हैं।

क) उपयुक्त परिस्थितियों हेतु किस्मों का विकास

सिंचित तथा उच्च पैदावार वाली परिस्थितियों के अंतर्गत संसाधनों का कम से कम 25 प्रतिशत उच्च पैदावार किस्मों के विकास पर लगाया जाना चाहिए। बहुत से वैज्ञानिकों द्वारा यह महसूस किया गया है कि वर्तमान खेती में एक या दो अतिरिक्त सिंचाई लगाकर पैदावार को आसानी से बढ़ाया जा सकता है। उच्च निवेश की स्थितियों में किस्मों को बढ़ावा देने के लिए निम्नलिखित सुझाव दिए जाते हैं:

- **उपाय 1:** वैज्ञानिकों के एक समूह जिसमें प्रजनक, सिंचाई सस्य विज्ञानी तथा पादप रोग विज्ञान से सम्बन्धित वैज्ञानिक सम्मिलित थे, जननद्रव्य का मूल्यांकन कर उच्च निवेश के प्रति प्रतिक्रिया दर्शाने वाले वंशक्रमों की पहचान की। वंशक्रमों के पौधे ऐसे होने चाहिए जो गिरे नहीं। पादप रोग विज्ञानी को बीमारी की परिस्थितियों का सिंचित परिस्थितियों के अंतर्गत सावधानीपूर्वक अध्ययन करना चाहिए तथा प्रतिरोधी क्षमता का पता लगाना चाहिए। यह सामान्यतः महसूस किया गया है कि सिंचाई अथवा भारी वर्षा से दालों की पैदावार में वास्तव में वृद्धि होती है परन्तु कुछ सीमा तक ऐसी फसलों पर बीमारियों का प्रकोप हो जाता है तथा वे नष्ट हो जाती हैं। अंततः उपज बढ़ने के बजाय घट जाती है।

- **उपाय 2:** उच्च पैदावार देने वाले वंशक्रमों तथा बीमारी रोधी वंशक्रमों के बीच संकरण कराया जाना चाहिए तथा इससे प्राप्त वंशक्रम को उच्च उपज देने वाले खेत में बोना चाहिए और सिंचाई सस्य विज्ञानी की अनुशंसा के अनुसार दो या तीन बार सिंचाई की जानी चाहिए। उच्च निवेश एवं बीमारी प्रतिरोधी तथा न गिरने की क्षमता वाले पौधों एवं वंशक्रमों का चयन किया जाना चाहिए।

- **उपाय 3:** इस प्रक्रिया के अंतर्गत विकसित वंशक्रमों में से उच्च पैदावार वाले वंशक्रमों को जारी करें। इस वंशक्रम के बीज बढ़ायें तथा उन्हें किसानों में वितरित करें।

ख) बहु–प्रतिकूल स्थिति प्रतिरोधी किस्मों का विकास

एकल बीमारी बचत हेतु भारत में बीमारी रोधी किस्मों के विकास में अच्छी प्रगति हुई है परन्तु अभी इन किस्मों में बहु–प्रतिकूल स्थिति के विकास की आवश्यकता है क्योंकि सामान्यतया दलहनी फसलों पर एक बीमारी या प्रतिकूल स्थिति का प्रकोप नही पाया जाता। उदाहरणार्थ, चने में फ्यूजेरियम मुरझान तथा तना छेदक की प्रतिरोधी मुरझान तथा सूखारोधी किस्मों की आवश्यकता है।

2. संशोधित (परिष्कृत) प्रजातियां और उन्नत बीजों का उपयोग

भारत में अब बड़ी संख्या में दालों की उन्नत प्रजातियां उपलब्ध हैं। अनेक ऐसी प्रजातियां हैं, जो असंख्य जैविक और अजैविक दबावों की प्रतिरोधी/सहनशील हैं, लेकिन उन्हें अपनाए जाने की प्रवृत्ति धीमी है। परिष्कृत प्रजातियों को न अपनाए जाने का मुख्य कारण पर्याप्त मात्रा में और उचित मूल्य पर उन्नत बीज उपलब्ध न होना है। अधिकतर दलहनी फसलों के बीच स्थानापन्न की दर बहुत कम है। बीज स्थानापन्न दर का अर्थ है किसी मौसम के दौरान कुल खेती क्षेत्र का बुवाई प्रतिशत, जिसमें खेत से बचे हुए बीजों के स्थान पर प्रमाणित/गुणवत्तापूर्ण बीज महत्वपूर्ण किए गए। उदाहरण के लिए, चना, उड़द, मूँग और लोबिया के लिए वर्ष 2011 में बीज स्थानापन्न दर क्रमशः 19, 34, 30 और 22 प्रतिशत थी। अतः किसानों के लिए उचित मूल्य पर बीज निगम, राज्य बीज निगम और निजी बीज कम्पनियों को गुणवत्तापूर्ण बीजों की उपलब्धता बढ़ाने पर अधिक ध्यान केंद्रित करना चाहिए। आईसीएआर संस्थानों और विभिन्न राज्य कृषि विश्वविद्यालयों को दालों के लिए बीज गांव धारण को अधिक प्रोत्साहित करना चाहिए और सरकारी समितियों के द्वारा एक विपणन कार्यक्रम विकसित करने में सहायता करनी चाहिए।

3. दलहन उत्पादकता में वृद्धि

भारत में विभिन्न दलहनी फसलों की औसत उत्पादकता बहुत कम है। यह विश्व की औसत उत्पादकता से लगभग 50 कि.ग्रा./हैक्टेयर से भी कम है। अतः देश में उत्पादकता का स्तर बढ़ाने के लिए महत्वपूर्ण संभावनाएं विद्यमान हैं। उत्पादकता में वृद्धि होने से दालों की प्रति व्यक्ति उपलब्धता बढ़ेगी और उनके आयात में कमी आएगी। कम उत्पादकता के कुछ कारणों को आसानी से दूर किया जा सकता है। उदाहरण के लिए, उन्नत किस्मों के गुणवत्तापूर्ण बीजों की उपलब्धता बढ़ाने से दालों की उत्पादकता में महत्वूपर्ण वृद्धि की जा सकती है।

4. दलहनी फसलों में यंत्रीकरण

मशीनीकरण का अभाव भी एक कारण है जिससे समृद्ध किसान दालों को उगाने में रुचि नहीं दिखाते हैं। वास्तव में इस विषय में किए गए अनुसंधान क्षेत्र में दलहन उत्पादन बढ़ाने में सहायता मिलेगी।

5. दलहन में फसल सुरक्षा के उपाय

दलहन पैदावार में कमी होने तथा उसमें अस्थिरता लाने में बीमारियों, कीटों एवं खरपतवार के नियंत्रण की कमी ही मुख्य कारण हैं। प्रतिरोधी किस्मों के अलावा बीमारियों एवं कीटों के नियंत्रण हेतु बहुत से रसायनों का प्रयोग किया जा सकता है। ऐसे रसायनों की पहचान कर ली गयी है परन्तु उनकी लागत लाभ दर से सूचना अभी प्राप्त नहीं की जा सकी है। यह कार्य प्राथमिकता के आधार पर किया जाना चाहिए। बीमारियों एवं कीटों का रासायनिक नियंत्रण बहुत अधिक लाभकारी सिद्ध हुआ है जिससे पैदावार में एक टन से अधिक की वृद्धि हुई है। दलहन में खरपतवारों के रासायनिक नियंत्रण के लिए प्रति हैक्टेयर 1.25 कि.ग्रा. पेंडीमेथालिन का पूर्व–व्याप्ति अनुप्रयोग अनुशंसित किया जाता है।

6. कृषि वैज्ञानिक प्रबंधन

दालों के उत्पादन में समय पर फसल बुवाई देरी से की जाने वाली बुवाई की तुलना में हमेशा स्थिरता, वृद्धि और पैदावार की दृष्टि से लाभप्रद होती है। अतः दलहन फसलों की बुवाई समय पर की जानी चाहिए। बुवाई का सही समय प्रयुक्त किस्म और उस क्षेत्र, जहाँ बुवाई की जानी है, के अनुसार अलग–अलग होता है। इसी प्रकार पौधों की अनुकूलतम संख्या भी समान रूप से महत्वपूर्ण है और इसे उचित बीज दर और पौधों के बीच अनुकूलतम दूरी के द्वारा प्राप्त किया जा सकता है। दालों के उत्पादन के लिए जीरो–जुताई उपयोगी होती है, विशेषकर ऐसे समय में जबकि पिछली फसल के देरी होने की स्थिति में यह पद्धति उपयोगी होती है। कुछ खरीफ दालें जैसे, लोबिया, उड़द और मूँग, उस समय अधिक पैदावार देती हैं, जब इनकी खेती मेड़ बनाकर या ऊँची क्यारियों में की जाती है। वर्षा आधारित क्षेत्रों में बुवाई में देरी होने की स्थिति में मसूर और चना जैसी दालों के बीज बुवाई से पहले 6 से 8 घण्टे तक भिगोना उचित होता है। इससे अंकुरण में सुधार होता है और प्रारंभिक फसल स्थापना में सहायता मिलती है।

दलहन की खेती से सम्बद्ध अधिक क्षेत्रों में सिंचाई के अंतर्गत लाने की भी तत्काल आवश्यकता है। रबी और ग्रीष्मकालीन दलहनों में विशेष रूप से 1 से 2 सिंचाइयों को बढ़ावा दिया जा सकता है ताकि जल की प्रति बूंद अधिक फसल

उगाई जा सके। वर्षा आधारित क्षेत्रों में प्रारंभिक प्रजनन चरणों में 2 प्रतिशत यूरिया का उपयोग दालों का उत्पादन बढ़ाने में लाभकारी सिद्ध होता है। नत्रजन, फॉस्फोरस, पोटैशियम, सल्फर, जिंक, बोरोन एवं मोलिब्डेनम पोषक तत्वों का प्रयोग करते हुए संतुलित और समुचित उर्वरक उपयोग करने से दालों की उत्पादकता दोगुनी एवं तीन गुनी हो सकती है।

क्षेत्र का विस्तारः भारत में लम्बे समय से मिश्रित और अंतर–फसल प्रणालियों को अपनाया जाता रहा है। दालों को मिश्रित या अंतर–फसल प्रणाली के अंतर्गत उगाते हुए उनके अंतर्गत आने वाले क्षेत्र का विस्तार संभव है। मिश्रित फसल पद्धति वर्षा आधारित स्थितियों में अधिक व्यवहार्य होती है। जबकि अंतर–फसल पद्धति सिंचित क्षेत्रों के लिए उपयोगी है। चना, मसूर अथवा मटर की खेती शरद ऋतु में गन्ने की खेती के साथ आसानी से की जा सकती है। उड़द या मूँग की फलियों की खेती बसंत ऋतु में गन्ने की खेती के साथ अंतर–फसल पद्धति के रूप में आसानी से की जा सकती है। इसी प्रकार उड़द और मूँग की खेती भी खरीफ मक्का/कपास के साथ अंतर–फसल के रूप में संभव है। कुछ दालों की खेती फलोद्यानों, विशेषकर फलदार वृक्षों की स्थापना के पूर्ववर्ती समय के दौरान की जा सकती है। इसके अतिरिक्त दलहन को फसल चक्रों में भी समाहित किया जा सकता है। इसका एक सफल उदाहरण गंगा के मैदानी भागों की धान–गेहूँ की फसल प्रणाली के रूप में मिलता है। गेहूँ की फसल पूरी होने (20 अप्रैल के आस–पास) धान की रोपाई (30 जून के आस–पास) से पहले, 65–70 दिन का जो समय उपलब्ध होता है, उसमें मूँग या उड़द की दलहन आसानी से उगाई जा सकती है। मात्र दो महीने की अवधि में मूँग की पैदावार 600 से 700 कि.ग्रा. प्रति हैक्टेयर प्राप्त की जा सकती है। इससे भूमि की उर्वरता में भी महत्वूपर्ण वृद्धि की जा सकती है। एक अनुमान के अनुसार यदि धान–गेहूँ फसल प्रणाली के अंतर्गत आने वाले क्षेत्र के आधे हिस्से को भी ग्रीष्मकालीन मूँग की खेती के अंतर्गत लाया जा सके, तो 25 से 30 लाख टन दालों का उत्पादन आसानी से प्राप्त किया जा सकता है।

धान की खेती के बाद परती भूमि में उड़द व मूँग उगाना

धान की परती भूमि के अंतर्गत वे क्षेत्र आते हैं, जिनमें खरीफ (वर्षाकालीन) मौसम में धान उगाया जाता है और व रबी (ग्रीष्मकालीन) मौसम के दौरान खाली रहते हैं। धान की परती भूमि के मुख्य कारणों में मानसून की वर्षा के समय से पहले वापस जाने के कारण रबी फसलों की खेती के समय मृदा में नमी का अभाव होना,

नवंबर और दिसम्बर के महीने में भूमि में पानी खड़ा रहना या मृदा में अत्यधिक नमी होना और दलहन की घरेलू मांग पूरी करने के लिए ऐसी प्रजातियों का अभाव होना जिनकी खेती रबी मौसम में पछेती की जा सके, धान की यह परती भूमियां फसल क्षेत्र विस्तार और फसल सघनीकरण के लिए बेहतर अवसर उपलब्ध कराती हैं। रबी मौसम में इन क्षेत्रों का उपयोग दलहन की फसलें उगाने के लिए किया जा सकता है। इससे ग्रामीण क्षेत्रों में रोजगार के अवसर पैदा करने करने, श्रमिकों का पलायन कम करने और खेती की आमदनी बढ़ाने में भी सहायता मिल सकती है।

धान की परती भूमि का उपयोग मूँग, उड़द, मटर, चना, मसूर, खेसारी, लोबिया आदि की खेती के लिए किया जा सकता है जो मृदा में अपशिष्ट नमी में उगाई जा सकती है। विभिन्न राज्यों के लिए उपयुक्त दालों की सूची सारणी में दी गई है।

सारणी 1: विभिन्न राज्यों में धान की परती भूमि के लिए संभावित दलहन फसलें

राज्य	**संभावित फसल**
असम, पश्चिम बंगाल, बिहार, ओडिशा, पूर्वी उत्तर प्रदेश, छत्तीसगढ़ और झारखंड	मसूर
पश्चिम बंगाल, बिहार,	खेसारी
पूर्वी उत्तर प्रदेश, छत्तीसगढ़ और झारखंड	मटर
छत्तीसगढ़, बिहार और झारखंड	चना
तटवर्ती आंध्र प्रदेश, तमिलनाडु, कर्नाटक और ओडिशा	मूँग
ओडिशा, छत्तीसगढ़, झारखंड, बिहार, आंध्र प्रदेश, तमिलनाडु और कर्नाटक	उड़द
आंध्र प्रदेश, तमिलनाडु और कर्नाटक	ग्वार फली

संक्षेप में कह सकते हैं कि परिस्थितियों के अनुकूल उच्च पैदावार एवं कम अवधि वाली दलहनी फसलों की किस्मों को विकसित करके खेती क्षेत्र एवं उत्पादकता में समानांतर वृद्धि की सकती है। दालों की प्रचलित फसल प्रणालियों जैसे, मिश्रित एवं अंतर्वर्तीय फसल प्रणाली में सम्मिलित किया जा सकता है। विस्तृत धान परती भूमि को रबी मौमस के दौरान दलहन के उत्पादन के अंतर्गत लाया जा सकता है। गुणवत्तापूर्ण बीजों की उपलब्धता बढ़ाने, सक्षम कृषि वैज्ञानिक प्रबंधन तथा फसलों की जैविक एवं अजैविक बीमारियों से बचाने जैसे उपायों के द्वारा दालों की उत्पादकता बढ़ाई जा सकती है। इससे अंतःदेश में दालों की उत्पादकता बढ़ेगी और उनके आयात में कमी आएगी।

❑❑❑

अध्याय–5

पोषकीय सुरक्षा हेतु दलहनी फसलों का जैव संवर्द्धन

जैव संवर्द्धन वह प्रक्रिया है जिसके द्वारा खाद्य फसलों की पोषण गुणवत्ता सस्य विज्ञान विधियों, पारम्परिक पौध प्रजनन या आधुनिक जैव प्रौद्योगिकी के द्वारा सवंर्द्धित की जाती है। सामान्य रूप से यह कुपोषण से निपटने का यह सबसे सस्ता और टिकाऊ तरीका है। जैव संवर्द्धन द्वारा फसल की नई किस्में विकसित की गयी हैं जो सूक्ष्म पोषक तत्वों से भरपूर हैं जैसे, लौह युक्त बाजरा, प्रोटीन युक्त मक्का व धान तथा जिंक युक्त गेहूँ की प्रजातियाँ। लौहयुक्त पोषण को ध्यान में रखते हुए कुछ दलहनों पर अनुसंधान केंद्रित किया गया है। रवांडा में 4 से 5 महीनों तक जैवसंवर्द्धित सेम के सेवन द्वारा लौह की कमी वाली महिलाओं में हीमोग्लोबिन और शरीर के कुल लौह की मात्रा में महत्वपूर्ण वृद्धि पाई गयी। जैव संवर्द्धन शब्द सी.आई.ए.टी., कोलंबिया द्वारा जनवरी, 2001 में अपनाया गया था। जैव संवर्द्धन के जनक डॉ. हावर्थ बोइस, जैव संवर्द्धित धान के जनक डॉ. पोट्रीकुस, जैव संवर्द्धित केले के जनक डॉ. डेल एवं जैव संवर्द्धित कसावा के जनक डॉ. टेलर थे। जैव संवर्द्धित फसलों की उन्नत प्रजातियों को विकसित करने की शुरुआत 2004 में हुई थी।

दलहन दुनिया में आहार प्रोटीन के प्राथमिक स्रोत हैं और विकासशील अर्थव्यवस्थाओं में विशेष रूप से महत्वपूर्ण हैं। हालांकि, दलहन के पोषण गुणों का आण्विक संवर्द्धन अनिर्णीत रहता है। पिछले दशक के दौरान, जैव प्रौद्योगिकी पद्धति सहित कई अन्य विधियों का उपयोग करके विभिन्न दलहनी फसलों के पोषण संवर्द्धन में अच्छी प्रगति हुई है। दलहन सूक्ष्म पोषक तत्वों और अमीनो अम्ल की विविधता प्रदान करते हैं। पोषण संवर्द्धन भोजन के लगातार दैनिक सेवन तथा कम आय वाली जनसंख्या को लक्षित करता है, जो अधिक विविध आहार का खर्च उठाने में असमर्थ हैं। जैव संवर्द्धित दलहन विकसित करने के लिए प्रारंभिक निवेश के बाद कोई अतिरिक्त लागत नहीं आती है, जिससे यह रणनीति टिकाऊ है।

पोषक तत्वों की कमी अधिकांश प्रोटीन और सूक्ष्म पोषक तत्व जैसे, विटामिन 'ए', आयरन, जिंक, सेलेनियम और आयोडीन से सम्बन्धित है। जैव संवर्द्धित खाद्य फसलें बहुत अधिक प्रभाव डाल सकती हैं, क्योंकि यह रणनीति पहले से उपलब्ध खाद्य आपूर्ति को बेहतर बनाने पर निर्भर है (नेस्ले एवं अन्य 2006)।

आण्विक प्रजनन और आनुवंशिकी (जीएम) सहित कृषि जैवप्रौद्योगिकी विधियां, अधिक पौष्टिक फसलों के विकास के लिए उचित रणनीति हैं। चावल, कसावा और आलू कार्बोहाइड्रेट के महत्वपूर्ण स्रोत हैं, लेकिन वे प्रोटीन सामग्री में कम हैं इसलिए, दलहनी फसलों को पोषण संवर्द्धन हेतु महत्वपूर्ण माना जाता है।

चूंकि दलहन कैलोरी और पोषक तत्वों के प्रमुख स्रोत हैं, इसलिए उनकी आनुवंशिक वृद्धि की उपेक्षा करने से वैश्विक खाद्य और पोषण सुरक्षा पर गंभीर प्रभाव पड़ने की संभावना है (रहमानेट एवं अन्य, 2018)। संयुक्त राष्ट्र के अंतर्राष्ट्रीय दलहन वर्ष पहल में जैव संवर्द्धन के लिए दलहन को सुदृढ़ करने के महत्व को रेखांकित किया गया (संयुक्त राष्ट्र महासभा, 2014)। यह माना गया कि भुखमरी और कुपोषण के खतरों को प्रभावी ढंग से संबोधित करने के लिए, फसलों की एक श्रेणी का उपयोग कृषि और आहार दोनों से किया जाना चाहिए (रहमान एवं अन्य, 2018)।

दलहन शाकाहारी लोगों के आहार में प्रोटीन का एक प्रमुख स्रोत है जो ज्यादातर विकासशील देशों में रहते हैं। सामान्य तौर पर, दालें लगभग 18–28 पीपीएम प्रोटीन और नत्रजन का एक तिहाई भाग प्रदान करती हैं। भारत में प्रति एकड़ आधार पर उगाई जाने वाली प्रमुख दालें हैं; चना (48 पीपीएम), अरहर (15 पीपीएम), मूँग (7 पीपीएम), उड़द (7 पीपीएम), मसूर (5 पीपीएम) और मटर (5 पीपीएम) (सिंह एवं अन्य, 2015)। इस पृष्ठभूमि में, यह अध्याय वर्तमान स्थिति और निहित भुखमरी का निदान करने में पोषक तत्वों से समृद्ध दलहन के उपयोग को रेखांकित करता है।

अफ्रीका और एशिया के शुष्क और अर्ध–शुष्क उष्णकटिबंधीय क्षेत्रों के कम आय वाले देशों के किसानों के लिए चना, अरहर एवं मूँगफली महत्वपूर्ण फसलें हैं। ये फसलें आहार कार्बोहाइड्रेट, ऊर्जा, प्रोटीन, कैल्शियम, लौह और जिंक जैसे महत्वपूर्ण खनिजों के महत्वपूर्ण स्रोत हैं।

दलहन की लगभग सभी व्यावसायिक रूप से उगाई जाने वाली किस्मों में इन पोषक तत्वों की संकीर्ण सीमा होती है। आमतौर पर उगाई जाने वाली चने की किस्मों में लौह (40–55 पीपीएम) और जिंक (25–35 पीपीएम) होती है, मक्का की किस्मों लौह (30 पीपीएम) और जिंक (20 पीपीएम) बाजरा की संकर किस्मों में लौह (46–56 पीपीएम) और जिंक (37–44 पीपीएम) होता है। मटर की किस्मों में लौह (25–40 पीपीएम) और जिंक (25–35 पीपीएम) होता है। इस प्रकार, लौह, जिंक, कैल्शियम और ओलिक अम्ल स्तर में आनुवंशिक वृद्धि के अवसर उपलब्ध हैं। इन

फसलों में पोषणिक मान प्राप्त करने के लिए सूक्ष्म पोषक तत्वों को सुधारने के लिए टिकाऊ प्रजनन/जीनोमिक साधनों के माध्यम से संभव हैं, जो ज्यादातर एशिया और अफ्रीका में निर्धन लोगों को आवश्यक सूक्ष्म पोषक तत्व प्रदान करता है।

दलहन में जैव संवर्द्धित फसलों का उपयोग

जैव संवर्द्धन इस पद्धति को अपनाने से यह सिद्ध होता है कि लंबे समय में जैव–पूरक फसलों को विभिन्न पूरक पोषण कार्यक्रमों के द्वारा दुनिया भर में निहित भुखमरी को आपातकालीन सहायता समाप्त करने में भी सक्षम बनाया जाएगा।

सारणी 1: मसूर में लौह एवं जिंक पोषक तत्व का अंश

लक्ष्य सूक्ष्म पोषक तत्व	लौह
माध्यमिक	जिंक
लक्ष्य देश	बांग्लादेश, नेपाल, भारत
बेसलाइन (पीपीएम)	40 पीपीएम
वृद्धि लक्ष्य	+30 पीपीएम
फसल में लक्ष्य स्तर	70 पीपीएम

अनेक विकासशील देशों, विशेष रूप से दक्षिण एशिया और पूर्वी अफ्रीका में मसूर भोजन, चारा और खेती प्रणालियों में विद्यमान है। यह इथियोपिया, बांग्लादेश, भारत और नेपाल में एक महत्वपूर्ण दलहन फसल है जहाँ निहित भूख भी प्रचलित है। दाल प्रोटीन और अन्य खनिजों का एक समृद्ध स्रोत है, जिसमें लौह, जिंक और विटामिन शामिल हैं। जब चावल के साथ इसका सेवन किया जाता है, तो यह निहित भूख से लड़ सकता है। मसूर के दानों में लौह और जिंक की मात्रा बढ़ाना–खाद्य जैव संवर्द्धन का एक महत्वपूर्ण शोध है।

वर्ष 2004 के बाद से, ICARDA ने सूक्ष्म पोषक तत्वों से भरपूर मसूर के जीनप्रारूप विकसित करने के लिए अनुसंधान शुरू किया है। 2200 से अधिक वंशक्रमों की प्रारंभिक जांच में, इसका दालों में लौह और जिंक सामग्री के लिए जैव विविधता वाले वंशक्रम पाए गए जिनमें लौह अंश 41 से 168 पीपीएम और जिंक 22 से 103.7 पीपीएम तक थी। लौह और जिंक की उच्च सांद्रता वाले जनक को संक्ररण में उपयोग किया गया। प्राथमिक, माध्यमिक और अंतिम उत्पादों को उत्पन्न किया गया और किस्मों के रूप में जारी किया गया।

- **बांग्लादेश:** बारिमसुर–4 (लौह 86.2 पीपीएम), बारिमसुर–5 (लौह 86 पीपीएम; जिंक 59 पीपीएम), बारिमसुर–6 (लौह 86 पीपीएम; जिंक 63 पीपीएम), और बारिमसुर–7 (लौह 86; जिंक 81 पीपीएम)

उच्च लौह और जिंक किस्में बांग्लादेश, भारत, नेपाल, इथियोपिया, सीरिया, आदि में तेजी से विकसित की जा रही हैं।

सेम

कई देशों और विशेष रूप से उत्तरी और पूर्वी अफ्रीका के प्रमुख उत्पादक देशों में छोटे किसानों के लिए भोजन, पोषण और आय सुरक्षा और आजीविका के विकल्पों में सेम का विशिष्ट महत्व है। सतत् विकास लक्ष्यों (एसडीजी) की प्राप्ति के लिए विशेष रूप से सामान्य और सेम की कृषि उत्पादकता में सुधार करना महत्वपूर्ण है। सेम के दानें, सुपाच्य प्रोटीन (250 ग्राम प्रोटीन/कि.ग्रा. बीज), ऊर्जा (320 किलो कैलोरी/100 ग्राम सूखे वजन), विटामिन, खनिज और एंटीऑक्सीडेंट से भरपूर होते हैं। लाखों लोगों द्वारा संतुलित आहार के लिए अनाज के साथ संयोजन में सेम का सेवन किया जाता है (बायोफोर्टिफिकेशन स्ट्रैटेजी, 2018)।

ग्लूकोज–6–फॉस्फेट डिहाइड्रोजनेज (G6PDH) में आनुवंषिक परिवर्तन मनुष्यों में, कई कार्यात्मक और नैदानिक विकारों का कारण बनता है। उदाहरण के लिए, 6GPD एंजाइम की कमी फेविज़्म नामक एक हेमोलिटिक बीमारी का कारण है। खजाई एवं अन्य (2018) ने कनाडा के सास्के चवान विश्वविद्यालय में फेबाबीन में कम वी–सी सांद्रता के लिए एक केएएसपी चिन्हक की सूचना दी। यह मार्कर दुनिया भर में फैबा सेम से वी–सी को कम करने के लिए फाबा बीन प्रजनन कार्यक्रमों के लिए एक मूल्यवान आण्विक संसाधन है (बायोफोर्टिफिकेशन स्ट्रैटेजी, 2018)।

सारणी 2: सेम में लौह तत्व का अंश

लक्षित सूक्ष्म पोषक तत्व	लौह
द्वितीय परीक्षण	जिंक
लक्षित देश	रवांडा, डमोक्रेटिक रिपब्लिक ऑफ कॉन्गो, युगांडा
बेसलाइन (पीपीएम)	50 पीपीएम
लक्षित वृद्धि	+44 पीपीएम
लक्षित फसल में स्तर	94 पीपीएम

सामान्य सेम लैटिन अमेरिका और पूर्वी और दक्षिणी अफ्रीका में सबसे प्रचलित खाद्य दलहन है। वर्ष 1994–2002 के दौरान 1,000 से अधिक बीन जननद्रव्यों की शुरुआती जांच में दलहनी में 30–110 पीपीएम आयरन (और 25–60 पीपीएम जिंक) पाया गया। रवांडा और डेमोक्रेटिक रिपब्लिक ऑफ कांगो में स्थानीय स्तर पर संकर विकसित किए गये। अब तक, रवांडा में 10 और DRC में नौ किस्में जारी की गई हैं। रवांडा में, हार्वेस्टप्लस ने रवांडा कृषि बोर्ड (आरएबी) के साथ मिलकर काम किया ताकि लौह जैव संवर्द्धित सेम का उत्पादन अनुबंधित किसानों, सहकारी समितियों और छोटी बीज कम्पनियों के माध्यम से किया जा सके (एसरे एवं मारफो एवं अन्य, 2016)।

लोबिया

सारणी 3: लोबिया में लौह का अंश

लक्षित सूक्ष्म पोषक तत्व	लौह
द्वितीय परीक्षण	जिंक
लक्षित देश	भारत
बेसलाइन (पीपीएम)	30 पीपीएम
लक्षित वृद्धि	+33 पीपीएम
लक्षित फसल में स्तर	63 पीपीएम

वर्ष 2003–2008 के दौरान, इंटरनेशनल इंस्टीट्यूट ऑफ ट्रॉपिकल एग्रीकल्चर (IITA), नाइजीरिया में प्रतिकृति स्क्रीनिंग में 2,000 से अधिक लोबिया लाइनों का मूल्यांकन किया। स्क्रीनिंग में लौह अंश 27–97 पीपीएम और जिंक अंश 23–62 पीपीएम पाया। खनिजों की आनुवंशिक भिन्नता बताती है कि लक्ष्य वृद्धि संभव है। उत्तराखण्ड सरकार द्वारा क्रमशः 2008 और 2009 में दो प्रारम्भिक उच्च–लौह और जिंक लोबिया किस्मों, पंत लोबिया 1 और पंत लोबिया 2 का विमोचन किया। इसके अलावा, पंत लोबिया 3 और 4 को क्रमशः 2013 और 2014 में जारी किया गया। इन किस्मों ने अब राष्ट्रीय बीज उत्पादन प्रणाली में प्रवेश किया है और किसानों को इन किस्मों के बीज उपलब्ध हैं।

किस्म	अनुमोदन का वर्ष	सूक्ष्म पोषक तत्व
पंत लोबिया 1	2008	82 पीपीएम लौह, 40 पीपीएम जिंक
पंत लोबिया 2	2010	100 पीपीएम लौह, 37 पीपीएम जिंक
पंत लोबिया 3	2013	67 पीपीएम लौह, 38 पीपीएम जिंक
पंत लोबिया 4	2014	51 पीपीएम लौह, 36 पीपीएम जिंक

मार्कर सहायक संवर्द्धन

मसूर में, आण्विक चिन्हकों का उपयोग लौह और जिंक अंश से सम्बंधित जीन की विविधता का पता लगाने के लिए किया गया है (खेजई एवं अन्य, 2017)। चना (देसी और काबुली) की दो पीढ़ी में, 24,620 एसएनपी की पहचान की गई थी, जिसमें 13 लौह और जिंक से सम्बन्धित जीन ऑर्थोलॉग (उपाध्याय एवं अन्य, 2016)। प्रोटीन, विटामिन, और खनिज सामग्री के संबंध में आनुवंशिक भिन्नता लोबिया, अरहर, मसूर, मटर, सेम और चने में बड़े पैमाने पर पता लगाया गया है (डायपारी एवं अन्य 2014; रे एवं अन्य, 2014)। इन अध्ययनों का ध्यान केवल आनुवंशिक विविधता के सम्बन्ध में खनिजों पर नहीं था, बल्कि एंजाइम कारक (जैसे एएनएफ) पर भी था जो मानव पाचन तंत्र में पोषक तत्वों के अवशोषण में सहायता करते हैं या रोकते हैं।

इसके अतिरिक्त, ब्लेयर एवं अन्य (2009) ने सेम के एक पुनः संयोजक अंतः प्रजात (इनब्रेड) जनसंख्या में लौह और जिंक से जुड़े 26 क्यूटीएल की पहचान की।

एंटीन्यूट्रीएंट्सः मानव आंत द्वारा लौह, जिंक और कैल्शियम के अवशोषण को कुछ सीमित कारकों, जैसे कि फाइटेट और टैनिन द्वारा बाधित होता है। गैर–ट्रांसजेनिक तकनीकों ने कम फाइटिक अम्ल (एलपीए) म्यूटेंट विकसित करने में मदद की (बैंज़िगर और लॉन्ग, 2000)। अप्रत्याशित रूप से, एलपीए म्यूटेशन वाले पौधे अनाज में उच्च लौह जिंक और मैग्नीशियम को दर्शाते हैं, हालांकि बीज उनमें कैल्शियम की सांद्रता कम होती है। खाद्य ऊतकों में टैनिन की सांद्रता भी विभिन्न किस्मों के बीच बहुत भिन्न होती है।

समृद्ध फसलों को अपनाने के लिए चुनौती

सवंर्द्धित फसलों को विकसित करने की एक बड़ी समस्या जैव प्रौद्योगिकी द्वारा विभिन्न फसलों में अत्यधिक अनुसंधान और विनियामक अनुपालन की लागत

है। जैव प्रौद्योगिकी के साधनों का उपयोग करके समृद्ध फसलों के मामले में जहाँ निजी प्रौद्योगिकी विकास के लिए लाभ प्रतिफल कम है, वहीं सार्वजनिक क्षेत्र में धन की कमी इस समस्या को और बढ़ाती है (पॉवेल, 2007)। एक सफल संवर्द्धन रणनीति के लिए किसानों और उपभोक्ताओं द्वारा फसलों को व्यापक रूप से अपनाने की आवश्यकता होती है, और यह कई महत्वपूर्ण चुनौतियां प्रस्तुत करता है (पॉवेल, 2007)। सार्वजनिक स्वीकृति भी आवश्यक है, विशेष कर अगर नई विशेषता फसल के गुणों, जैसे कि रंग (जैसे, गोल्डन राइस), स्वाद और शुष्क पदार्थ की मात्रा को बदल देती है। कुछ विकासशील देशों में विशेष रूप से अफ्रीका में, कृषि संबंधी मूल ढाँचे की कमी, जैव सवंर्द्धित किस्मों को अपनाने के लिए एक महत्वपूर्ण चुनौती है।

निष्कर्ष

परम्परागत रूप से प्रजनन विधियों या आधुनिक जैवप्रौद्योगिकीय साधनों द्वारा पोषक रूप से समृद्ध फसलें रामबाण नहीं हैं। ऐसी फसलों में उपलब्ध सूक्ष्म पोषक तत्वों की कमी को पूरा नहीं कर सकती है तथा लाखों लोगों के जीवन और स्वास्थ्य पर महत्वपूर्ण प्रभाव डाल सकती हैं। देश NARS और निजी क्षेत्र के साथ साझेदारी में, ऐसी समृद्ध किस्मों को अपनाने की प्रक्रिया शुरू करने की आवश्यकता है। अनुमानित 10 मिलियन किसान मुख्य रूप से सात फसलों की जैव संवर्द्धित किस्मों को उगाते हैं और उनका उपभोग करते हैं। खनिज और विटामिन के खिलाफ लड़ाई में सहायता करने के लिए जैव संवर्द्धन के उपयोग की अनुशंसा करने की आवश्यकता है (जैव संवर्द्धन रणनीति, 2018)। विभिन्न जननद्रव्य संसाधनों का रख–रखाव प्रजनकों और बीज बैंकों के लिए प्राथमिकता होनी चाहिए, ताकि बार–बार होने वाले अंतः संकरण (इनब्रीडिंग) से उत्पन्न होने वाली समस्याओं का सामन न करना पड़े। हालांकि, भूख और कुपोषण दोनों को दूर करने के लिए वैज्ञानिक प्रयासों द्वारा आगे बढ़ना चाहिए (रहमान एवं अन्य, 2018)।

❑❑❑

अध्याय–6

चने की वैज्ञानिक उन्नत खेती

भूमिका

चना रबी ऋतु में उगाई जाने वाली महत्वपूर्ण दलहन फसल है। विश्व के कुल उत्पादन का 70 प्रतिशत भाग भारत में होता है। चने के क्षेत्रफल तथा उत्पादन में भारत का विश्व में प्रथम स्थान है। भारत में कुल चने का 90 प्रतिशत उत्पादन मध्य प्रदेश, राजस्थान, महाराष्ट्र, उत्तर प्रदेश, आन्ध्र प्रदेश, कर्नाटक, छत्तीसगढ़, बिहार तथा झारखंड राज्यों में होता है तथा कुल उत्पादन का 40 प्रतिशत उत्पादन के साथ मध्य प्रदेश प्रथम स्थान पर है। चने का उत्पत्ति स्थान दक्षिण–पूर्वी टर्की है तथा इसका वानस्पतिक नाम साइसर ऐकीनोस्परमम है। चने को दालों का राजा कहा जाता है। पोषक मान की दृष्टि से चने के 100 ग्राम दाने में औसतन 11 ग्राम पानी, 21.1 ग्राम प्रोटीन, 4.5 ग्रा. वसा, 61.5 ग्रा. कार्बोहाइड्रेट, 149 मि.ग्रा. कैल्शियम, 7.2 मि.ग्रा. लौह, 0.14 मि.ग्रा. राइबोफ्लेविन तथा 2.3 मि.ग्रा. नियासिन पाया जाता है। चने का प्रयोग दाल एवं रोटी के लिए किया जाता है। चने को पीसकर बेसन तैयार किया जाता है, जिससे विविध व्यंजन बनाये जाते हैं। चने की हरी पत्तियाँ साग बनाने, हरा तथा सूखा दाना सब्जी व दाल बनाने में प्रयुक्त होता है। दाल से अलग किया हुआ छिलका और भूसा भी पशु चाव से खाते हैं। दलहनी फसल होने के कारण यह जड़ों में वायुमण्डलीय नत्रजन स्थिर करती है, जिससे खेत की उर्वरा शक्ति बढ़ती है। दलहनी फसलों में चना महत्वपूर्ण स्थान रखता है। भारत में दलहनी फसलों की कुल पैदावार का आधा हिस्सा चने से प्राप्त होता है। चने का उपयोग दाने, दाल, बेसन, मिठाइयों में किया जाता है। हरी अवस्था में चने के दानों व पौधों का उपयोग सब्जी के रूप में किया जाता है। चने में 21 प्रतिशत प्रोटीन, 61.5 प्रतिशत कार्बोहाइड्रेट तथा 4.5 प्रतिशत वसा होती है। काले चने में कैल्शियम और फॉस्फोरस के अतिरिक्त आयरन एवं विटामिन 'बी' भी पाया जाता है। इसमें उपलब्ध कूलिंग तत्व शरीर को पोषण देने के साथ ही रक्त की कमी को दूर करते हैं। यह पाचनतंत्र को दुरुस्त रखता है। इसकी हरी पत्तियों में मौलिक तथा साइट्रिक अम्ल प्रचुर मात्रा में पाया जाता है जो खून को साफ करने तथा स्कर्वी रोग के निवारण में लाभदायक है क्योंकि इसमें एन्टीडायबिटीज तथा

एन्टीकोलस्ट्रोल गुण पाये जाते हैं। चने का भूसा, चारे व दाना पशुओं के लिए पोषक आहार के रूप में प्रयोग किया जाता है। चना दलहनी फसल होने के कारण वातावरण से नाइट्रोजन एकत्र कर भूमि की उर्वरा–शक्ति भी बढ़ाता है। चना रबी ऋतु में उगाई जाने वाली महत्वपूर्ण दलहन फसल है। चना एक शीतकालीन मौसम की फसल होने के कारण इसको ठंडा एवं शुष्क जलवायु की आवश्यकता होती है। चने की फसल असिंचित व सिंचित दोनों परिथस्थितियों उगाई जा सकती हैं। देशी चने का रंग पीले से गहरा कत्थई या काले तथा दाने का आकार छोटा होता है। काबुली चने का रंग प्रायः सफेद होता है। इसका पौधा देशी चने से लम्बा होता है। दाना बड़ा तथा उपज देशी चने की अपेक्षा कम होती है। वर्ष 2018–19 के दौरान भारत में चने की उत्पादकता 1041 कि.ग्रा., क्षेत्रफल 9.55 मिलियन हैक्टेयर तथा उत्पादन 9.94 मिलियन टन है (सारणी 1)।

सारणी 1: भारत में वर्ष 1950–51 से 2018–19 तक चने का क्षेत्र, उत्पादन एवं उत्पादकता

वर्ष	क्षेत्रफल (हजार हैक्टेयर)	उत्पादन (हजार टन)	उत्पादकता (कि.ग्रा./है.)
1950-51	7-57	3-65	482
1951-52	6-83	3-39	496
1952-53	7-26	4-21	580
1953-54	7-97	4-83	606
1954-55	9-25	5.62	608
1955-56	9-78	5-42	554
1956-57	9-67	6-23	644
1957-58	9-09	4-89	538
1958-59	10-08	7-02	697
1959-60	10-33	5-62	544
1960-61	9-28	6-25	674
1961-62	9-57	5-79	605
1962-63	9-19	5-36	583
1963-64	9-35	4.50	481
1964-65	8-87	5-78	651
1965-66	8-02	4-22	527
1966-67	8-00	3-62	453
1967-68	8-26	5-97	723
1968-69	7-11	4-31	607
1969-70	7-75	5-55	715
1970-71	7-84	5-20	663
1971-72	7-91	5-08	642
1972-73	6-97	4-54	651
1973-74	7-76	4-10	528

1974-75	7-04	4-02	570
1975-76	8-32	5-88	707
1976-77	7-97	5-42	680
1977-78	7-97	5-41	678
1978-79	7-71	5-74	745
1979-80	6-99	3-36	481
1980-81	6-58	4-33	657
1981-82	7-87	4-64	590
1982-83	7-40	5-29	715
1983-84	7-16	4-75	663
1984-85	6-91	4-56	661
1985-86	7-80	5-79	742
1986-87	6-98	4-53	649
1987-88	5-77	3-63	629
1988-89	6-81	5-13	753
1989-90	6-47	4-22	652
1990-91	7-52	5-36	712
1991-92	5-58	4-12	739
1992-93	6-45	4-42	684
1993-94	6-36	4-98	783
1994-95	7-54	6-44	853
1995-96	7-12	4-98	700
1996-97	6-85	5-57	813
1997-98	7-56	6-13	811
1998-99	8-47	6-80	803
1999-00	6-15	5-12	833
2000-01	5-19	3-86	744
2001-02	6-42	5-47	853
2002-03	5-91	4-24	717
2003-04	7-05	5-72	811
2004-05	6-71	5-47	815
2005-06	6-93	5-60	808
2006-07	7-49	6-33	845
2007-08	7-54	5-75	762
2008-09	7-89	7-06	895
2009-10	8-17	7-48	915
2010-11	9-21	8-22	896
2011-12	8-32	7-70	928
2012-13	8-52	8-83	1036
2013-14	9-93	9-53	960
2014-15	8-25	7-33	889
2015-16	8-4	7-06	840
2016-17	9-63	9-38	974
2017-18	10-56	11-38	1078
2018-19	9-55	9-94	1041

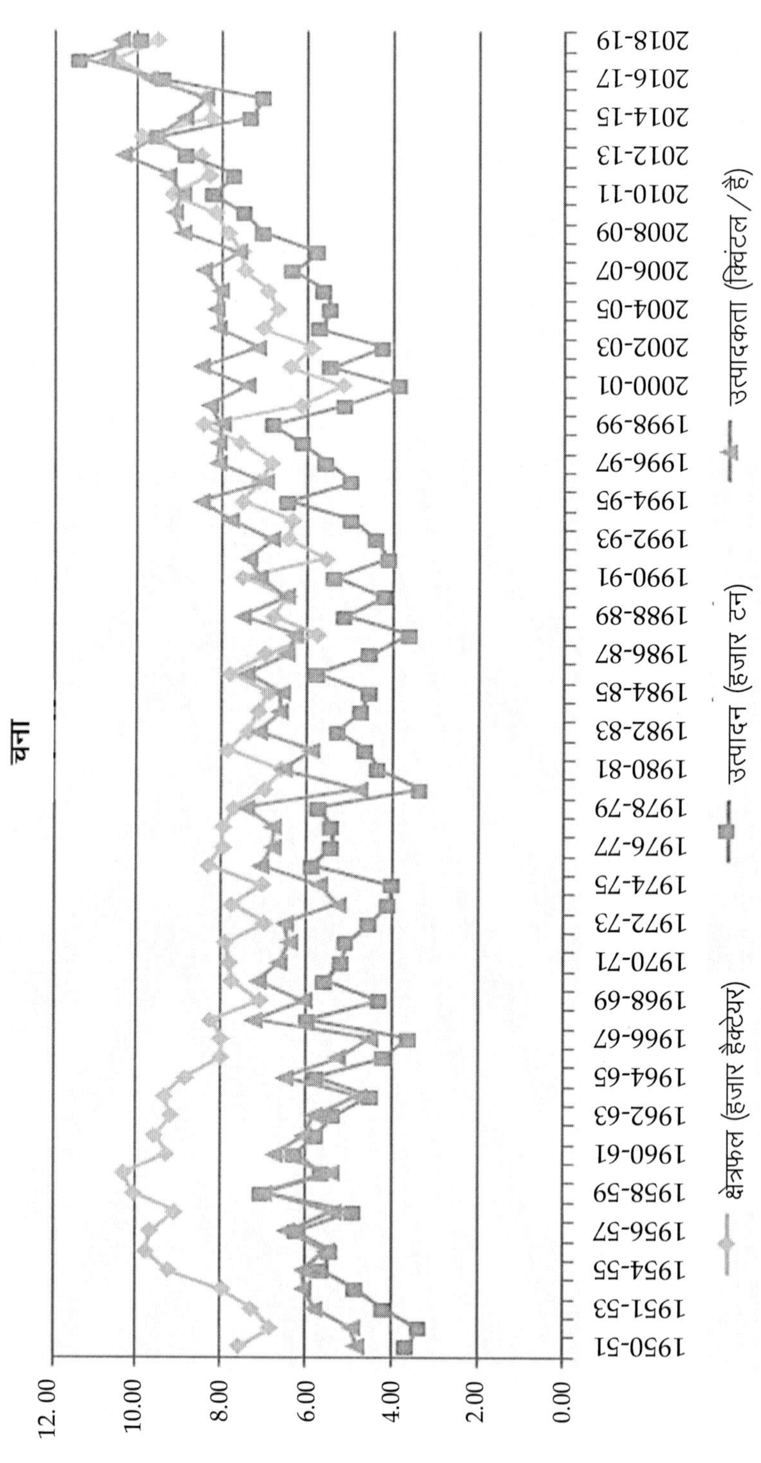
चना
12.00
10.00
8.00
6.00
4.00
2.00
0.00
1950-51
1951-53
1954-55
1956-57
1958-59
1960-61
1962-63
1964-65
1966-67
1968-69
1970-71
1972-73
1974-75
1976-77
1978-79
1980-81
1982-83
1984-85
1986-87
1988-89
1990-91
1992-93
1994-95
1996-97
1998-99
2000-01
2002-03
2004-05
2006-07
2008-09
2010-11
2012-13
2014-15
2016-17
2018-19
क्षेत्रफल (हजार हैक्टेयर)
उत्पादन (हजार टन)
उत्पादकता (क्विंटल/है)

चने का वर्गीकरण: चने की खेती कई गुणों से भरपूर चने को चिकपी व बंगाल ग्राम के नाम से भी जानते हैं। चने को दो जातियों में वर्गीकृत किया गया है:

1. **साइसर एरिटिनम:** देशी चना के नाम से जाना जाता है।
2. **साइसर काबुलियम:** इसे काबुली चना के नाम से जाना जाता है।

सारणी 2: चना दाल में उपलब्ध पोषक तत्व

क्र.सं.	तत्व	मात्रा
1.	कैलोरी	350
2.	सोडियम	398 मि.ग्रा.
3.	वसा	12 ग्राम
4.	कार्बोहाइड्रेट्स	60 ग्राम
5.	रेशा	22 ग्राम
6.	शुगर	8 ग्राम
7.	प्रोटीन	22 ग्राम
8.	विटामिन 'ए'	2 प्रतिशत
9.	कैल्शियम	2 प्रतिशत
10.	आयरन	20 प्रतिशत

जलवायु व तापमान

चना एक शुष्क एवं ठण्डे जलवायु की फसल है जिसे रबी मौसम में सफलतापूर्वक उगाया जाता है, चने की खेती के लिए मध्यम वर्षा (60–90 सें.मी. वार्षिक वर्षा) और सर्दी वाले क्षेत्र सर्वाधिक उपयुक्त होते हैं। चने की सफलतम खेती के लिए 24–30 डिग्री सेल्सियस तापमान उपयुक्त माना जाता है। इसकी खेती अधिकतर बारानी क्षेत्र में की जाती है। फसल में फूल आने के बाद वर्षा होना हानिकारक होता है, क्योंकि वर्षा के कारण फूल परागण एक दूसरे से चिपक जाते हैं जिससे बीज नहीं बनते हैं।

चने की उन्नतशील प्रजातियाँ

पूसा 3022 (काबुली), पूसा हरा चना 112, पूसा 2085 (काबुली), पूसा 5023 (काबुली), पूसा 2024 (काबुली), पूसा 128 (काबुली), पूसा 1108, पूसा 1088 (काबुली), पूसा 1105 (काबुली), पूसा चमत्कार (काबुली), पूसा 5028 (देशी), पूसा–547 (देशी), पूसा 1103 (देशी), पूसा 362, पूसा 372, अवरोधी इत्यादि।

सारणी 3: पूसा संस्थान द्वारा विकसित प्रजातियां

प्रजाति का नाम	अनुमोदन वर्ष	उपयुक्त क्षेत्र	पैदावार क्विंटल/है.	पौधों की ऊँचाई (सें.मी.)	1000 दानों का वजन (ग्राम)	पकने की अवधि (दिन)	अन्य विवरण
पूसा–256(देशी)	1985	सम्पूर्ण भारत	20–30	61.5	310	180	सिंचित–असिंचित, समय से बुवाई
पूसा–372(देशी)	1993	सम्पूर्ण भारत	18–22	52.0	130	175	पछेती, हल्के, छोटे तथा पीले दाने वाली
पूसा–362(देशी)	1994	उत्तर भारत	25–30	89.6	290	185	दाना मध्यम हल्का पीला
पूसा–391(देशी)	1996	मध्य भारत	20–25	71.3	380	185	दाना मोटे सुडौल, हल्के भूरे
पूसा–72(देशी)	1998	मध्य भारत	22–28	61.7	310	175	दाने मोटे भूरे, जड़ गलन तथा सूखा रोधी
पूसा–1103(देशी)	2004	दिल्ली	20–24	77.7	370	180	दाने मोटे, पछेती, उक्ठा प्रतिरोधी
पूसा–547देशी)	2006	उत्तर व पश्चिमी मैदानी क्षेत्र	18–22	65.92	330	140	पछेती, उक्ठा प्रतिरोधी, सिंचित–असिंचित
पूसा–5028(देशी)	2011	एनसीआर, दिल्ली	26.0	55.0	350–400	136	उक्ठा प्रतिरोधी, सिंचित–असिंचित
पूसा 5038(देशी)	2013	एनसीआर, दिल्ली	27.0		410	145	सिंचित परिस्थिति, जड़ गलन के प्रतिरोधी
पूसा ग्रीन 112 देशी	2013	एनसीआर, दिल्ली	23.0			150	सूखा प्रतिरोधी, सिंचित परिस्थिति
बीजी 3043 देशी	2018	उत्तर–पूर्वी मैदानी क्षेत्र	16.0		230	130	बड़े दानों वाली,

बीजीडी 111–1 देशी	2018	कर्नाटक का जोन 3 व 8	17.0		250	95	बड़े दानों वाली,
बीजी 3062 (पूसा पार्वती) देशी	2020	मध्य क्षेत्र	22.7			112	समय से बुवाई, विल्ट प्रतिरोधी
पूसा चिकपी 10216 देशी	2020	मध्य प्रदेश	14.0		226	106	विल्ट व फली बेधक प्रतिरोधकता
पूसा–1053 (काबली)	1998	उत्तर भारत	25–30	61.5	360	180	मोटे दाने,उक्ठा एवं जड गलन प्रतिरोधी
पूसा–1088 (काबली)	2003	दिल्ली	20–30	74.9	330	180	दाने मोटे, उक्ठा, जड़गलन विषाणु प्रतिरोधी
पूसा–1105 (काबली)	2004	दिल्ली	25–30	74.0	330	180	दाने मोटे, पछेती बुवाई हेतु, उक्ठा प्रतिरोधी, सिंचित–असिंचित
पूसा–1003 (काबली)	1998	सम्पूर्ण भारत	15–23	77.7	250	180	दाने बड़े, अगेती बुवाई हेतु,
पूसा–5023 (काबली)	2011	एनसीआर, दिल्ली	25.0	65.0	400–450	138	दाने मोटे एक समान, मृदाजनित रोगों के प्रतिरोधी
पूसा 2085 (काबली)	2013	एनसीआर, दिल्ली	20.0		360	145	सिंचित परिस्थिति,
पूसा–1108 (काबली)	2006	एनसीआर, दिल्ली	25.0	74.0	330	180	सिंचित–असिंचित, फली छेदक व मृदाजनित रोगों के प्रतिरोधी
पूसा–2024 (काबली)	2008	एनसीआर, दिल्ली	30.0	65.0	370	180–185	सिंचित–असिंचित, मृदाजनित रोगों के प्रतिरोधी

पूसा संस्थान द्वारा विकसित चने की नयी प्रजातियां

1. **पूसा चिकपी 10216, देशी, (2020):** क्षेत्रः मध्य क्षेत्र, मौसमः रबी, उत्पादन परिस्थितिः बारानी, औसत उपजः 14.8 क्विंटल/है., परिपक्वता अवधिः 106 दिन, प्रमुख विशेषताएंः देश की पहली सूखा सहिष्णु एमएएस व्युत्पन्न चना किस्म, प्रोटीन (22.6 प्रतिशत) तथा फ्यूजेरियम मुरझान, शुष्क जड़ सड़न, ठूंठ रोग तथा फली बेधक के विरुद्ध संतुलित प्रतिरोधिता।
2. **पूसा पार्वती (बीजी 3062) देशी, (2020):** क्षेत्रः मध्य क्षेत्र, मौसमः रबी, उत्पादन परिस्थितिः समय से बुवाई वाली सिंचित अवस्था, औसत उपजः 22. 7 क्विंटल/है., परिपक्वता अवधिः 112 दिन, प्रमुख विशेषताएंः सीधा पौधा, यांत्रिक कटाई के लिए उपयुक्त तथा फ्यूजेरियम मुरझान, शुष्क जड़ सड़न, ठूंठ रोग के विरुद्ध संतुलित प्रतिरोधिता।
3. **बीजीडी 111–1, देशी, (2018):** क्षेत्रः कर्नाटक क्षेत्र, मौसमः रबी, उत्पादन परिस्थितिः बारानी, औसत उपजः 17.0 क्विंटल/है., परिपक्वता अवधिः 95 दिन, प्रमुख विशेषताएंः बड़े दानों वाली किस्म (25 ग्रा./100 बीज), उत्कृष्ट दान गुणवत्ता।
4. **बीजी 3043, देशी, (2018):** क्षेत्रः उत्तर–पूर्वी मैदानी क्षेत्र, मौसमः रबी, उत्पादन परिस्थितिः बारानी, औसत उपजः 18.0 क्विंटल/है., परिपक्वता अवधिः 145 दिन, प्रमुख विशेषताएंः बड़े दानों वाली किस्म (22–23 ग्रा./100 बीज)।
5. **बीजी 3022, काबुली, (2015):** क्षेत्रः उत्तर–पश्चिमी मैदानी क्षेत्र, मौसमः रबी, उत्पादन परिस्थितिः सिंचित, औसत उपजः 18.0 क्विंटल/है., परिपक्वता अवधिः 145 दिन, प्रमुख विशेषताएंः अत्यधिक बड़े दानों वाली किस्म (38 ग्रा./100 बीज) तथा प्रोटीन (25 प्रतिशत) से भरपूर बीज।

मध्य प्रदेश के लिए अनुशंसित चने की प्रमुख किस्मों की विशेषताएँ यहाँ प्रस्तुत हैं:

वैभवः इंदिरा गांधी कृषि विश्वविद्यालय द्वारा विकसित यह किस्म सम्पूर्ण छत्तीसगढ़ के लिए उपयुक्त है। यह किस्म 110–115 दिन में पकती है। दाना बड़ा, झुर्रीदार तथा कत्थई रंग का होता है। उतेरा के लिए भी यह उपयुक्त है। अधिक तापमान, सूखा और उक्ठा निरोधक किस्म है, जो सामान्य तौर पर 15 क्विंटल तथा देर से बोने पर 13 क्विंटल प्रति हैक्टेयर उपज देती है।

जेजी–74: यह किस्म 110–115 दिन में तैयार हो जाती है। इसकी पैदावार लगभग 15 से 20 क्विंटल प्रति हैक्टेयर होती है।

उज्जैन–21: इसका बीज खुरदरा होता है। यह जल्दी पकने वाली जाति है जो 115 दिन में तैयार हो जाती है। उपज 8 से 10 क्विंटल प्रति हैक्टेयर होती है। दाने में 18 प्रतिशत प्रोटीन होती है।

राधे: यह किस्म 120–125 दिन में पककर तैयार होती है। यह 13 से 17 क्विंटल प्रति हैक्टेयर उपज देती है।

जे.जी. 315: यह किस्म 125 दिन में पककर तैयार हो जाती है। औसतन उपज 12 से 15 क्विंटल प्रति हैक्टेयर है। बीज का रंग बादामी, देर से बोने हेतु उपयुक्त है।

जे.जी. 11: यह 100–110 दिन में पककर तैयार होने वाली नवीन किस्म है। कोणीय आकार का बढ़ा बीज होता है। औसत उपज 15 से 18 क्विंटल प्रति हैक्टेयर है। रोगरोधी किस्म है जो सिंचित व असिंचित क्षेत्रों के लिए उपयुक्त है।

जे.जी. 130: यह 110 दिन में पककर तैयार होने वाली नवीन किस्म है। पौधा हल्के फैलाव वाला, अधिक शाखाएं, गहरे गुलाबी फूल, हल्का बादामी चिकना है। औसत उपज 18 से 20 क्विंटल प्रति हैक्टेयर है।

बीजी–391: यह चने की देशी बोल्ड (बड़े) दाने वाली किस्म है जो 110–115 दिन में तैयार होती है तथा प्रति हैक्टेयर 14–15 क्विंटल उपज देती है। यह उक्ठा निरोधक किस्म है।

जेएकेआई–9218: यह भी देशी चने की बोल्ड (बड़े) दाने की किस्म है। यह 110–115 दिन में तैयार होकर 19–20 क्विंटल प्रति हैक्टेयर उपज देती है। उक्ठा रोग प्रतिरोधक किस्म है।

विशाल: चने की यह सर्वगुण सम्पन्न किस्म है जो कि 110–115 दिन में तैयार हो जाती है। इसका दाना पीला, बड़ा एवं उच्च गुणवत्ता वाला होता है। दानों से सर्वाधिक (80 प्रतिशत) दाल प्राप्त होती है। अतः बाजार भाव अधिक मिलता है। इसकी उपज क्षमता 35 क्विंटल प्रति हैक्टेयर होती है।

काबुली चना

काक–2: यह120–125 दिनों में पकने वाली किस्म है। इसकी औसत उपज 15 से 20 क्विंटल प्रति हैक्टेयर है। यह भी उक्ठा निरोधक किस्म है।

श्वेता (आई.सी.सी.व्ही.–2): काबुली चने की इस किस्म का दाना आकर्षक मध्यम आकार का होता है। फसल 85 दिन में तैयार होकर औसतन 13–20 क्विंटल उपज देती है। सूखा और सिंचित क्षेत्रों के लिए उत्तम किस्म है। छोला अत्यंत स्वादिष्ट तथा फसल शीघ्र तैयार होने के कारण बाजार भाव अच्छा प्राप्त होता है।

जेजीके–2: यह काबुली चने की 95–110 दिन में तैयार होने वाली उक्ठा निरोधक किस्म है जो कि 18–19 क्विंटल प्रति हैक्टेयर उपज देती है।

मैक्सीकन बोल्ड: यह सबसे बोल्ड सफेद, चमकदार और आकर्षक चना है। यह 90–95 दिन में पककर तैयार हो जाती है। बड़ा और स्वादिष्ट दाना होने के कारण बाजार भाव सर्वाधिक मिलता है। औसतन 25–50 क्विंटल प्रति हैक्टेयर उपज प्राप्त होती है। यह कीट रोग व सूखा सहनशील किस्म है।

हरा चना

जे.जी.जी.1: यह किस्म 120–125 दिन में पककर तैयार होने वाली हरे चने की किस्म है। औसतन उपज 13 से 15 क्विंटल प्रति हैक्टेयर होती है।

हिमा: यह किस्म 135–140 दिन में पककर तैयार हो जाती है एवं औसतन 13 से 17 क्विंटल प्रति हैक्टेयर उपज देती है। इस किस्म का बीज छोटा होता है 100 दानों का वजन 15 ग्राम है।

भूमि एवं उसकी तैयार: सामान्य तौर पर चने की खेती हल्की से भारी भूमियों में की जाती है, किंतु अधिक जल धारण क्षमता एवं उचित जल निकास वाली भूमियाँ सर्वोत्तम रहती हैं। मृदा का पी.एच. मान 6–7.5 उपयुक्त रहता है। चने की खेती के लिए अधिक उपजाऊ भूमियाँ उपयुक्त नहीं होतीं, क्योंकि उनमें फसल की बढ़वार अधिक हो जाती है जिससे फूल एवं फलियाँ कम बनती हैं। इसके लिए दोमट मिट्‌टी अच्छी होती है। इसकी खेती के लिए प्रथम जुताई हैरो से करनी चाहिए। इसके बाद एक क्रास जुताई हैरो से करके पाटा लगाकर भूमि समतल कर लेनी चाहिए। दीमक के प्रकोप से बचाने हेतु अंतिम जुताई के समय क्यूनालफॉस चूर्ण की 25 कि.ग्रा. मात्रा को प्रति हैक्टेयर की दर से मिट्‌टी में अच्छी प्रकार से मिला देना चाहिए। असिंचित अवस्था में मानसून शुरू होने से पूर्व गहरी जुताई करने से रबी के लिए भी नमी संरक्षण होता है। एक जुताई मिट्टी पलटने वाले हल तथा 2 जुताई देशी हल से की जाती है। फिर पाटा चलाकर खेत को समतल कर लिया जाता है। चना की खेती के लिए मिट्टी का बारीक होना

आवश्यक नहीं है, बल्कि ढेलेदार खेत ही चने की उत्तम फसल के लिए अच्छा समझा जाता है। खरीफ फसल कटने के बाद नमी की पर्याप्त मात्रा होने पर एक जुताई मिट्टी पलटने वाले हल से तथा दो जुताई देशी हल या ट्रैक्टर से की जाती है और फिर पाटा चलाकर खेत समतल कर लिया जाता है।

बुवाई का समय व विधिः अक्टूबर के अंतिम सप्ताह से नवम्बर द्वितीय सप्ताह तक है। असिंचित क्षेत्रों में बुवाई अक्टूबर के प्रथम सप्ताह मे कर देनी चाहिए। चने की बुवाई समय पर करने से फसल की वृद्धि अच्छी होती है साथ ही कीट एवं बीमारियों से फसल की रक्षा होती है, फलस्वरूप उपज अच्छी मिलती है। अनुसंधानों से ज्ञात होता है कि 20 से 30 अक्टूबर तक चने की बुवाई करने से सर्वाधिक उपज प्राप्त होती है। असिंचित क्षेत्रों में अगेती बुवाई सितम्बर के अन्तिम सप्ताह से अक्टूबर के तृतीय सप्ताह तक करनी चाहिए। सामान्य तौर पर अक्टूबर अंत से नवम्बर का पहला पखवाड़ा बुवाई के लिए सर्वोत्तम रहता है। सिंचित क्षेत्रों में पछेती बुवाई दिसम्बर के तीसरे सप्ताह तक संपन्न कर लेनी चाहिए। उतेरा पद्धति से बोने हेतु अक्टूबर का दूसरा पखवाड़ा उपयुक्त पाया गया है। धान कटाई के बाद दिसम्बर के प्रथम सप्ताह तक चने की बुवाई की जा सकती है, जिसके लिए जे.जी. 75, जे.जी. 315, भारती, विजय, अन्नागिरी आदि उपयुक्त किस्में हैं। बूट हेतु चने की बुवाई सितम्बर माह के अंतिम सप्ताह से अक्टूबर माह के प्रथम सप्ताह तक की जाती है। चने की बड़े दाने वाली किस्में जैसे, वैभव, पूसा 256, पूसा 391, विश्वास, विशाल, जे.जी. 11 आदि लगाना चाहिए। सदैव बुवाई पंक्तियों में ही करें। हर 10 वीं लाइन के बाद धनिया या अलसी लगानी चाहिए। धनिया सह–फसल फली बेधक कीट के प्रकोप को कम करता है। अलसी के साथ सह फसल से उक्ठा रोग व मोल्ड रोग से बचाव होता है।

अंतरणः पंक्ति से पंक्ति की दूरी 30 से 45 सें.मी. एवं पौधे से पौधे की दूरी 7 से 10 सें.मी. तथा गहराई 5 से 6 सें.मी. रखते हैं।

पौधों की संख्याः 33 से 40 पौधे/वर्ग मीटर

बीज की मात्राः बीज किसी विश्वसनीय स्रोत जैसे; भारतीय कृषि अनुसंधान संस्थान, कृषि वि.वि., राष्ट्रीय बीज निगम, राज्य बीज निगम आदि से खरीदना चाहिए। 60 से 75 कि.ग्रा. देशी किस्मों का एवं 80 से 90 कि.ग्रा. काबुली किस्मों का प्रति हैक्टेयर पर्याप्त है। चने की समय पर बुवाई करने के लिए देशी चना (छोटा दाना) 75–80 कि.ग्रा/है. तथा देशी चना (मोटा दाना) 80–100 कि.ग्रा./है. काबुली चना (मोटा दाना) 100 से 120 कि.ग्रा./है. की दर से बीज का प्रयोग

करना चाहिए। पछेती बुवाई हेतु देशी चना (छोटा दाना) 80–90 कि.ग्रा./है. तथा देशी चना (मोटा दाना) 100 से 110 कि.ग्रा./है. तथा उतेरा पद्धति से बोने के लिए 100 से 120 कि.ग्रा./है. बीज पर्याप्त रहता है। सामान्य तौर पर बेहतर उपज के लिए प्रति हैक्टेयर लगभग 3.5 से 4 लाख पौध सख्या अनुकूल मानी जाती है।

बीजोपचारः बीजों का रोगों से बचाने के लिए ट्राइकोडरमा विरिडि की चार ग्राम मात्रा तथा विटावैक्स नामक कवकनाशी की 2 ग्रा. प्रति एक कि.ग्रा. बीज की दर से उपचारित करना चाहिए, उपचार हेतु थोड़े से गुड़ का घोल बनाकर बीज एवं कवकनाशी को किसी बर्तन में मिलाकर छाया में सुखाकर उसके बाद राइजोबियम कल्चर का भी 5 ग्रा. प्रति कि.ग्रा. की दर से उपचार करना चाहिए। बीज उपचार हेतु सर्वप्रथम कवकनाशी थाइरम या बास्टिन की 2.5 ग्राम मात्रा प्रति कि.ग्रा. बीज की दर से उपचार करना चाहिए।

सिंचाईः यदि जाड़ों में वर्षा न हो तो एक सिंचाई फूल आने से पहले तथा दूसरी फली बनते समय करनी चाहिए। सिंचाई हल्की करें। आमतौर पर चने की खेती असिंचित अवस्था में की जाती है। चने की फसल के लिए कम जल की आवश्यकता होती है। चने में जल उपलब्धता के आधार पहली सिंचाई फूल आने के पूर्व अर्थात बोने के 45 दिन बाद एवं दूसरी सिंचाई दाना भरने की अवस्था पर अर्थात बोने के 75 दिन बाद करना चाहिए। फूल आने के समय सिंचाई न करें, अन्यथा फूल आने बन्द हो जाते हैं तथा बढ़वार अधिक होने से फलियां कम लगती हैं और फसल गिर जाती है, जिससे बीज की पैदावार तथा गुणवत्ता भी प्रभावित होती है।

खाद एवं उर्वरकः चने की 10 टन उपज देने वाली फसल भूमि से 40 कि. ग्रा. नत्रजन, 4–5 कि.ग्रा. फॉस्फोरस, 10–12 कि.ग्रा. पोटाश ग्रहण कर लेती है। अतः अधिकतम उपज के लिए पोषक तत्वों की पूर्ति खाद एवं उर्वरकों के माध्यम से करना आवश्यक है। गोबर की खाद या कम्पोस्ट पाँच टन प्रति हैक्टेयर के हिसाब से खेत की तैयारी के समय देना चाहिए। चने की फसल से अच्छी उपज लेने के लिए 15 से 20 कि.ग्रा. नत्रजन, 40 कि.ग्रा. फॉस्फोरस, 20 कि.ग्रा. पोटाश व 20 कि.ग्रा. सल्फर प्रति हैक्टेयर अन्तिम जुताई के समय या बीज के साथ सीडड्रिल से उर्वरक उपयोग करना चाहिए। उर्वरक की पूरी मात्रा बुवाई के समय कुंड में बीज के नीचे 5–7 सें.मी. की गहराई पर देना लाभप्रद रहता है। मिश्रित फसल के साथ चने की फसल को अलग से खाद देने की आवश्यकता नहीं रहती है।

खरपतवार नियंत्रणः चने की फसल में बथुआ, मोथा, पीली सैंजी, जंगली सोया, चने का मामा इत्यादि मुख्य खरपतवार हैं जिनके कारण उपज में 40 से 87 प्रतिशत तक की कमी हो सकती है। इसलिए बुवाई के 50 से 60 दिनों तक खरपतवार की रोकथाम आवश्यक है। बुवाई के 25 से 30 दिन बाद निराई–गुड़ाई करनी चाहिए। चना फसल बुवाई के तुरन्त बाद पेन्डीमेथिलीन 35 ई.सी. दवा की 2.5 लीटर मात्रा को 600 लीटर पानी में घोलकर खेत में समान रूप से स्प्रे करें।

शीर्ष कलिका तोड़ना/खुटाई (निपिंग): जब पौधे लगभग 20 से 30 सें. मी. ऊँचे हो जायें तो उनकी शाखाओं की ऊपरी कली को तोड़ देने से अधिक शाखाएं निकलती हैं जिससे फूल, फली अधिक मात्रा में बनते हैं। खेत में पौधों की संख्या कम होने से यह विधि अधिक लाभदायक है।

चने के प्रमुख कीट

चित्रः चने में फली छेदक का प्रकोप

1. **दीमकः** यह जड़ और तने को छेदकर या खुरचकर खाती हैं जिससे पौधों की मृत्यु हो जाती है।
2. **चने की कटुआ (कटवर्म):** यह चने का हानिकारक कीट है जो बीज के अंकुरण के बाद प्रारम्भ की अवस्था में आक्रमण करता है। यह कीट पौधे के निचले भाग अर्थात मृदा से थोड़ा ऊपर वाले भाग को काट देते हैं। यह दिन में ढेलों के बीच छुपा रहता है। रात में भूमि से निकलकर कोमल पौधों, तनों और शाखाओं को आधार पर काटती है जिसके कारण पर्याप्त अंकुरण होने पर भी खेत में पौधों की संख्या काफी कम हो जाती है।
3. **फली छेदक (हेलिकोवर्पा आर्मिजेरा):** यह चने का हानिकारक कीट है। इसके लार्वा पौधों के कोमल अंगों को खाते हैं जो बाद में फली बनने के समय उसमें छेद करके बीज को भी खाते हैं। पौधों में पूर्ण वानस्पतिक वृद्धि होने पर पौधों की शाखा, पत्ती की डण्ठल, पत्तियों तथा फूलों पर भरे रंग के निर्जीव धब्बे दिखाई देते हैं। शाखाएं तथा तना भी प्रभावित होता है तथा अंत में दाना टूट जाता है।

कीट नियंत्रणः यदि फसल में दीमक का प्रकोप हो तो दीमक के नियंत्रण हेतु पहली फसल के अवशेषों को नष्ट करके ही बुवाई करें तथा क्लोरोपाइरीफोस

दवा की 20 ई.सी. की 2 से 3 लीटर मात्रा को प्रति हैक्टेयर की दर से सिंचाई जल से साथ देनी चाहिए। कटवर्म के नियंत्रण हेतु क्यूनालफोस दवा की 1.50 प्रतिशत चूर्ण की 25 कि.ग्रा. मात्रा प्रति हैक्टेयर भूमि में मिला दें। फली छेदक कीट के नियंत्रण हेतु प्रोफेनोफास की 1.5 लीटर दवा को 500 लीटर पानी में घोल बनाकर प्रति हैक्टेयर की दर से स्प्रे करें। फली छेदक कीट के नियंत्रण हेतु फेरोमेन ट्रैप का उपयोग लाभकारी है।

चने के कीटों का जैविक एवं रासायनिक नियंत्रण

1. चने की सूंडियों के नियंत्रण हेतु नीम की निम्बोली का अर्क लाभकारी है। इसके लिए 12 से 13 कि.ग्रा. निम्बोली सुखाकर व पीस कर उसको रात भर 25 लीटर पानी में भिगोकर तथा महीन कपड़े से छानकर इसका अर्क तैयार हो जाता है। इसमें 500 ग्रा. निरमा या साबुन का पाउडर मिलायें। इसको 250 लीटर पानी में मिलाकर प्रति हैक्टेयर की दर से स्प्रे करें।
2. न्यूक्लिर पॉलीहैड्रोसिस वायरस (एच.एन.पी.वी.) का छिड़काव करना चाहिए।
3. फूल आने से पहले नर पतंगों को आकर्षित करने हेतु प्रति हैक्टेयर में 5 फेरोमोन ट्रैप या प्रपंच समान दूरी पर लगाने चाहिए। जब 24 घंटे में 4 से 5 वयस्क पतंगें इसमें फंसने लगे तो समझ लें कि अगले 14 से 15 दिन में चने की फसल में इसकी सूंडी का आक्रमण होने वाला है। खेत के अंदर 2 से 3 सप्ताह में इन्हें बदल देना चाहिए।
4- **कटवर्म व दीमक की रोकथामः** दोनों कीटों की रोकथाम के लिए क्यूनलफास की 1.5 प्रतिशत चूर्ण 25 कि.ग्रा. प्रति हैक्टेयर की दर से आखिरी जुताई के साथ मृदा में मिला दें।
5. **फली छेदकः** इसका प्रकोप फली में दाना बनते समय अधिक होता है। नियंत्रण नहीं करने पर उपज में 75 प्रतिशत कमी आ जाती है। ये कीट आरम्भ से चने की पत्तियों को खाते हैं और बाद में फलियों में छेद बनाकर उसे खाते हैं। इसके नियंत्रण के लिए मैलाथियान 50 ई.सी. दवा की 2 लीटर या फेनवेलटेट 4 प्रतिशत धूल 25 कि.ग्रा. आवश्यकता पड़ने पर बुरकाव करें।

रोग नियंत्रणः चने में मुख्य रूप से उक्ठा, जड़ गलन एवं अंगमारी रोगों का प्रकोप होता है जिनका विवरण निम्न उल्लेखित हैः

1. **उक्ठा रोग (विल्ट):** इसके आक्रमण से पौधों की शीर्ष ऊपरी शाखाएं तथा पत्तियां झुक जाती हैं और रोग ग्रसित पौधों की बढ़वार रुक जाती है।

पत्तियां पीली पड़ जाती हैं व पौधों का सूख जाना इस रोग के प्रमुख लक्षण हैं। जड़ के पास तने को बीच से लम्बवत् काटकर देखने पर बीच का भाग काला भूरा दिखाई देता है। इसके नियंत्रण के लिए फसल चक्र का उपयोग खेत में गहरी जुताई, रोगरोधी किस्मों का चयन करना एवं बीजोपचार करना चाहिए तथा बीजों को कार्बेन्डाजिम+थाइरम (1 ग्रा.+2 ग्रा. प्रति कि.ग्रा. बीज) नामक कवकनाशी से उपचारित करके ही बोयें। यदि सिंचाई की सुविधा उपलब्ध हो तो रोग के लक्षण दिखाई देते ही सिंचाई कर देनी चाहिए।

2. **झुलसा रोग (ब्लास्ट)**: यह रोग एक फफूँद के कारण होता है। इस रोग में पौधे की जड़ों को छोड़कर तने, पत्तियों व फलियों पर गोल छोटे–छोटे भूरे रंग के चकते बन जाते हैं। रोग का अधिक प्रकोप होने पर पत्ते काले रंग के हो जाते हैं और सड़ने लगते हैं, तना टूट जाता है। पौधों पर रोग का प्रकोप होने पर मेंकोजेब 0.2 प्रतिशत या कॉपर ऑक्सी क्लोराइड 0.35 प्रतिशत या घुलनशील गंधक 0.2 प्रतिशत घोल का छिड़काव करें।

3. **किट्ट (रस्ट)**: इस बीमारी के लक्षण फरवरी व मार्च में दिखाई देते हैं। पत्तियों की ऊपरी सतह पर, फलियों पर्णवृतों तथा टहनियों पर हल्के भूरे काले रंग के उभरक हुए चकते बन जाते हैं। इस रोग के लक्षण दिखाई देने पर मेन्कोजेब नामक फफूँदनाशी की एक कि.ग्रा. मात्रा या घुलनशील गन्धक की एक कि.ग्रा. मात्रा को 500 लीटर पानी में घोल बनाकर छिड़काव करना चाहिए। 10 दिनों के अंतराल पर 3 से 4 छिड़काव करने पर्याप्त होते हैं।

4. **काला जड़ विगलन**: इसके आक्रमण से पौधों का रंग पीला पड़ जाता है तथा ग्रीवा के ऊपर तनों पर गहरे काले रंग के धब्बे दिखाई पड़ते हैं एवं जड़ें सड़कर काली हो जाती हैं। इसके नियंत्रण हेतु बुवाई से पहले कवकनाशी थाइरम या बाविस्टिन 2.5 ग्राम प्रति कि.ग्रा. बीज की दर से उपचारित करना चाहिए।

5. **तना विगलन**: इसके आक्रमण से पौधे की पत्तियां पीली पड़कर झुक जाती हैं। नम वातावरण में पौधों के तनों पर रूई तथा काले रंग की आकृति दिखाई देती है। फसल से 2 ग्राम डाइथेन एम 45 या बाविस्टन 1 ग्राम प्रति लीटर पानी की दर से 600 से 800 लीटर घोल का छिड़काव करना चाहिए।

चने के उक्ठा रोग नियंत्रण

1. उक्ठा रोग निरोधक किस्मों का प्रयोग करना चाहिए।
2. प्रभावित क्षेत्रों में फल चक्र अपनाना लाभकर होता है।
3. प्रभावित पौधा को उखाड़कर नष्ट करना अथवा गढ्ढे में दबा देना चाहिये।
4. बीज को कार्बेन्डाजिम 2.5 ग्राम या ट्राइकोडर्मा विरडी 4 ग्रा./कि.ग्रा. बीज की दर से उपचारित कर बोना चाहिए।

कटाई एवं गहाईः जब पत्तियां पीली व भूरे रंग की हो जायें तथा पत्तियां गिरने लगें एवं दाने सख्त हो जायें तो फसल की कटाई करके थ्रेशर द्वारा गहाई करनी चाहिए।

उपज एवं भण्डारणः चने की शुद्ध फसल को प्रति हैक्टेयर लगभग 20–25 क्विंटल दाना एवं इतना ही भूसा प्राप्त होता है। काबूली चने की पैदावार देशी चने से तुलना में थोड़ा सा कम देती है। भण्डारण के समय 10–12 प्रतिशत नमी रहना चाहिए।

उपजः चने की 20 से 25 क्विंटल प्रति हैक्टेयर पैदावार मिल जाती है।

चने की दाल, बेसन, हरे चने, भीगे चने, भुने चने, उबले चने, तले चने की बहुत अधिक मांग रहती है। इसके अतिरिक्त चने के बेसन से नमकीन व मिठाइयां सहित अधिक व्यंजन बनने के कारण इसकी मांग दिनोंदिन बढ़ती जा रही है। इससे चने के दाम भी पहले की अपेक्षा में काफी अधिक हैं। किसान भाइयों के लिए चने की खेती करना लाभप्रद है।

❑❑❑

अध्याय–7

मसूर की वैज्ञानिक खेती

भूमिका

मसूर की खेती भारत, टर्की, सीरिया, पाकिस्तान, बांग्लादेश एवं स्पेन में की जाती है। भारत विश्व के 30 प्रतिशत क्षेत्र और 20 प्रतिशत उत्पादन के साथ दूसरे स्थान पर है। भारत में मसूर के अंतर्गत कुल क्षेत्रफल 13.24 लाख हैक्टेयर, उत्पादन 12.17 लाख टन तथा उत्पादकता 855 कि.ग्रा./है.। भारत में प्रमुख उत्पादक राज्य मध्य प्रदेश, उत्तर प्रदेश, बिहार एवं पश्चिम बंगाल है लेकिन उत्तर प्रदेश में सर्वाधिक मसूर का उत्पादन होता है। मसूर रबी मौसम में उगाई जाने वाली प्रमुख दलहनी फसलों में से एक है। मसूर की खेती को अन्य दलहनी फसलों की अपेक्षा अपने जीवनकाल में सबसे कम पानी की आवश्यकता होती है। इसकी पूरी बाह्यकृति छोटी झाड़ी जैसी होती है। तने पर सूक्ष्म रोंएं पाये जाते हैं एवं पत्तियां भी बारीक व लम्बी होती हैं। इसी संरचना के कारण यह प्रति इकाई उत्पादन में पानी की कमी की कम मात्रा का उपयोग करती है। दलहनी वर्ग में मसूर सबसे प्राचीनतम एवं महत्वपूर्ण फसल है। प्रचलित दालों में सर्वाधिक पौष्टिक होने के साथ–साथ इस दाल को खाने से पेट के विकार समाप्त हो जाते हैं अर्थात यह दाल सेहत के लिए अत्यधिक लाभप्रद होती है। मसूर के 100 ग्राम दाने में औसतन 25 ग्राम प्रोटीन, 1.3 ग्राम वसा, 60.8 ग्रा. कार्बोहाइड्रेट, 3.2 ग्रा. रेशा, 68 मिग्रा. कैल्शियम, 7 मि.ग्रा. लौह, 0.21 मि.ग्रा. राइबोफ्लोविन, 0.51 मि.ग्रा. थाइमिन तथा 4.8 मि.ग्रा. नियासिन पाया जाता है। मानव जीवन के लिए आवश्यक बहुत से खनिज लवण एवं विटामिन्स से यह दाल परिपूर्ण होती है। रोगियों के लिए मसूर की दाल अत्यन्त लाभप्रद मानी जाती है क्योंकि यह अत्यंत सुपाच्य है। दाल के अलावा मसूर का उपयोग विविध प्रकार की नमकीन और मिठाइयां बनाने में भी किया जाता है। इसका हरा व सूखा चारा पशुओं के लिए स्वादिष्ट एवं पौष्टिक होता है।

सारणी 1: वर्ष 1970–71 से 2018–19 के दौरान मसूर का परिदृभय

वर्ष	क्षेत्रफल (हजार हैक्टेयर)	उत्पादन (हजार टन)	उत्पादकता (कि. ग्रा. / है.)
1970-71	0.75	0.37	497
1971-72	0.63	0.30	481
1972-73	0.83	0.37	447
1973-74	0.93	0.41	440
1974-75	0.95	0.46	480
1975-76	0.94	0.46	492
1976-77	0.85	0.39	461
1977-78	0.88	0.38	436
1978-79	1.01	0.45	443
1979-80	0.85	0.32	377
1980-81	0.93	0.47	498
1981-82	0.95	0.50	525
1982-83	1.00	0.49	491
1983-84	0.94	0.53	566
1984-85	0.98	0.55	557
1985-86	1.09	0.66	607
1986-87	1.09	0.66	607
1987-88	1.04	0.66	635
1988-89	1.08	0.73	679
1989-90	1.11	0.71	635
1990-91	1.19	0.85	717
1991-92	1.19	0.80	674
1992-93	1.20	0.79	657
1993-94	1.18	0.75	632
1994-95	1.16	0.78	678
1995-96	1.26	0.71	569
1996-97	1.37	0.96	702
1997-98	1.29	0.80	623
1998-99	1.39	0.94	675
1999-00	1.46	1.08	738
2000-01	1.48	0.92	619
2001-02	1.47	0.97	664
2002-03	1.38	0.87	634
2003-04	1.39	1.04	743
2004-05	1.47	0.99	675
2005-06	1.51	0.95	628
2006-07	1.47	0.91	621
2007-08	1.31	0.81	622
2008-09	1.38	0.95	693

2009- 10	1.48	1.03	697
2010-11	1.60	0.94	591
2011-12	1.56	1.06	679
2012-13	1.42	1.13	797
2013-14	1.34	1.02	759
2014-15	1.47	1.04	705
2015-16	1.28	0.98	765
2016-17	1.46	1.22	838
2017-18	1.55	1.62	1047
2018-19	1.36	1.23	901

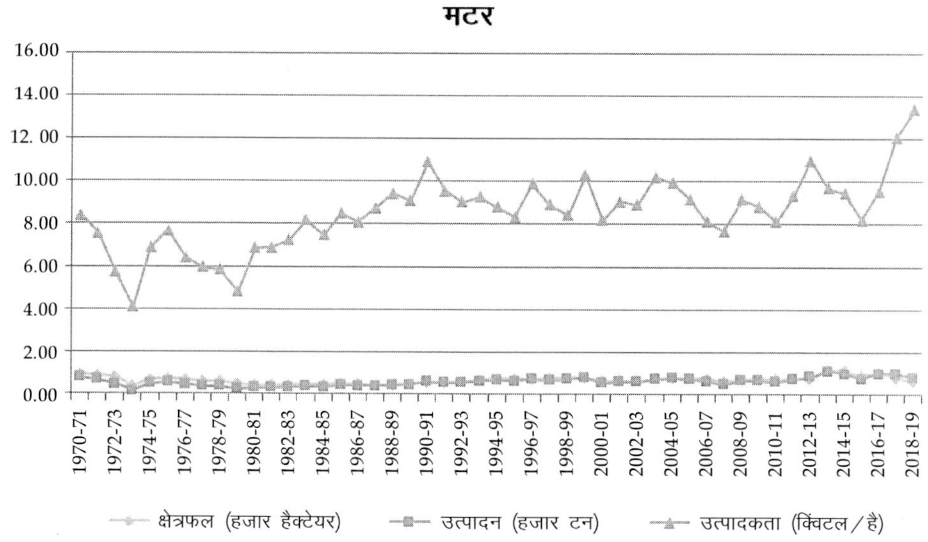

चित्रः भारत में मसूर का क्षेत्रफल, उत्पादन एवं उत्पादकता

जलवायु

मसूर को ठंडी जलवायु की आवश्यकता होती है परन्तु अत्यंत ठंड एवं पाला पड़ने वाले स्थानों में मसूर की उपज पर प्रतिकूल प्रभाव पड़ता है। इस फसल को प्रारम्भिक अवस्था में ठंड तथा पकते समय कम तापमान की आवश्यकता होती है। भूमि क्षरण को रोकने के लिए मसूर को आवरण फसल के रूप में भी उगाया जाता है। मसूर की खेती कम वर्षा एवं विपरीत परस्थितियों वाली जलवायु में भी सुगमता से की जा सकती है। मसूर की फसल अन्य रबी दलहनी फसलों जैसे, मटर और चने की फसल की अपेक्षा अधिक ठंड को सहन कर सकती है तथा मसूर कम तापक्रम, सूखा एवं नमी को भी प्रति अधिक सहनशील होती है।

मृदा एवं खेत की तैयारी

मसूर के लिए हल्की दोमट मृदा सर्वोत्तम रहती है लेकिन मृदा अम्लीयता रहित होनी चाहिए। लेकिन मसूर हेतु दोमट या बलुई दोमट भूमि, जिसमें जल निकास तथा जल धारण क्षमता अच्छी हो, मृदा का पी.एच. 7–8 के आस–पास हो एवं पर्याप्त मात्रा में जीवांश पदार्थ हो, अच्छी मानी जाती है। खेत की तैयारी एक–दो जुताई, ट्रैक्टर चालित हैरो से की करनी चाहिए। मृदा नमी संरक्षण एवं भूमि समतलीकरण हेतु प्रत्येक जुताई के बाद पाटा अवश्य करना चाहिए। खेत में जल निकासी की उचित व्यवस्था होनी चाहिए। पहली जुताई मिट्टी पलटने वाले हल या डिस्क हैरो चलाकर करनी चाहिए तथा एक क्रॉस जुताई हैरो से एवं एक जुताई कल्टीवेटर से करने के पश्चात् पाटा लगाकर भूमि को समतल कर देना चाहिए।

मृदोपचार

मसूर का मृदाजनित रोगों से बचाने के लिए 2 कि.ग्रा. ट्राइकोडर्मा विरिडी या ट्राइकोडर्मा हर्जिनियम को 100 कि.ग्रा. गोबर की सड़ी खाद या बायोगैस स्लरी में मिलाकर नम करके एक सप्ताह तक अंधेरे स्थान पर ढंककर रखें। इसके बाद बुवाई से पूर्व खेत में इसे अच्छी तरह से फैलायें, जिससे मृदा से होने वाले रोगों की रोकथाम की जा सके। मृदा की गहरी जुताई करके मृदाजनित रोगों को रोका जा सकता है।

प्रजातियों का चुनाव

प्रजातियों का चयन क्षेत्र विशेष की जलवायु एवं प्रजाति गुणों जैसे, उपज, बीमारी प्रतिरोधी, दाने के आकार आदि के आधार पर करना चाहिए।

उन्नतशील प्रजातियों

एल. 4717, पूसा मसूर–5, पूसा वैभव, सपना, आई.पी.एल. 220, आई.पी.एल. 526, शेखर 2, 3, 4, कृति, कृषि, गरिमा, पंत मसूर 4, 8, एल 4076

मसूर को बीज के आकार तथा 1000 दानों के भार के आधार पर दो भागों में बांटा गया है। जिन प्रजातियों का परीक्षण भार 25 ग्राम से अधिक होता है, वे मोटे दाने वाली प्रजातियां कहलाती हैं। इन्हें स्थानीय भाषा में मसूर या मल्का मसूर के नाम से जाना जाता है। इन प्रजातियों को मुख्यतः उत्तर प्रदेश तथा मध्य प्रदेश के बुंदेलखण्ड क्षेत्र तथा महाराष्ट्र में उगाया जाता है। जिन प्रजातियों का 1000 दानों

का भाग 25 ग्राम से कम होता है, वे बारीक दाने वाली प्रजातियां हैं। इन्हें स्थानीय भाषा में मसरी के नाम से जाना जाता है। इनका उत्पादन प्रमुखतः उत्तर प्रदेश, बिहार, प. बंगाल तथा असम में किया जाता है। मसूर कर प्रमुख प्रजातियों का विवरण सारणी 1 एवं 2 में दिया गया है।

सारणी 2: गोविन्द बल्लभ कृषि एवं प्रौद्योगिकी वि.वि. पंतनगर द्वारा विकसित मसूर की किस्में

क्रम सं.	प्रजाति	वर्ष	फसल अवधि (दिन)	उपज (क्विं / हे.)	उपयुक्ता
1.	पंत मसूर–5	2001	130–135	15–18	उत्तराखंड
2.	पंत मसूर–6 (पीएल–02)	2010	125–145	11	उत्तर–पश्चिमी मैदानी एवं मध्य क्षेत्र
3.	पंत मसूर–8 (पीएल–063)	2010	130–135	15	उत्तर–पश्चिमी मैदानी
4.	पंत मसूर (पीएल–024)	2010	140–147	15	पंजाब, हरियाणा
5.	पूसा मसूर–9 (पीएल–098)	2017	135–145	15–17	उत्तराखंड

सारणी 3: भारतीय कृषि अनुसंधान संस्थान द्वारा विकसित मसूर की किस्में एवं उत्पादन प्रौद्योगिकी

क्रम सं.	प्रजाति	वर्ष	औसत उपज (कि.ग्रा. / है.)	उपयुक्तता
1.	पूसा (एल–4147)	1997	1400–1600	उत्तर –पश्चिमी मैदानी क्षेत्र
2.	पूसा शिवालिक (एल–4076)	1995	1300–1400	उत्तर–पश्चिमी मैदानी एवं मध्य क्षेत्र
3.	पूसा मसूर–5 (एल–4594)	2006	1600–1700	राष्ट्रीय राजधानी क्षेत्र
4.	पूसा मसूर अगेती (एल–4717)	2016	1091–1660	मध्य क्षेत्र
5.	एल–4727	2018	1400–1500	मध्य क्षेत्र
6.	एल–4729	2020	1700–1800	मध्य क्षेत्र
7	पीडीएल 1	2020	700–983	उत्तर–पश्चिमी मैदानी क्षेत्र (लवणग्रस्त क्षेत्र के लिए)
8.	पीएसएल 9	2020	800–949	उत्तर–पश्चिमी मैदानी क्षेत्र (लवणग्रस्त क्षेत्र के लिए)

सारणी 4: अधिक उपज देने वाली मसूर की किस्मों की राज्यवार सूची

क्रम सं.	राज्य	अनुशंसित किस्में
1.	बिहार	पी एल 406, पी एल 639, मल्लिका (के–75), एन डी एल 2, डब्ल्यू बी एल 58, एच यू एल 57, डब्ल्यू बी एल 77, अरुण (पी एल 777–12)
2.	मध्य प्रदेश एवं मध्य क्षेत्र	मल्लिका (के–75), आई पी एल –81 (नूरी), जे एल –3, आई पी एल–406, एल–4076, आई पी एल 316, डी पी एल 62 (शेरी)
3.	गुजरात	मल्लिका (के–75), आई पी एल–81 (नूरी), एल–4076, जे एल–3
4.	हरियाणा	पी एल–639, पी एल–4, डी पी एल–15 (प्रिया), सपना, एल–4147, डी पी एल–62 (शेरी), पी एल–406
5.	महाराष्ट्र	जे एल 3, आईपीएल 81 (नूरी), पी एल 4
6.	पंजाब	पी एल–639, एल एल–147, एल एच–84–8, एल –4147, आई पी एल–406, एल एल–931, पी एल 7
7.	उत्तर प्रदश	पी एल –639, मल्लिका (के–75), एन डी एल –2, डी पी एल –62, आई पी एल –81, आई पी एल –316, एल 4076, एच यू एल –57, डी पी एल 15
8.	राजस्थान	आई पी एल 406 (अंगुरी), पी एल–8, पी एल–063, डी पी एल–62 (शेरी)
9.	उत्तराखंड	वे एल–103, पी एल–5, वी एल–507, पी एल–6, वी एल–129, वी एल–514, वी एल–133
10.	जम्मू एवं कश्मीर	वी एल 507, एच यू एल 57, पी एल 406, पी एल 639, वी एल 125, वी एल 125

पूसा संस्थान द्वारा विकसित मसूर की नयी प्रजाति

1. पूसा 4717/पूसा अगेती मसूर (2018)

क्षेत्रः मध्य क्षेत्र, मौसमः रबी, उत्पादन परिस्थितिः बारानी औसत उपजः 12.5 क्विंटल/है., परिपक्वता अवधिः 100 दिन, प्रमुख विशेषताएंः चूर्णिल आसिता की प्रतिरोधी एवं एस्कोकाइटा अंगमारी एवं फ्यूजेरियम मुरझान की संतुलित प्रतिरोधी

2. पूसा 4727 (2018)

क्षेत्रः मध्य क्षेत्र, मौसमः रबी, उत्पादन परिस्थितिः बारानी औसत उपजः 11.4 क्विंटल/है., परिपक्वता अवधिः 103 दिन, प्रमुख विशेषताएंः मुरझान की संतुलित प्रतिरोधी

बुवाई का समयः अच्छे उत्पादन के लिए बुवाई का समय 15 अक्टूबर से 15 नवम्बर तक प्रजातियों एवं क्षेत्र क अनुसार सर्वोत्तम रहता है।

बीज दरः छोटे दाने वाली प्रजातियों हेतु बीज दर 40–45 कि.ग्रा./है. तथा बड़े दाने वाली प्रजातियों हेतु 55 से 60 कि.ग्रा. उचित है। खरीफ फसलों की कटाई के बाद बुवाई करने पर 15 से 20 प्रतिशत बीज दर बढ़ा देनी चाहिए।

बीजशोधन/बीजोपचार

बीज जनित फफूँदी रोगों से बचाव हेतु थीरम एवं कार्बेन्डाजिम (2:1) से 3 ग्राम प्रति कि.ग्रा. बीज की दर से उपचारित कर लेना चाहिए। तत्पश्चात् कीटों से बचाव के लिए बीजों को क्लोरोपाइरीफास 20 ई.सी., 8 मि.ली. प्रति कि.ग्रा. बीज की दर से उपचारित करना चाहिए। नये क्षेत्रों में बुआई करने पर बीज को राइजोबियम के प्रभावशाली स्ट्रेन से उपचारित करने पर उपज में 10 से 15 प्रतिशत की वृद्धि होती है। 10 कि.ग्रा. मसूर के बीज के लिए राइजोबियम कल्चर का एक पैकेट (500 ग्रा.) पर्याप्त होता है। 50 ग्रा. गुड़ या चीनी को 1/2 ली पानी में घोलकर उबाल लें। घोल के ठंडा होने पर उसमें राइजोबियम कल्चर मिला दें। इस कल्चर में 10 कि. ग्रा. बीज डाल कर अच्छी तरह से मिला लें ताकि प्रत्येक बीज पर कल्चर का लेप चिपक जाए। उपचारित बीजों को छाया में सुखा कर दूसरे दिन बोया जा सकता है। उपचारित बीज को कभी भी धूप में न सुखाएं व बीज उपचार दोपहर के बाद करना चाहिए। राइजोबियम कल्चर न मिलने की स्थिति में उस खेत से जहाँ पिछले वर्ष मसूर की खेती की गयी हो, 100 से 200 कि.ग्रा. मिट्टी खुरचकर बुवाई के पूर्व खेत में मिला देना चाहिए। इससे राइजोबियम बैक्टिरिया खेत में प्रवेश कर जाता है एवं अधिक वातावरणीय नाइट्रोजन का स्थरीकरण होने से उपज में आशातीत वृद्धि होती है। ताल क्षेत्र में राइजोबियम उपचार की आवश्यकता कम होती है।

अंतरणः देरी से बुवाई की दशा में पंक्ति से पंक्ति की दूरी 25 से 30 सें.मी. रखनी चाहिए।

बुवाई की विधिः बुआई देशी हल/सीड ड्रिल से पंक्तियों में करना चाहिए। सामान्य दशा में पंक्ति से पंक्ति की दूरी 30 सें.मी. एवं देर से बुवाई की स्थिति में पंक्ति से पंक्ति की दूरी 20 सेमी ही रखनी चाहिए। उतेरा विधि से बुवाई करने हेतु कटाई से पूर्व ही धान की खड़ी फसल में अन्तिम सिंचाई के बाद बीज छिड़क कर बुवाई कर देते हैं। इस विधि में खेत तैयार करने की आवश्यकता नहीं होती, किन्तु अच्छी उपज लेने हेतु सामान्य बुआई की अपेक्षा डेढ़ गुणा अधिक बीज दर का

प्रयोग करना चाहिए। ताल क्षेत्र में वर्षा का पानी हटने के बाद, सीधे हल से बीज नाली बना कर बुवाई की जा सकती है। गीली मिट्टी वाले क्षेत्रों में जहाँ हल चलाना संभव न हो, बीज छिड़क कर बुवाई कर सकते हैं। मसूर की बुवाई हल के पीछे पंक्तियों में ही करनी चाहिए।

फसल चक्रः भारत में निम्न फसल क्रम काफी प्रचलित हैं, जैसे, धान–मसूर, मक्का–मसूर, कपास–मसूर, बाजरा–मसूर, ज्वार–मसूर, मूँगफली–मसूर, सोयाबीन–मसूर तथा अगेती अरहर–मसूर इत्यादि।

अन्तर्वर्तीय खेती

सरसों की 6 पंक्तियों के साथ मसूर की दो पंक्तियां व अलसी की 2 पंक्तियों के साथ मसूर की एक पंक्ति बोने पर विशेष लाभ कमाया जा सकता है। इसके अतिरिक्त गेहूँ+मसूर (2:1), मसूर+गन्ना (2:1), मसूर+सरसों (2:1)

सिंचाईः इस फसल को पानी की कम आवश्यकता होती है। अधिक शुष्क अवस्था में फूल पूर्व एक सिंचाई देने की आवश्यकता पड़ती है। मसूर में एक या दो सिंचाई संस्तुत हैं। ताल क्षेत्रों के अतिरिक्त अन्य क्षेत्रों में वर्षा न होने पर अधिक उपज लेने हेतु बुवाई के 40–45 दिन बाद एवं फली में दाना पड़ते समय सिंचाई करना लाभप्रद रहता है।

खाद एवं उर्वरकः खेत तैयारी के समय 10 टन गोबर की खाद को भूमि में मिला दें। मृदा परीक्षण के आधार पर समस्त उर्वरक अन्तिम जुताई के समय हल के पीछे कूड़ में बीज की सतह से 2 सें.मी. गहराई व 5 सें.मी. अगल–बगल में देना सर्वोत्तम रहता है। सामान्यतः मसूर की फसल को प्रति हैक्टेयर 15–20 कि.ग्रा. नाइट्रोजन, 50 कि.ग्रा. फॉस्फोरस, 20 कि.ग्रा. पोटाश एवं 20 कि.ग्रा. गंधक की आवश्यकता होती है। जिन क्षेत्रों में जस्ता की कमी हो, वहाँ प्रति हैक्टेयर 15–20 कि.ग्रा. जिंक सल्फेट का प्रयोग करना चाहिए। सामान्यतः खेतों में नाइट्रोजन एवं फॉस्फोरस की आवश्यकता होती है। किन्तु पोटाश एवं जिंक का प्रयोग मृदा परीक्षण उपरान्त खेत में कमी होने पर ही करना चाहिए। नाइट्रोजन एवं फॉस्फोरस की संयुक्त रूप से पूर्ति हेतु 100 कि.ग्रा. डाइअमोनियम फॉस्फेट एवं गंधक की पूर्ति हेतु 100 कि.ग्रा. जिप्सम प्रति हैक्टेयर का प्रयोग करने पर उत्तम परिणाम प्राप्त होते हैं।

खरपतवार नियंत्रणः मसूर की फसल में मुख्यतः चने की भांति बथुआ, मोथा, पीली सैंजी, जंगली सोया आदि फसल को अधिक हानि पहुँचाते हैं। बुवाई

के तुरन्त बाद खरपतवारनाशी रसायन पेन्डीमेथिलीन 30 ई.सी. दवा की 3–4 ली. मात्रा को प्रति हैक्टेयर की दर से छिड़काव किया जाना चाहिए। किन्तु यदि पूर्व खेत में खरपतवार की गम्भीर समस्या नहीं रही हो तो बुवाई से 25–30 दिन बाद एक निराई–गुड़ाई करना पर्याप्त रहता है।

कीट एवं रोग नियंत्रण

1. **कटुआः** इस कीट का आक्रमण होने पर प्रभावित क्षेत्रों में क्लोरोपाइरीफॉस 1.5 प्रतिशत 20–25 कि.ग्रा./है. मिट्टी में मिला दें ताकि गिडार नष्ट हो जाए।
2. **माहू (एफिड):** इस कीट से बचाव के लिए प्रकोप आरम्भ होते ही 0.04 प्रतिशत मोनोक्रोटोफॉस का छिड़काव करना चाहिए।
3. **रतुआ (रस्ट):** मसूर फसल को इस रोग से अत्यधिक नुकसान होता है। पछेती फसल में इसका प्रकोप ज्यादा होता है। इसके बचाव हेतु समय से बुवाई करनी चाहिए। रोगरोधी प्रजातियां जैसे पन्त मसूर–4, पन्त मसूर–639 आदि का चुनाव करें। बचाव के लिए फसल पर मैंकोजेब 45 डब्ल्यूपी कवकनाशी का 0.2 प्रतिशत घोल बनाकर 10–12 दिन के अन्तर पर दो बार छिड़काव करना चाहिए।

कटाई एवं गहाईः जब 70–80 प्रतिशत फलियां पक जाएं तो हंसिया से कटाई आरम्भ कर देना चाहिए। तत्पश्चात गट्ठर बनाकर फसल को खलिहान में ले आना चाहिए एवं 3–4 दिन सुखाने के पश्चात बैलों की दायें चलाकर, थ्रेसर अथवा डंडे द्वारा भूसा से दाना अलग कर लेना चाहिए।

उपजः उन्नत सस्य विधियों एवं नवीन प्रजातियों की सहायता से प्रति हैक्टेयर 15–20 क्विंटल तक उपज प्राप्त की जा सकती है।

भण्डारण

भण्डारण के समय दानों में 10 प्रतिशत से अधिक नमी नहीं होनी चाहिए। भण्डार गृह में 2 गोली एल्यूमीनियम फास्फाइड्/टन रखने से कीटों से सुरक्षा मिलती है। भण्डारण के दौरान मसूर को अधिक नमी से बचाना चाहिए।

मसूर उत्पादन की प्रौद्योगिकी

क्र.सं.	विवरण	अधिक उपज प्राप्त करने के उपाय
1.	खेत का चयन	मसूर के लिए समतल भूमि जहाँ जल ठहराव न हो उपयुक्त होता है।
2.	बीज शोधन	बीज शोधन के लिए थीरम/कैप्टॉन/कारबेंडाजिम/3.ग्रा/कि.ग्रा.–बीज से 4–5 दिन पूर्व शोधन करना चाहिए। एक पैकेट राइजोबियम को 10 कि.ग्रा. बीज में मिलाना चाहिए।
3.	बुवाई का समय	20 अक्टूबर से 15 नवम्बर
4.	बीज दर (पंक्ति से पंक्ति की दूरी तथा पौधे से पौधे की दूरी)	35 कि.ग्रा.–छोटा दाना व 45 कि.ग्रा.–बड़ा दाना पंक्ति से पंक्ति की दूरी 25 सें.मी. तथा पौधे से पौधे की दूरी 5 सें. मी. रखनी चाहिए।
5.	उर्वरक एवं खाद	100 कि.ग्रा.–डीएपी, 20 कि.ग्रा. सल्फर, 15 कि.ग्रा. जिंक सल्फेट तथा 5 टन खलिहानी खाद डालना चाहिए।
6.	खरपतवार नियंत्रण	शुरू में 30 दिन खरपतवार मुक्त खेत के लिए पेंडीमेथिलीन 1 ली./हे. की दर से बुवाई के तुरंत बाद छिड़काव करना चाहिए।
7.	बीमारी व कीट नियंत्रण	माहू नियंत्रण के लिए 0.03 प्रति लीटर मेटासिस्टॉक्स का प्रयोग करना चाहिए।
8.	सिंचाई	बुवाई पूर्व उचित नमी अधिक जमाव सुनिश्चित करती है। सिंचाई आवश्यकतानुसार करनी चाहिए। मसूर को पानी की अधिक आवश्यकता नहीं होती है।

❑❑❑

अध्याय–8

अरहर की वैज्ञानिक खेती

भूमिका

विश्व में अरहर उत्पादन के क्षेत्रफल में भारत की हिस्सेदारी 75 प्रतिशत और उत्पादन का हिस्सा 65.2 प्रतिशत है। भारत के कुल दलहनी फसलों में कुल क्षेत्रफल 11.8 एवं उत्पादन में 17 प्रतिशत हिस्सेदारी है। भारत में उगाई जाने वाली दलहनी फसलों में अरहर का चने के बाद तथा उपयोग व उपभोग में दूसरा स्थान है। पुराने समय से अरहर को तूर, तुअर व लाल चना (रेड ग्राम) आदि नामों से जाना जाता है। यह खरीफ ऋतु में उगाई जाती है। अरहर की उत्पत्ति पूर्वी अफ्रीका माना गया है। अरहर का वानस्पतिक नाम कैजेनस कजान है। भारत के लगभग प्रत्येक राज्य में अरहर की खेती की जाती है। सिन्धु व गंगा के मैदानी क्षेत्रों में धान–गेहूँ फसल चक्र के अंतर्गत अरहर का विशेष महत्व है। उत्तर भारत में उत्तर प्रदेश तथा मध्य प्रदेश में विस्तृत रूप से अरहर उगाई जाती है। अरहर पकने के समय पौधों की ऊँचाई तथा पुष्पक्रम के अनुसार दो प्रजातियों में बांटा जाता है। कैजेन्स इंडिका वैराइटी बाईकलर जो ऊँचाई तथा देर से पकती है। फूल शाखा के सिरे पर एकत्रित रहते हैं और फलियों में 4 से 5 दाने होते हैं। दूसरी प्रजाति कैजेन्स इंडिकम वैराइटी फ्लेवस जो ऊँचाई में छोटी एवं जल्दी पकने वाली होती है। फूल पूरी शाखा पर आते हैं और फलियों में 2 से 3 दाने होते हैं। अरहर की खेती मुख्यतः महाराष्ट्र, कर्नाटक, उत्तर प्रदेश, बिहार, मध्य प्रदेश तथा गुजरात राज्यों में की जाती है। अरहर फसल का अधिकांश उत्पादन कम उपजाऊ वर्षा आधारित तथा असिंचित क्षेत्रों में किया जाता है, क्योंकि इसकी जड़ों द्वारा निचली सतह पर उपलब्ध जल का भी उपयोग कर सकता है। असिंचित क्षेत्रों में इसकी खेती लाभकारी सिद्ध हो सकती है, क्योंकि गहरी जड़ एवं अधिक तापक्रम की स्थिति में पत्ती मुड़ने के गुण

चित्रः पूसा–991 किस्म

के कारण यह शुष्क क्षेत्रों में सर्व उपयुक्त फसल है। शुद्ध क्षेत्रों में अरहर किसानों द्वारा प्राथमिकता से बोई जाती है। वर्ष 2018–19 के दौरान भारत में औसतन 34.8 लाख हैक्टेयर क्षेत्र में अरहर की खेती की गई है, जिससे इसका कुल उत्पादन 2.81 लाख टन तथा उत्पादकता केवल 730 कि.ग्रा. प्रति हैक्टेयर प्राप्त हुई। अरहर एक बहुउपयोगी फसल है और इसका विभिन्न उत्पादों में प्रयोग किया जाता है। यह शाकाहारी आहार का एक प्रमुख भाग है। इसे मुख्यतः दाल के रूप में प्रयोग किया जाता है। इसके कोमल दानों को हरी सब्जी में उपयोग किया जाता है। पौधों की हरी पत्तियां पशुओं के लिए स्वादिष्ट तथा पौष्टिक चारे के रूप में प्रयोग की जाती हैं। फलियों तथा दाल के अवशेषों का प्रयोग पशुओं के लिए चारे के रूप में किया जाता है। मड़ाई के बाद अरहर की भूसी का उपयोग पशुओं के चारे के रूप में एवं सूखा खाना बनाने व लकड़ियां छप्पर बनाने, जलाने, सब्जियों एवं फलों की पैकिंग करने व बेलदार पौधों में सहारे के रूप में प्रयोग किया जाता है। अरहर की दाल में लगभग प्रोटीन 24.6 प्रतिशत, शर्करा 5.2 प्रतिशत एवं वसा 1.6 प्रतिशत होता है। अरहर की 100 ग्राम दाल से 57.6 ग्राम कार्बोहाइड्रेट, 335 कि.ग्रा. कैलोरी ऊर्जा, 16.3 मि.ग्रा. कैल्शियम, 78.9 मि. ग्रा. मैग्नीशियम, 1.3 मि.ग्रा. कॉपर, 2.9 मि.ग्रा. लौह तथा 3 मि.ग्रा. जिंक तत्व मिलते हैं। इसकी दाल में 21 प्रतिशत प्रोटीन पाया जाता है। अरहर की पत्तियों व फलियों के छिलके पशुओं के लिए पौष्टिक चारे के रूप में उपयोग की जाती है। अरहर दो दालों वाली फसल होने के कारण इसकी जड़ें मूसलादार होती हैं। इससे भूमि में प्रचुर मात्रा में बायोमॉस मिलता है जो सड़ कर दूसरी फसलों के लिए खाद का काम करता है। अरहर का समर्थन मूल्य भी धान, गेहूँ जैसी खाद्यान्नों से अधिक है तथा अरहर में उत्पादन में लागत कम तथा बाजार मूल्य अधिक मिलता है। अरहर की खेती में क्षेत्रफल तथा उपज में वृद्धि न होने के कारणों में से एक प्रमुख कारण है कीट व रोगों का प्रकोप, जिसके कारण उपज का एक बड़ा हिस्सा नष्ट हो जाता है। पिछले कुछ वर्षों में गहन अनुसंधान के फलस्वरूप शीघ्र पकने वाली एवं रोग रोधी किस्में विकसित की गई हैं। इन किस्मों को गेहूँ या रबी की अन्य फसल लेने के बाद भी लगाया जा सकता है।

सारणी 1: भारत में वर्ष 1950–51 से 2018–19 तक अरहर के क्षेत्रफल, उत्पादन एवं उत्पादकता

वर्ष	क्षेत्रफल (हजार हैक्टेयर)	उत्पादन (हजार टन)	उत्पादकता (कि.ग्रा./है.)
1950-51	2.18	1.72	788
1951-52	2.45	1.83	748
1952-53	2.40	1.70	709
1953-54	2.40	1.86	775
1954-55	2.40	1.72	715
1955-56	2.29	1.86	814
1956-57	2.29	1.99	867
1957-58	2.36	1.48	625
1958-59	2.47	1.70	688
1959-60	2.43	1.7	700
1960-61	2.43	2.07	849
1961-62	2.45	1.37	559
1962-63	2.45	1.58	645
1963-64	2.52	1.38	549
1964-65	2.58	1.89	733
1965-66	2.56	1.73	678
1966-67	2.52	1.13	448
1967-68	2.67	1.74	653
1968-69	2.53	1.82	718
1969-70	2.67	1.84	690
1970-71	2.66	1.88	709
1971-72	2.35	1.68	718
1972-73	2.42	1.93	795
1973-74	2.65	1.41	532
1974-75	2.53	1.83	725
1975-76	2.67	2.10	786
1976-77	2.57	1.73	672
1977-78	2.63	1.93	735
1978-79	2.64	1.89	716
1979-80	2.73	1.76	643
1980-81	2.84	1.96	689
1981-82	3.00	2.24	740
1982-83	2.93	1.99	680
1983-84	3.22	2.58	801

1984-85	3.16	2.58	819
1985-86	3.18	2.44	767
1986-87	3.15	2.27	722
1987-88	3.33	2.28	785
1988-89	3.49	2.72	779
1989-90	3.60	2.75	763
1990-91	3.59	2.41	673
1991-92	3.63	2.13	588
1992-93	3.58	2.33	652
1993-94	3.53	2.69	762
1994-95	3.31	2.14	644
1995-96	3.45	2.31	670
1996-97	3.51	2.66	756
1997-98	3.36	1.85	551
1998-99	3.44	2.71	787
1999-00	3.43	2.69	786
2000-01	3.63	2.25	618
2001-02	3.33	2.26	679
2002-03	3.36	2.19	651
2003-04	3.52	2.35	670
2004-05	3.52	2.35	667
2005-06	3.58	2.74	765
2006-07	3.56	2.31	650
2007-08	3.73	3.08	826
2008-09	3.38	2.27	671
2009-10	3.47	2.46	711
2010-11	4.42	2.86	655
2011-12	4.04	2.65	656
2012-13	3.89	3.02	776
2013-14	3.90	3.17	813
2014-15	3.85	2.81	729
2015-16	3.96	2.56	646
2016-17	5.34	4.87	913
2017-18	4.44	4.29	967
2018-19	4.55	3.32	729

स्रोत: आर्थिक और सांख्यिकी निदेशालय, कृषि एवं सहकारिता विभाग, कृषि मंत्रालय

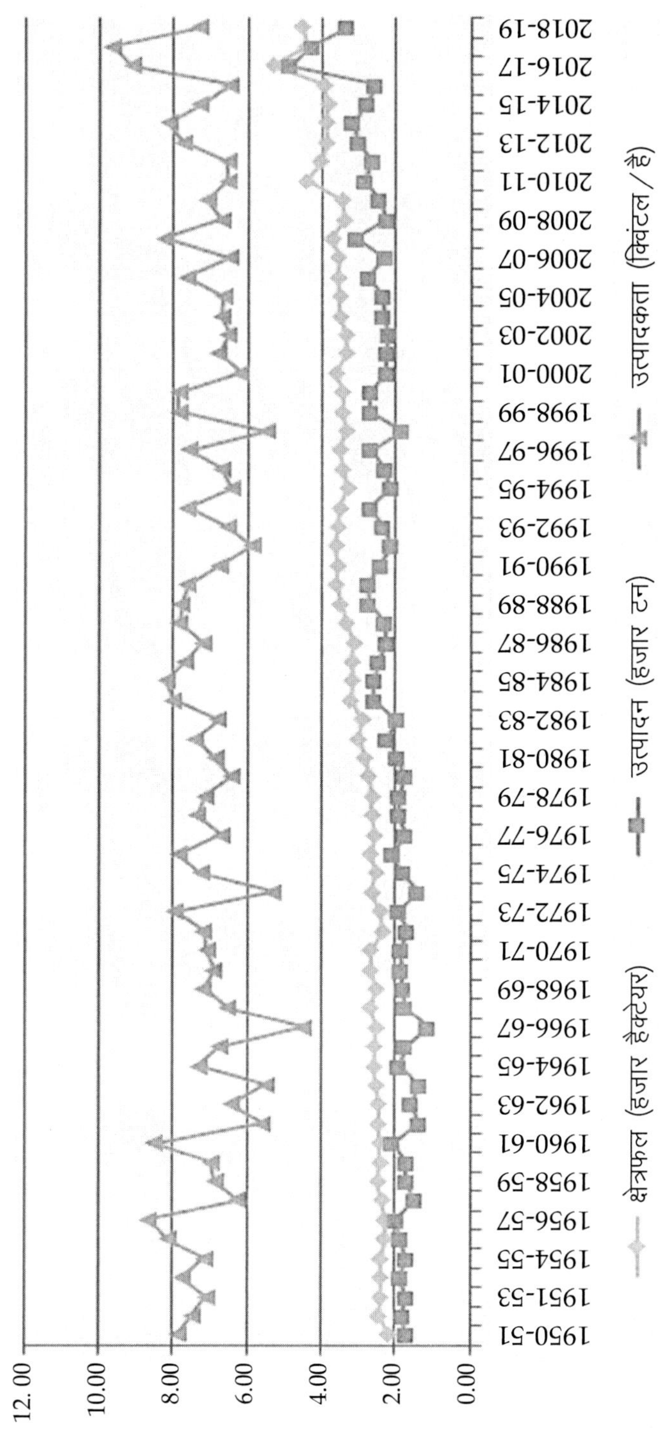

चित्र: भारत में विभिन्न वर्षों के दौरान क्षेत्रफल, उत्पादन एवं उत्पादकता

अरहर उत्पादन परिदृश्य

विश्व के कुल अरहर उत्पादन का लगभग 90 प्रतिशत उत्पादन भारत में होता है। देश में इसका कुल क्षेत्रफल 4.2 मिलियन हैक्टेयर है। इसका 80–90 प्रतिशत क्षेत्रफल वर्षा आधारित एवं अनुपयोगी मृदा, असमतल मृदा, खरपतवारग्रसित एवं मृदा कटाव क्षेत्रफल इत्यादि से सम्बन्धित है। वर्तमान समय में अरहर की उत्पादकता 780 कि.ग्रा./हैक्टेयर है। इसकी वास्तविक उपज क्षमता कम आवृत्ति की प्रजाति में 1500 से 1800 कि.ग्रा./है. व मध्यम से अधिक अवधि की प्रजाति के मध्य प्रदेश, महाराष्ट्र, गुजरात, कर्नाटक, आन्ध्र प्रदेश, बिहार, तमिलनाडु और उत्तर प्रदेश इत्यादि हैं।

सारणी 2: भारत में विभिन्न राज्यों में अरहर का क्षेत्रफल एवं उत्पादन (वर्ष 2018–19)

मुख्य राज्य	क्षेत्रफल	योगदान प्रतिशत	उत्पादन	योगदान प्रतिशत	उपज
महाराष्ट्र	12.77	29	9.48	27	743
कर्नाटक	9.93	22	6.67	19	671
मध्य प्रदेश	5.30	12	5.87	16	1108
गुजरात	2.63	6	3.08	9	1169
उत्तर प्रदेश	2.85	6	2.65	7	930
उपरोक्त योग	33.48	76 प्रतिशत	27.75	7	930
सम्पूर्ण भारत	44.29	–	35.69	–	806

स्रोतः दलहन विकास निदेशालय, भारत सरकार, भोपाल (क्षेत्रफलः लाख है., उत्पादनः लाख टन, उपजः कि.ग्रा./है.)

सारणी 3: परिपक्व अरहर के बीजों के विभिन्न भागों में कुछ आहारीय पोषकों का विवरण

अवयव	पूरा बीज	बीज पत्र	भ्रूण	बीज आवरण
बीज का भाग (प्रतिशत)	1.0	85.3	0.7	14.3
प्रोटीन (प्रतिशत)	20.5	22.2	49.6	4.9
लाइसीन	6.8	7.1	7.0	3.9
थिओनाइन	3.8	4.3	4.7	2.5
मैथिओनाइन	1.0	1.2	1.4	0.7
क्रिस्टाइल	1.2	1.3	1.4	–
कार्बोहाइड्रेट (प्रतिशत)	64.2	66.7	1.0	58.7
वसा (प्रतिशत)	3.8	4.4	13.5	0.3
रेशा (प्रतिशत)	5.0	0.4	1.4	31.9

राख (प्रतिशत)	4.2	4.2	6.0	3.5
कैल्शियम	296	176	400	917
लौह	6.7	6.1	13.0	9.5
थाइसिन	0.63	0.4	–	–
रिबोफ्लेविन	0.16	0.25	–	–
नियासिन	3.1	2.24	–	–

स्रोतः खेती 2015 जून

जलवायु

आर्द्र व शुष्क दोनों प्रकार के गर्म जलवायु के क्षेत्रों में अरहर को उगाया जा सकता है। शुष्क जलवायु के ऐसे क्षेत्र इसकी खेती के लिए उपयुक्त रहते हैं जहाँ पर सिंचाई सुविधा उपलब्ध हो। पौधों की वृद्धि एवं विकास के लिए नम जलवायु उपयुक्त रहती है। इसकी खेती के लिए 75 से 100 सें.मी. वार्षिक वर्षा वाले क्षेत्र उपयुक्त है। पौधों पर फूल आते समय व फलियाँ बनते समय तेज धूप की आवश्यकता होती है।

भूमि एवं उसकी तैयारीः अरहर के लिए बलुई दोमट भूमि जिसका पी.एच. मान 6.7 से 7.5 तथा जल निकास की व्यवस्था वाली भूमि सर्वोत्तम रहती है। इसकी खेती के लिए प्रथम दो जुताई डिस्क हैरो से करके पलेवा करना चाहिए। पलेवा के बाद हल्की नमी पर कल्टीवेटर से हल्की जुताई करना चाहिए।

उन्नतशील प्रजातियांः पूसा 2002, पूसा–2001, पूसा–991, पूसा–992, पूसा 16, पी.ए.यू. 861, पारस, यू.पी.ए.एस. 120, आजाद, अमर, बहार, नरेन्द्र अरहर–1 एवं 2, वी.एल.ए.1, प्रभात, ग्वालियर–3, प्रगति, मानक, सरिता, टा–21, पूसा–33, पूसा–855,

शीघ्र पकने वाली प्रजातियांः यू.पी.ए.एस. 120, पूसा 855, पूसा 33, पूसा अगेती, पूसा 991, पूसा 2001, पूसा 2002

मध्यम समय में पकने वाली प्रजातियांः टा. 21, जवाहर अरहर 4, आईसीपीएल 8711 (आशा), वीएसीएमआर 583

देर से पकने वाली प्रजातियांः बहार, पूसा 9, शरद माल 13, एनडीए 1 संकर प्रजातियांः पीपीएच 4, आईसीपीएच 8

रबी बुवाई के लिए उपयुक्त प्रजातियांः बहार, पूसा 9, शरद

सारणी 4: अनुमोदित प्रमुख प्रजातियों का विवरण

क्र.सं.	प्रजाति का नाम	अनुमोदित का वर्ष	अवधि (दिनों में)	औसत पैदावार	अनुमोदित क्षेत्र	अन्य विशेषताएं
1.	एमए–6	2002	248–267	20–23	मध्य एवं पूर्वी उत्तर प्रदेश	पछेती तथा फैलन की प्रवशति
2.	शलैक्शन–31	2002	100–110	12	कर्नाटक	सिंचित क्षेत्र
3.	वैशाली	2002	165–170	16–17	महाराष्ट्र	विल्ट तथा मोजेक प्रतिरोधी
4.	पूसा 991	2003	140–145	16–17	दिल्ली	विल्ट तथा मोजेक प्रतिरोधी, अम्लीय सहनशील
5.	पूसा 992	2004	140–145	16–17	हरियाणा, दिल्ली, यूपी, राजस्थान	विल्ट तथा मोजेक प्रतिरोधी, अरहर–गेहूँ फसल चक्र हेतु उपयुक्त
6.	जीटी 101	2004	135–140	13	गुजरात	विल्ट तथा मोजेक प्रतिरोधी
7.	मालवीय चमत्कार	2005	236–271	27–29	यूपी तथा प.बंगाल	विल्ट तथा मोजेक प्रतिरोधी
8.	पूसा 2001	2006	140–143	18–19	दिल्ली	अम्लीय सहनशील
9.	पूसा 2002	2008	110–150	17	दिल्ली	सूखा प्रतिरोधी
10.	वीएल अरहर 1	2006	150	19	उत्तराखण्ड	विल्ट तथा सड़न प्रतिरोधी
11.	सीओजी 9701	2006	120–130	11	तमिलनाडु, कर्नाटक, ओडिशा	विल्ट तथा मोजेक, फली छेदक प्रतिरोधी
12.	टीटी 401	2007	138–156	16	म.प्र.,महाराष्ट्र, गुजरात	फली छेदक एवं विल्ट प्रतिरोधी
13.	लाम 41	2007	150–170	12	आन्ध्र प्र.	फली छेदक प्रतिरोधी
14.	विपुला	2007	145–160	16	महाराष्ट्र	विल्ट एवं मोजेक प्रतिरोधी
15.	जीटीएच 1	2007	135–145	18	गुजरात	मोजेक प्रतिरोधी
16.	जवाहर	2007	116–124	21	म.प्र.	विल्ट, मोजेक, झुलसा प्रतिरोधी
17.	अनमोल बीडीएल 708	2007	160–165	15	महाराष्ट्र	विल्ट तथा मोजेक प्रतिरोधी

18.	एनडीए 2	2008	240—260	25—28	उ.प्र., बिहार, प. बंगाल, असम	मोजेक तथा फली छेदक प्रतिरोधी
19.	पीएयू 1 (एएल 1507)	2008	132	16—18	पंजाब, हरियाणा, उ.प्र., झारखंड	दाने का रंग पीलापन लिए हुए
20.	अरहर 291(पीए 291)	2008	140—150	17	उत्तराखंड	झुलसा व फली छेदक प्रतिरोधी
21.	सूर्या	2009	160—180	20—22	आ.प्र.	स्टेम कैंकर व विल्ट प्रतिरोधी
22.	बीआरजी—2	2009	170—185	12—16	दक्षिण क्षेत्र	विल्ट, मोजेक प्रतिरोधी
23.	टीजेटी 501	2009	135—183	18	मध्य प्रदेश	फली छेदक प्रतिरोधी
24.	टीएस 3 आर	2011	150—160	11—17	कर्नाटक	विल्ट प्रतिरोधी
25.	बीडी एन—711	2012	150—160	25—23	महाराष्ट्र	विल्ट तथा मोजेक प्रतिरोधी
26.	आनंद ग्रेन तूर 2	2012	175—180	16	गुजरात	रोग प्रतिरोधी
27.	राजेश्वर	2013	135—150	18—20	गुजरात, पंजाब, राजस्थान, उ.प्र., उत्तराखंड, दिल्ली	विल्ट तथा मोजेक प्रतिरोधी, फली छेदक प्रतिरोधी,
28.	विश्वरा	2013	165	16—17	आ.प्र.	विल्ट प्रतिरोधी
29.	पीर तारा	2013	170—180	20—21	महाराष्ट्र	विल्ट तथा मोजेक प्रतिरोधी
30.	बीआर 4	2014	140—150	12—14	कर्नाटक	समय पर तथा देर से बुवाई के उपयुक्त
31.	आइसीएच 2671	2014	180—184	26—30		विल्ट तथा मोजेक प्रतिरोधी
32.	उज्ज्वला पीआरजी	176	2016	130	25	तेलंगाना सूखा प्रतिरोधी,
33.	मानसकोंच कैंडी	2016	180—190	35	तेलंगाना	विल्ट तथा मोजेक प्रतिरोधी
34.	बीआरओ 5	2016	175—180	35	तेलंगाना	विल्ट तथा मोजेक प्रतिरोधी
35.	जीटी 10	2016	160—170	18—21	गुजरात	विल्ट तथा मोजेक प्रतिरोधी
36.	अमरावती	2017	150	20—30	आ.प्र.	विल्ट मोजेक तथा फली छेदक प्रतिरोधी

पूसा संस्थान द्वारा विकसित अरहर की नयी प्रजाति

चित्रः पूसा–16 किस्म

पूसा–16 (2018): क्षेत्रः राष्ट्रीय राजधानी क्षेत्र, दिल्ली, मौसमः खरीफ, उत्पादन परिस्थितिः सिंचित औसत उपज 19.8 क्विंटल/है., परिपक्वता अवधिः 120 दिन, प्रमुख विशेषताएंः अति अगेती परिपक्वता वाली किस्म जिसकी कटाई के उपरान्त सरसों, गेहूँ तथा आलू की फसल ली जा सकती है, आसान छिड़काव तथा उच्च घनत्व वाली रोपाई के लिए उपयुक्त किस्म।

भूमि एवं खेत की तैयारीः अच्छे जलनिकास व उच्च उर्वरता वाली दोमट भूमि सर्वोत्तम रहती है जिसका पी.एच. मान 6 से 8 हो तथा उत्तम जल धारण ठीक है। खेत में पानी का ठहराव फसल को भारी हानि पहुँचाता है। अरहर हेतु खेत तैयारी हेतु दो जुताई हैरो से करके पलेवा करना चाहिए। पलेवा के बाद कल्टीवेटर से दो जुताई करके पाटा लगा दें।

बुवाई का समयः इसकी बुवाई 25 मई से 10 जून तक करना लाभदायक होता है। सिंचाई की सुविधा उपलब्ध हो तो मई–जून माह में बुवाई कर देनी चाहिए। असिंचित अवस्था में जुलाई के प्रथम सप्ताह तक बुवाई करनी चाहिए।

बीज दर एवं अंतरणः 10 से 12 कि.ग्रा. प्रति हैक्टेयर तथा पंक्ति से पंक्ति की दूरी प्रजाति के आधार पर 45 से 75 सें.मी. और पौधे से पौधे की दूरी 20 से 30 सें.मी. रखते हैं।

पौधों की संख्याः अरहर में 8 से 12 पौधे/वर्ग मीटर

बीज एवं बीजोपचार

बीजोत्पादन के लिए 15 कि.ग्रा. बीज प्रति हैक्टेयर पर्याप्त है। बुवाई से पूर्व बीज को राइजोबियम कल्चर की 2 ग्रा. मात्रा प्रति कि.ग्रा. की दर से बाविस्टीन या कैप्टान या थीरम से उपचारित करना चाहिए। कवकजनित रोगों से बचाव हेतु बीजों को जैविक कवकनाशी ट्राइकोडर्मा की 5 ग्राम प्रति कि.ग्रा. बीज की दर से उपचारित करते हैं। इसके अतिरिक्त राइजोबियम जीवाणु से बीजोपचार करने पर अरहर की उपज में वृद्धि देखी गई है।

चित्रः अरहर में फसल अवशेष का प्रयोग

अन्तरणः लाइन से लाइन की दूरी 45 सें.मी. तथा पौधे से पौधे की दूरी 15 सें.मी. होनी चाहिए।

फसल चक्रः अरहर की शीघ्र पकने वाली किस्में, जो 130 से 160 दिनों में पक जाती हैं, उनके विकास से अरहर के बाद रबी की फसल की बुवाई संभव हुई है। इन किस्मों की बुवाई जून के प्रथम सप्ताह में की जाती है और दिसम्बर के प्रथम सप्ताह तक फसल की कटाई कर ली जाती है। अरहर के बाद बहुत से फसल चक्र अपनाए जाते हैं, जैसेः

1. अरहर+मक्का/बाजरा/ज्वार/उड़द/मूँग आदि
2. अरहर–गेहूँ
3. अरहर–गेहूँ–मूँग
4. मूँग+अरहर–गेहूँ
5. अरहर–आलू–गेहूँ

खाद एवं उर्वरकः दलहनी फसल होने के कारण अरहर को नत्रजन की कम मात्रा की आवश्यकता होती है क्योंकि ये फसलें अपनी जड़ों में पाई जाने वाली ग्रन्थियों से इसकी मात्रा को पूरी कर लेती हैं परन्तु अरहर के लिए 20 कि.ग्रा. नत्रजन एवं 50 कि.ग्रा. फॉस्फोरस प्रति हैक्टेयर अवश्यक होता है। जिन क्षेत्रों में जिंक एवं पोटाश की कमी होती है, वहाँ पोटाश प्रति हैक्टेयर की दर से पूरी मात्रा बुवाई के समय फसल में प्रयोग करना लाभदायक रहता है।

सिंचाई एवं जल निकासः जून के प्रथम पखवाड़े में बोई गई फसल में वर्षा आरम्भ होने से पहले आवश्यकतानुसार एक–दो सिंचाई देनी चाहिए। प्रथम सिंचाई बुवाई के 30 से 35 दिन बाद तथा दूसरी सिंचाइ फूल आने की प्रारम्भिक अवस्था में करने से पैदावार में वृद्धि होती है। जहाँ पानी एकत्र होने की समस्या हो, जल निकास का समुचित प्रबंधन करना चाहिए। जहाँ पर संभव हो, अरहर को मेड़ों पर उगाना चाहिए।

खरपतवार नियंत्रणः बुवाई के तुरन्त बाद पेन्डीमेथिलीन (स्टाम्प) दवा की 3 लीटर मात्रा को 600 लीटर पानी में घोलकर प्रति हैक्टेयर की दर से छिड़काव

करना चाहिए अथवा बुवाई से पहले फ्लूक्लोरिन दवा की 2.0 कि.ग्रा. मात्रा का छिड़काव करके मृदा में मिलायें, इससे भी मुख्य खरपतवारों से फसल को बचाया जा सकता है। बुवाई के 25 से 30 दिनों बाद एक निराई करना उचित है।

अरहर में समेकित कीट एवं रोग नियंत्रण

प्रमुख कीट जैसे:

1. **फली छेदक (हेलिकोवर्पा आर्मीजेरा):** इस कीट की सूंड़ी फूल आने से लेकर फसल पकने तक सक्रिय रहती है तथा फूलों, कलियों तथा फलियों का खाकर अत्यधिक नुकसान पहुँचाती है। अरहर में इस सूंड़ी की मादा वयस्क प्रायः फूलों की कलियों पर अंडे देती है। यदि प्रति पौधा 3 अंडे या 1 छोटी सूंड़ी दिखाई पड़े तो नियंत्रण के उपाय प्रारम्भ कर देने चाहिए।
2. **फली बेधक:** जैसे पिंच्छकी पतंगा (फ्लम मौथ) तथा अन्य फली बेधक (मारूका टैस्टूलैलिस भी अरहर की फसल पर आक्रमण करते हैं। युवा कीट पत्तियों को खाते हैं और बाद में फली बनने पर उनमें छेद करके बीज खाते हैं।
3. **फली मक्खी:** इस कीट के मैगट फली के अंदर दानों को खाकर बढ़ते हैं। फली के अंदर रहने के कारण बढ़ते हैं। इस कीट के प्रौढ़ तथा निम्फ पत्तियों, कलियों, फूलों तथा फलियों का रस चूसते हैं जिससे फलियां सिकुड़ जाती हैं और सही तरीके से नहीं बन पाती हैं।
4. **फफोला भभंग (ब्लीस्टर बीटल):** यह कीट कलियों, फूलों तथा नवोदित फलियों को खा जाता है, संख्या बढ़ने पर काफी हानि पहुँच सकता है।
5. **पत्ती एवं प्ररोह मोड़क (लीफ माइनर):** इस कीट की सूंड़ियां पत्ती की ऊपरी त्वचा को खुरच कर खाती हैं, उसके बाद पत्तियों को मोड़कर अंदर रहकर खाती हैं। पौधे की निचली सतह की पत्तियों पर इसका सर्वाधिक प्रभाव होता है।
6. **ढोरा भभंग:** अरहर की फसल पकने के बाद यह कीड़ा विनाशकारी रूप में आता है। इसकी गिडार व भृंग से प्रभावित दाने खाने व बुवाई के अयोग्य हो जाते हैं।

समेकित कीट नियंत्रण

1. एक हैक्टेयर में 5 'फेरोमोन ट्रैप' समान दूरी पर लगाने चाहिए। यदि एक दिन में 4 से 5 पतंगे एक फेरोमोन ट्रैप में फंस जायें तो ये आने वाले दिनों

में सूंड़ी के फसल पर प्रकोप की चेतावनी है। इस ट्रैप में मादा पतंगों की जिस विशेष गंध की रबर लगाई जाती है, वह 20 दिन बाद बदल देनी चाहिए।

2. आर्थिक हानि स्तर की अवस्था में पहुँचने पर सर्वप्रथम जैविक कीटनाशी 'न्यूक्लियर पालीहेड्रोसिस वायरस' या एच.एन.पी.वी. का फसल पर छिड़काव करना चाहिए, जैसा कि इसके नाम से स्पष्ट है। यह सर्दियों में विषाणु रोग फैलाता है जिससे वे पीली पड़कर मर जाती है। यह घोल 500 मि.ली. प्रति हैक्टेयर की दर से छिड़कना चाहिए।
3. नीम की निम्बौली का अर्क भी सूंड़ियों के नियंत्रण में लाभकारी है। अर्क बनाने के लिए 25 कि.ग्रा. निम्बौली सुखाकर व पीस कर उसको रातभर 50 ली. पानी में भिगोकर, महीन कपड़े में छान कर इसका अर्क तैयार हो जाता है। इसमें एक कि.ग्रा. निरमा या साबुन का पाउडर मिलायें। इसका लगभग 500 ली. पानी में मिलाकर प्रति हैक्टेयर की दर से छिड़काव करें।
4. फली बेधक कीट के नियंत्रण हेतु फेनवेलरेट 20 ई.सी. का 750 मि.ली. का घोल बनाकर स्प्रे करें। अरहर की फल मक्खी एवं पत्ती लपेटक कीट की रोकथाम फूल आने पर मोनोक्रोटोफास 36 ई.सी. की 800 मि.ली. दवा को 600 लीटर पानी में मिलाकर स्प्रे करें।
5. फसल पर लीफ माइनर के नियंत्रण हेतु क्यूनलफास 0.05 प्रतिशत (2.5 मि. ली./ली. पानी में) का छिड़काव करना चाहिए।
6. ढोरा भृंग के नियंत्रण हेतु भंडारण में सेल्फास (एल्यूमीनियम फास्फाइड) नामक गोली से दो महीने में एक बार प्रशिक्षित व्यक्ति द्वारा 'धूमित (फ्यूमिगेट) करवायें।

रोग नियंत्रण

1. उक्ठा रोग/ग्लानि रोग (विल्ट)

अरहर की फसल जब 5 से 6 सप्ताह की होती है, तब प्रायः विल्ट के लक्षण दिखाई देने प्रारम्भ होते हैं। पौधे की पत्तियां पीली पड़ जाती हैं तथा पौधें मुरझा कर सूख जाते हैं। रोगी पौधों का निचला भाग तथा संवहन ऊतक काले पड़ जाते हैं। जड़ों तथा तनों को लम्बाई में चीरने पर 3 से 30 सें.मी. तक काली देखी जा सकती हैं। ऐसे खेतों में जहाँ पानी जमा हो जाता है, इसका प्रकोप अधिक होता है। इस रोग से फसल को बचाने के लिए–रोधी प्रजातियों को उगाना चाहिए। रोग

ग्रस्त पौधों को उखाड़कर जला देना चाहिए। इसके अतिरिक्त उक्ठा रोग के नियंत्रण हेतु थीरम एवं कार्बेन्डाजिम को 2:1 अनुपात में मिलाकर 3 ग्राम प्रति कि. ग्रा. बीज की दर से उपचारित करना चाहिए अथवा ट्राईकोडर्मा 4 ग्रा. तथा 1 ग्रा. कारबाक्सीन बीज को उपचारित कर सकते हैं। सूत्रकृमि के नियंत्रण हेतु गर्मी में गहरी जुताई करें एवं 50 कि.ग्रा. निम्बौली 5 प्रतिशत प्रति हैक्टेयर की दर से स्प्रे प्रयोग करें।

2. तना विगलन (फाइटोफथोरा ब्लाइट)

रोगी पौधों के तने पर भूमि की सतह के पास या उससे कुछ ऊपर भूरे रंग के धब्बे बन जाते हैं, पौधों की जड़ों तथा ऊपरी तना स्वस्थ रहता है। जहाँ इस रोग का प्रकोप अधिक होता है, वहाँ बीज को मेटालेक्सिल की 6 ग्रा./कि.ग्रा. मात्रा से उपचारित कर बोना चाहिए। मेड़ों पर बुवाई भी रोग से फसल को बचाने में सहायक सिद्ध होती है।

3. बन्धयता मोजेक (स्टरलिटी मोजेक)

इस रोग से ग्रस्त पौधों की पत्तियां आकार में छोटी हो जाती हैं, उन पर अनियमित आकार के हल्के हरे रंग के धब्बे पड़ जाते हैं, रोगी पौधों पर फूल व फली नहीं लगती, प्रायः पौधों की कुछ शाखाएं संक्रमित तथा शेष स्वस्थ रहती हैं। इस रोग का वाहक इरीओफाइड माइट है जिसकी कीटनाशी जैसे मेटासिस्टाक्स द्वारा रोकथाम करनी चाहिए।

4. सर्कोस्पोरा पर्ण चित्तियां

रोग की रोकथाम हो सके, उसके लिए एक ही खेत में लगातार अरहर नहीं बोनी चाहिए तथा खेत को खरपतवारों से मुक्त रखना चाहिए। इसकी रोकथाम के लिए जिनेब जैसे कवकनाशी (0.3 प्रतिशत) से 10 दिन के अंतर पर आवश्यकतानुसार 2 से 3 तीन स्प्रे करने चाहिए।

कटाई एवं गहाईः अगेती किस्मों की नवम्बर–दिसम्बर में व देर से पकने वाली किस्मों की कटाई मार्च–अप्रैल में की जाती है। कटाई के बाद फसल को एक सप्ताह तक खेत में ही सूखने देते हैं। गहाई के लिए पुलमैन थ्रेसर का उपयोग कर सकते हैं।

उपजः 15–20 क्विंटल/है. प्राप्त हो जाती है।

भण्डारण: दानों को अच्छी प्रकार सुखाकर जब उनमें नमी की मात्रा 10 से 12 प्रतिशत रह जाये तो इसे भण्डार गृह में रख देते हैं।

अरहर उत्पादन बढ़ाने की भावी रणनीति

1. अरहर उत्पादन बढ़ाने हेतु कुछ नियम बनाने चाहिए जैसे, रिमोट आधारित फसल गणना, मूल्य निर्धारण सम्बन्धी नियम, वित्तीय लोन, बीज उत्पादकों को प्रोत्साहन, समर्थन मूल्य आधारित उत्पादन का क्रय, अरहर बोर्ड की स्थापना आदि की जाये।
2. मशीनीकृत खेती में बुवाई की मशीन, मेड़ पर बुवाई मशीन, छिड़काव यंत्र, टपक सिंचन, थ्रेशर और दाल मिल के छोटे संयंत्र को वरीयता दी जानी चाहिए।
3. बीज को कवकनाशी कार्बेन्डाजिम एक ग्राम सक्रिय तत्व 1 कि.ग्रा. बीज से उपचारित कर आकर्षक थैलियों में पैककर समय पर उपलब्ध कराएं।
4. जमीनी स्तर पर एकीकृत कीट–व्याधि प्रबंधन प्रारूप क्षेत्रवार विकसित किया जाना चाहिए।
5. अरहर के मुख्य उत्पादक राज्यों में न्यूक्लियर पॉलीहेड्रोसिस वायरस उत्पादन हेतु जैव नियंत्रण प्रयोगशाला का निर्माण किया जाये।
6. जैव कीट व्याधिनाशकों की उपलब्धता बढ़ाना और अरहर की उत्पादन तकनीकी से किसानों को प्रशिक्षित कर प्रेरित करना।
7. किसानों को ग्रीष्म ऋतु के मौसम में नीम के बीजों को एकत्रित कर एजाडिरेक्टिन जैविक कीटनाशक बनाने हेतु प्रेरित करना।
8. बेड व नाली अथवा चौड़ी क्यारियों पर बुवाई एवं नाली में सिंचाई पद्धति में बेड प्लान्टर से बुवाई करनी चाहिए।
9. फली छेदक कीटों की प्रजातियों की पहचान कर नियंत्रण करना।
10. अरहर का उत्पादन बढ़ाने हेतु उन कारकों का प्रयोग कम होता है।
11. अरहर के साथ हल्दी की मिश्रित खेती करना अधिक लाभकारी रहता है।

❑❑❑

अध्याय–9

मूँग की वैज्ञानिक खेती

भूमिका

चित्र: पूसा–9531 किस्म

मूँग भारत में उगायी जाने वाली प्राचीनतम एवं कम समय में पकने वाली महत्वपूर्ण दलहनी फसल है। मूँग दाल को हरी दाल भी कहा जाता है। भारत में चना एवं अरहर के बाद मूँग तीसरी महत्वपूर्ण दलहनी फसल है। इसके खेती भारत में मुख्यतः मध्य प्रदेश, महाराष्ट्र, गुजरात, आन्ध्र प्रदेश, पंजाब, राजस्थान एवं उत्तर प्रदेश में की जाती है। उत्तर भारत में इसे ग्रीष्म एवं वर्षा ऋतु में उगाते हैं, जबकि दक्षिण भारत में रबी में भी उगाते हैं। इसको अंग्रेजी में ग्रीन ग्राम कहा जाता है। मूँग का दलहनी फसलों का हरा सोना भी कहते हैं। दलहनी फसलों में यह सबसे अच्छी हरी खाद है। इसके दानों में 23 से 25 प्रतिशत प्रोटीन एवं 60 प्रतिशत कार्बोहाइड्रेट व 1.3 प्रतिशत वसा होती है। इस फसल में वातावरणीय नाइट्रोजन को पौधों द्वारा ग्रहण करने योग्य बनाने की अद्भुत क्षमता होती है, जिससे पौधों को कम उर्वरक की आवश्यकता पड़ती है, इससे उत्पादन लागत कम हो जाती है। मूँग को अंकुरित करके या पकाकर खाने से पेट में भारीपन उत्पन्न नहीं होता है। एक कि.ग्रा. शुष्क मूँग से लगभग 8 से 10 कि.ग्रा. अंकुरित दानों की प्राप्ति होती है। अंकुरण के दौरान मूँग के पोषक तत्वों जैसे, प्रोटीन, खनिज लवण व विटामिन में शुष्क मूँग की तुलना में अप्रत्याशित रूप से वृद्धि और कार्बोहाइड्रेट्स तथा फूड ऊर्जा में ह्रास होता है (सारणी 1)। मूँग दाल रेशा और प्रोटीन का एक अच्छा स्रोत है, इसके सेवन से भूख नियामक (हंगर हार्मोन) प्रभावित होता है, जो भूख को नियंत्रित करता है। मूँग दाल का सेवन विशेष रूप से सूप और स्प्राउट के रूप में किया जा सकता है। मूँग दाल को स्प्राउट के तौर पर लेने से उसकी पौष्टिकता बढ़ जाती है। यह रेशा से तो भरपूर होते ही हैं, साथ ही सम्पूर्ण प्रोटीन हैं। वहीं डॉक्टर भी इसके सेवन का सुझाव देते हैं। मूँग साबुत छिलके के साथ, बिना छिलके के, अंकुरित कच्चा,

भिगोकर या उबालकर खाया जा सकता है। मूँग का प्रयोग सलाद, सूप, सब्जी और जैली और पारदर्शी नूडल्स बनाये जाते हैं। मूँग की दाल से दही–बड़े, हलवा, लड्डू, खिचड़ी, नमकीन, कचौड़ी, पकौड़े, चीला, समोसे, सलाद, चाट, सब्जी, खीर, सूप, सेंडविच, स्टर फ्रॉय, पेन केक, डोसा, स्प्रिंग रोल, मूँग–उड़द, वड़ा इत्यादि बनाए जाते हैं। यह आसानी से पचने के कारण बीमार होने पर चिकित्सक मूँग की खिचड़ी या मूँग की दाल खाने का सुझाव देते हैं।

सारणी 1: मूँग के 100 ग्राम बीज के शुष्क व अंकुरित दानों का पौष्टिक संघटक

पौष्टिक संघटक	मात्रक (यूनिट)	शुष्क बीज	अंकुरित बीज
फूड ऊर्जा	कैलोरी	385	313
कार्बोहाइड्रेट्स	ग्राम	67.5	58.8
प्रोटीन	ग्राम	27.1	33.8
वसा	ग्राम	1.5	1.8
	खनिज		
कैल्शियम	मि.ग्रा.	132	169
फॉस्फोरस	मि.ग्रा.	380	570
पोटैशियम	मि.ग्रा.	1150	1990
आयरन	मि.ग्रा.	8.6	11.6
सोडियम	मि.ग्रा.	6.7	45.2
	विटामिन		
ए	आई.यू.	89	177
थायमिन	मि.ग्रा.	0.42	1.2
राईबोफ्लेबिन	मि.ग्रा.	0.23	1.2
नायसिन	मि.ग्रा.	2.9	7.1
एस्कार्बिक अम्ल	मि.ग्रा.	6	169

स्रोतः एडम (1975), यू.एस.डी.ए. एग्रीकल्चर हैंड बुक

सारणी 2: वर्ष 1965–66 से 2018–19 तक भारत में मूँग का क्षेत्रफल, उत्पादन व उत्पादकता

वर्ष	क्षेत्रफल (हजार हैक्टेयर)	उत्पादन (हजार टन)	उत्पादकता (कि.ग्रा./है.)
1965-66	1.83	0.53	288
1966-67	1.87	0.50	269
1967-68	1.98	0.59	297
1968-69	1.98	0.52	264
1969-70	1.67	0.40	237
1970-71	2.07	0.70	339
1971-72	1.84	0.56	306
1972-73	1.96	0.52	267
1973-74	2.38	0.80	334
1974-75	2.29	0.65	284
1975-76	2.52	0.80	317
1976-77	2.40	0.80	331
1977-78	2.44	0.87	357
1978-79	2.55	0.88	344
1979-80	2.59	0.70	269
1980-81	2.84	0.98	344
1981-82	2.85	1.06	372
1982-83	2.63	1.06	403
1983-84	3.06	1.37	447
1984-85	2.84	1.05	371
1985-86	3.00	1.18	392
1986-87	3.06	1.08	352
1987-88	2.95	1.21	411
1988-89	3.29	1.42	432
1989-90	3.35	1.32	393
1990-91	3.36	1.38	413
1991-92	3.49	1.28	368
1992-93	2.99	1.41	471
1993-94	2.94	1.23	419
1994-95	2.90	1.07	369
1995-96	2.71	0.82	303

1996-97	3.06	1.32	430
1997-98	3.02	0.95	316
1998-99	3.05	1.16	380
1999-00	2.91	1.07	371
2000-01	3.01	1.03	340
2001-02	3.09	1.11	360
2002-03	3.01	0.87	288
2003-04	3.55	1.71	475
2004-05	3.34	1.06	317
2005-06	3.11	0.95	304
2006-07	3.19	1.12	349
2007-08	3.73	1.52	409
2008-09	2.84	1.03	364
2009-10	3.07	0.69	225
2010-11	3.55	1.80	516
2011-12	3.43	1.63	481
2012-13	2.75	1.19	436
2013-14	3.38	1.61	475
2014-15	3.02	1.50	498
2015-16	3.83	1.59	416
2016-17	4.33	2.17	500
2017-18	4.24	2.02	477
2018-19	4.76	2.46	516

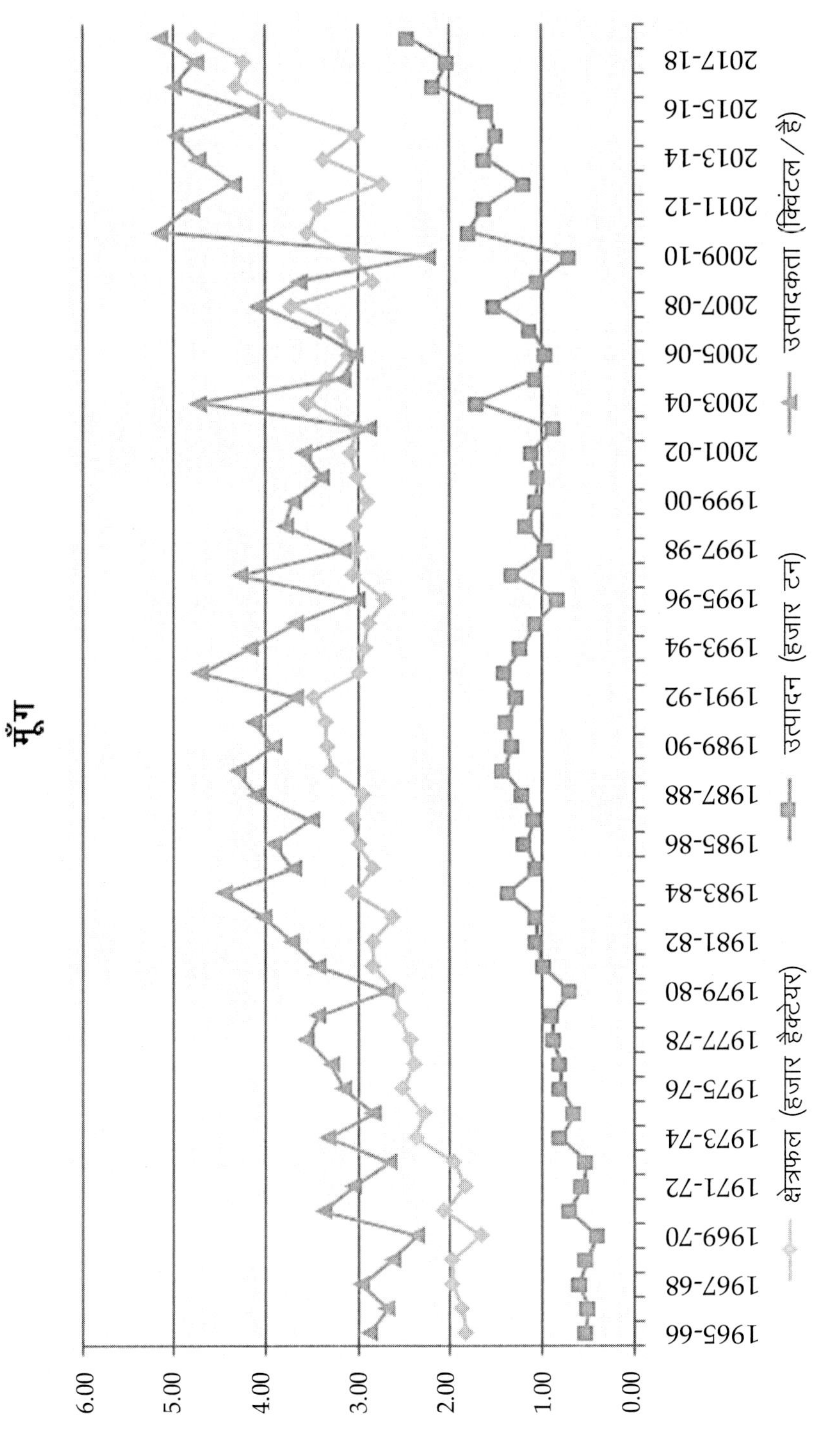

चित्र: भारत में मूँग का क्षेत्र, उत्पादन एवं उत्पादकता

जलवायु एवं मृदा

मूँग सभी मौसम में उगाई जाने वाली मुख्य दलहनी फसल है। इसे उत्तर भारत में वर्षा ऋतु (खरीफ) तथा ग्रीष्म ऋतु (जायद) में, जबकि दक्षिणी भारत में इसे रबी मौसम में उगाते हैं। लेकिन अधिकांश किसानों को जायद मूँग की खेती के बारे में पर्याप्त जानकारी नहीं होने के कारण जायद ऋतु में इसकी खेती कम की जाती है। मूँग के लिए शुष्क एवं गर्म जलवायु चाहिए। अच्छे अंकुरण एवं समुचित बढ़वार के लिए क्रमशः 25 एवं 20–40 डिग्री सेल्सियस तापमान उपयुक्त होता है। इसकी खेती के लिए दोमट मृदा उपयुक्त होती है। इसकी खेती मटियार और बलुई दोमट मृदा में भी की जा सकती है लेकिन उसमें उत्तम जल–निकास का होना अवश्यक है। खेत पहली जुताई मिट्टी पलटने वाले हल या डिस्क हैरो चलाकर करनी चाहिए तथा फिर एक क्रॉस जुताई हैरो से एवं एक जुताई कल्टीवेटर से करने के पश्चात् पाटा लगाकर भूमि को समतल कर देना चाहिए।

मूँग की सस्य क्रियाएं

भारत में मूँग की खेती वर्ष में तीन ऋतुओं में विभिन्न राज्यों में की जाती है, जैसे:

1. **खरीफ (जुलाई से अक्टूबर):** इस मुख्य फसल की खेती, देश के उत्तरी व मध्य भारत में विस्तृत रूप से की जाती है परन्तु इस ऋतु में वायुमंडल में अधिक नमी व वर्षा के कारण बीज की गुणवत्ता अच्छी नहीं रहती है।
2. **रबी (दिसम्बर से फरवरी):** केवल दक्षिण–पूर्वी समुद्र तटीय राज्यों में प्रायः धान, मक्का, ज्वार व कपास की कटाई के बाद उगाई जाती है।
3. **ग्रीष्म (मार्च से जून):** उत्तरी व उत्तरी–पूर्वी मैदानी क्षेत्रों के सिंचाई की उपलब्धता वाले राज्यों में ग्रीष्मकालीन मूँग की खेती काफी प्रचलित एवं लाभप्रद है। इस ऋतु की सफल फसल प्रणालियों जैसे, धान–गेहूँ–मूँग, धान–आलू–मूँग, मक्का–गेहूँ–मूँग की फसल से अच्छी गुणवत्ता वाले स्वस्थ बीज प्राप्त होने के साथ ही, ग्रीष्म ऋतु में मृदा का वायु क्षरण भी कम होता है और खरीफ में धान व मक्का की फसल के लिए एक तिहाई नत्रजन की पूर्ति भी होती है।

उन्नतशील प्रजातियां: पूसा 1371, पूसा 672, पूसा रत्ना, पूसा 9531, पूसा विशाल, पूसा 1371, पन्त मूँग–1, पन्त मूँग–2, पन्त मूँग–3, 4, 5, 6, नरेन्द्र मूँग 1,

सम्राट, आशा, टा.–44, पूसा वैशाखी, हाइब्रिड–5 (जवाहर 45), वर्षा, मोहनी, शीला, टा.51, जलगांव–781,

मूँग (बसंत/ग्रीष्म) की किस्में: पूसा वैशाखी, पूसा विशाल, पूसा 672, सम्राट, मेहा, मालवीय जनकल्याणी, आई.पी.एल. 02–3, विराट, एच.यू.एम. 6, 2, 12, एस.एम.एल. 137, पूसा 9531, एच.एम.यू. 1, पूसा 9072, टा.–44

सारणी 3: भारतीय कृषि अनुसंधान संस्थान द्वारा विकसित मूँग किस्में तथा उत्पादन प्रौद्योगिकी

क्र.सं.	प्रजाति	वर्ष	औसत उपज (किग्रा./हे.)	उपयुक्ता
1.	पूसा विशाल	2001	1100–1200	उत्तर–पश्चिमी मैदानी क्षेत्र (वसंत ऋतु)
2.	पूसा –9531	2001	1100–1200	उत्तर–पश्चिमी मैदानी व मध्य क्षेत्र (वसंत व ग्रीष्म ऋतु)
3.	पूसा रत्ना	2005	1100–1200	राष्ट्रीय राजधानी क्षेत्र (खरीफ)
4.	पूसा–0672	2010	1000–1100	उत्तर पर्वतीय क्षेत्र (खरीफ)
5.	पूसा–1371	2017	900–1321	उत्तर पर्वतीय क्षेत्र (खरीफ)
6.	पूसा–1431	2018	1250–1350	राष्ट्रीय राजधानी क्षेत्र (खरीफ)

सारणी 4: मूँग की संस्तुत किस्में

क्र. स.	प्रजाति	संस्तुत क्षेत्र	पकने की अवधि (दिनों में)	औसत उपज (क्विं./है.)	रोगरोधिता	अन्य गुण
1.	पूसा 9531	मध्य क्षेत्र	60	11–12	पीली चितेरी रोग के प्रतिरोधी	ग्रीष्म ऋतु में उपयुक्त
2.	पूसा विशाल	उत्तर–पश्चिमी मैदानी क्षेत्र	62	11–12	''	इसका दाना बड़ा होता है
3.	गंगा 8	उत्तर–पश्चिमी मैदानी क्षेत्र	72	9.2	''	खरीफ में
4.	ओ.यू.एम.11–5	दक्षिणी क्षेत्र	62	7.3	''	''
5.	एच.यू.एम. 2	उत्तर प्रदेश एवं उत्तराखण्ड	67	10.5	''	जायद एवं ग्रीष्म में
6.	एच.यू.एम. 6	उत्तर प्रदेश	68	10.0	''	जायद में

7.	एच.यू.एम. 12	उत्तर–पूर्वी मैदानी क्षेत्र	62	11.2	''	ग्रीष्म में
8.	मेहा	उत्तर–पूर्वी मैदानी क्षेत्र	66	9.8	''	जायद में
9.	टी.एम.बी. 37	उत्तर–पूर्वी मैदानी क्षेत्र	65	11.0	''	ग्रीष्म में
10.	सी.ओ.जी.जी. 912	दक्षिणी क्षेत्र	62	8.0	''	खरीफ में
11.	एच.यू.एम. 16	उत्तर–पूर्वी मैदानी क्षेत्र	58	10.9	''	ग्रीष्म में
12.	एच.एम. 2–15	उत्तर–पश्चिमी मैदानी क्षेत्र	67	10.5	''	खरीफ में
13.	पन्त मूँग 6	उत्तर पर्वतीय क्षेत्र	96	10.5	''	''
14.	के.एम. 2241	उत्तर पर्वतीय क्षेत्र	70	11.0	''	''
15.	आई.पी.एम. 02–03	उत्तर–पश्चिमी मैदानी क्षेत्र	68	11.0	''	खरीफ एवं जायद में, बड़ा दाना
16.	पी.के.वी.ऐ.के. एम. 4	मध्य एवं दक्षिणी क्षेत्र	66	10.0	''	खरीफ में
17.	पूसा 0672	उत्तर पर्वतीय क्षेत्र	64	10–11	''	''
18.	आई.पी.एम. 02–14	दक्षिणी क्षेत्र	65	11.0	''	जायद एवं ग्रीष्म में
19.	डी.जी.जी.वी. 2	कर्नाटक	75	14.0	चुर्णिल आसिता मध्यम प्रतिरोधी	खरीफ में
20.	एम.एच. 421	उत्तर–पश्चिमी मैदानी क्षेत्र	60	10.0–12.0	पीली चितेरीरोग के प्रतिरोधी	जायद एवं ग्रीष्म में
21.	पूसा 1371	उत्तर पर्वतीय क्षेत्र	91	9–13	बहु रोग प्रतिरोधी	खरीफ
22.	शिखा	मध्य क्षेत्र	70	12.0	पीली चितेरी रोग के प्रतिरोधी	जायद एवं ग्रीष्म में
23.	विराट	सम्पूर्ण भारत	56	11.0	''	जायद एवं ग्रीष्म में
24.	एस.एम.एल. 1115	उत्तर–पूर्वी पर्वतीय क्षेत्र	70	12.0	मध्यम प्रतिरोधी	ग्रीष्म में

पूसा संस्थान द्वारा विकसित मूँग की नयी किस्में, जैसेः

पूसा 1431 (2018): क्षेत्रः राष्ट्रीय राजधानी क्षेत्र, दिल्ली, मौसमः खरीफ, उत्पादन परिस्थितिः सिंचित औसत उपज 12.9 क्विंटल/है., परिपक्वता अवधिः 66 दिन, प्रमुख विशेषताएंः एमवाईएमवी, सर्कोस्पोरा पत्ती धब्बा, वेब अंगमारी, उड़दबीन लीफ क्रिन्कल्स वायरस तथा श्यामवर्ण रोग प्रतिरोधी, औसत प्रोटीन मात्रा (25.4 प्रतिशत) तथा 100 दानों का भार 4.7 ग्राम होता है।

पूसा 1371 (2017): क्षेत्रः उत्तर पर्वतीय क्षेत्र, मौसमः खरीफ, उत्पादन परिस्थितिः बारानी औसत उपज 9.0 क्विंटल/है., परिपक्वता अवधिः 87 दिन, प्रमुख विशेषताएंः एमवाईएमवी, जड़ सड़न, वेब अंगमारी तथा श्यामवर्ण रोग प्रतिरोधी, औसत प्रोटीन मात्रा (24.1 प्रतिशत) तथा 100 दानों का भार 3.26 ग्राम होता है।

पूसा 672 (2010): क्षेत्रः उत्तर पर्वतीय क्षेत्र, मौसमः खरीफ, उत्पादन परिस्थितिः बारानी औसत उपज 9.0–10.0 क्विंटल/है., परिपक्वता अवधिः 52 से 103 दिन, प्रमुख विशेषताएंः एमवाईएमवी, जड़ सड़न, वेब अंगमारी तथा श्यामवर्ण रोग प्रतिरोधी, तथा 100 दानों का भार 3.8 ग्राम होता है।

बीज की मात्रा एवं बीजोपचारः सामान्यतः खरीफ में 15–20 एवं रबी में 20–25 कि.ग्रा./है. संस्तुत है। प्रति हैक्टेयर बीज को 2.0 ग्राम थीरम तथा 1 ग्राम कार्बेन्डाजिम से उपचारित करें। मूँग के बीज को जैव टीके से उपचारित करने हेतु राइजोबियम जीवाणु को किसी विश्वसनीय तथा प्रमाणित संस्थानों और कृषि विश्वविद्यालयों से ही लें। एक एकड़ में बुवाई हेतु बीज (8 से 10 कि.ग्रा.) को उपचारित करने के लिए एक पैकेट 200 से 250 ग्राम कल्चर पर्याप्त होता है। टीकाकरण किये गये बीजों को छाया में हल्का सूखाकर उसी दिन खेत में बुवाई कर देनी चाहिए।

अंतरणः पंक्ति से पंक्ति की दूरी (ग्रीष्म ऋतु में) 20 से 22 सें.मी. तथा (खरीफ में) 30 से 35 सें.मी. उपयुक्त होती है।

बुवाई का समयः मध्य एवं उत्तरी भारत में बुवाई का समय जुलाई का प्रथम सप्ताह तथा पूर्वी भारत में अगस्त का प्रथम सप्ताह है। मूँग की बुवाई 15 जुलाई तक कर देनी चाहिए। देरी से वर्षा होने पर शीघ्र पकने वाली किस्म की बुवाई 30 जुलाई तक की जा सकती है। बुवाई के लिए स्वस्थ एवं अच्छी गुणवत्ता तथा उपचारित बीज का प्रयोग करना चाहिए। बुवाई कतारों में करनी चाहिए। कतारों के बीच की दूरी 45 सें.मी. तथा पौधे से पौधे की दूरी 10 सें.मी. होनी चाहिए।

फसल चक्र

अच्छी पैदावार प्राप्त करने एवं भूमि की उर्वरा शक्ति बनाये रखने हेतु उचित फसल चक्र आवश्यक है। वर्षा आधारित खेती के लिए मूँग–बाजरा तथा सिंचित क्षेत्रों में मूँग–गेहूँ/जीरा/सरसों फसल चक्र अपनाना चाहिए।

संतुलित पोषक तत्व

दलहन फसल होने के कारण मूँग को कम नाइट्रोजन की आवश्यकता होती है। मूँग की खेती हेतु खेत में दो से तीन वर्षों में एक बार 5 से 10 टन गोबर या कम्पोस्ट खाद देनी चाहिए। इसके अतिरिक्त, एक लीटर पानी में 250 ग्राम गुड़ को गर्म करते हैं तथा ठंडा होने के बाद 600 ग्राम राइजोबियम कल्चर मिलाकर इससे बीज को उपचारित कर छाया में सुखाकर बुवाई के लिए प्रयोग करना चाहिए। खाद एवं उर्वरकों के प्रयोग से पहले मिट्‌टी की जाँच कर लेनी चहिए। सामान्यतः 15 कि.ग्रा. नत्रजन, 40 कि.ग्रा. फॉस्फोरस एवं 20 कि.ग्रा. गंधक प्रति हैक्टेयर की दर से बुवाई के समय कूंड़ों में डालना चाहिए। फली बनने के समय 2 प्रतिशत घोल के छिड़काव से उपज में वृद्धि होती है। अन्तिम जुताई पर खेत में 100 कि.ग्रा. डाइ अमोनियम फॉस्फेट से अपेक्षित नत्रजन व फॉस्फोरस की मात्रा उपलब्ध हो जाती है और सल्फर की पूर्ति जिप्सम, पायराइट या सिंगल सुपर फॉस्फेट से की जा सकती है।

खरपतवार नियंत्रण

मूँग फसल को हम केवल असिंचित, पोषक तत्व रहित और बिना निराई–गुड़ाई के केवल खेत में बुवाई करके छोड़ देते हैं। इस प्रचलन को विराम देते हुए, हमें अन्य खाद्य फसलों की तरह ही इस पर ध्यान देना होगा और अच्छी उपज के लिए खरपतवार रहित फसल हेतु कम से कम दो बार (बुवाई के 20 व 40 दिनों पर) खरपतवारों की निकासी श्रमिकों द्वारा या खरपतपारनाशी रसायन पेन्डिमेथिलीन/स्टॉम्प (30 प्रतिशत ईसी) दवा की 1 कि.ग्रा. सक्रिय तत्व का छिड़कांव प्रति हैक्टेयर की दर से अंकुरण से पहले फसल बुवाई के 1 से 2 दिनों के अंदर करके इस पर नियंत्रण किया जा सकता है। फ्लूक्लोरालिन दवा की 2.22 लीटर मात्रा को 500 लीटर पानी में मिला कर बुवाई के पहले प्रति हैक्टेयर से भूमि पर एक साथ स्प्रे करें। अर्थात फसल की बुवाई के 48 घंटे के दौरान पेन्डीमेथिलिन (स्टॉम्प) की 3. 30 लीटर मात्रा को 500 लीटर पानी में घोलकर प्रति हैक्टेयर की दर से छिड़काव करना चाहिए। फसल जब 25–30 दिन की हो जाए तो एक गुड़ाई खुरपी/कसौला

से कर देनी चहिए या **इमैजीथाइपर** (परसूट) की 750 मी.ली. मात्रा प्रति हैक्टयर की दर से पानी में घोल बनाकर छिड़काव कर देना चाहिए।

रोगिंग व कचरा नियंत्रण

कीट व रोगों से बचाव का यह सबसे सरल व सुगम उपाय है। पीला चितेरी और पर्ण कुंचन रोगों से ग्रसित पौधों को खेत से उखाड़कर मृदा में दबा दें या जला दें। इस विधि से स्वस्थ पौधों में रोगों के संक्रमण की संभावना कम हो जाती है। कटाई उपरान्त फसल अवशेष को मृदा में दबा या जला देने से फसल सुरक्षा होती है।

सिंचाई प्रबंधन

मूँग में सिंचाई की आवश्यकता प्रायः ग्रीष्म ऋतु में उगाई जाने वाली फसल में पड़ती है। खरीफ की फसल में वर्षा की कमी या सूखे की स्थिति में बुवाई के 30 दिनों पर एक सिंचाई से फसल के उत्पादन पर लगभग 50 प्रतिशत की वृद्धि देखी गई है। ग्रीष्म ऋतु में पलेवा करके बुवाई के उपरान्त 15 दिनों के अंतराल पर तीन सिंचाई (15, 30 व 45 दिनों) की आवश्यकता पड़ती है। एक अध्ययन में यह भी देखा गया कि क्यारी सिंचाई से कूंड–नाली (रिज–फरो) और टपक सिंचाई प्रणाली में पानी की काफी बचत तथा फसल से अपेक्षित उपज प्राप्त होती है।

मूँग फसल सुरक्षा

प्रमुख कीटः मूँग की फसल को हानि पहुँचाने वाले कीटों में पत्ती भेदक तथा रस चूसक जैसे, लीफ हॉपर, माहू, सफेद मक्खी तथा थ्रिप्स प्रमुख हैं।

1. **जैसिड (लीफ हॉपर):** इस कीट से ग्रसित पौधे में बौनापन और पत्तियां किनारों से मुड़ कर भूरी पड़ जाती हैं। संक्रमित फसल झुलस सी जाती है। इस कीट का प्रकोप खरीफ फसल पर अधिक देखा जाता है।
2. **एफिडः** छोटे, हरे रंग के कीट जो प्रायः पौधे से रस चूसकर उसकी बढ़वार को प्रभावित करते हैं। संक्रमित पत्तियों के विकृति आ जाती है। इस कीट के सलाइवा के साथ जहरीला पदार्थ भी पौधे में पहुँचने से ग्रसित पौधा सूखने लगता है और कभी–कभी मीठा चिपचिपा पदार्थ भी पत्तियों पर चिपका सा दिखाई देता है।
3. **सफेद मक्खीः** यह कीट छोटी, सफेद पंखवाली, पीले शरीर से युक्त पत्तियों के निचली सतह पर अण्डे देने वाली और मूँग के सबसे हानिकारक

रोग पीला चितेरी विषाणु की संवाहक तथा निवेश द्रव्य का प्रमुख स्रोत है। इस रोग से ग्रसित पौधे का रंग पीला और मुरझाया सा रहता है।

4. **थ्रिप्सः** यह कीट छोटा, पतला, भूरे से काले रंग का होता है। ग्रसित पौधे का रंग मलीन व भूरा हो जाता है। यह कीट प्रायः फूलों, पुष्प में विकृति आ जाती है और फूल झड़ जाते हैं।

5. **दीमकः** दीमक फसल के पौधों की जड़ों को खाकर नुकसान पहुँचाती है। बुवाई से पहले अंतिम जुताई के समय खेत में क्यूनालफॉस 1.5 प्रतिशत या क्लोरोपाइरिफॉस पाउडर की 20–25 किलोग्राम मात्रा प्रति हैक्टेयर की दर से मिट्टी में मिला देनी चाहिए। बुवाई के समय बीज को क्लोरोपाइरिफॉस कीटनाशक की 2 मि.ली. मात्रा को प्रति किलोग्राम बीज की दर से उपचारित कर बोना चाहिए।

6. **कातराः** कातरा का प्रकोप विशेष रूप से दलहनी फसलों में बहुत होता है। इस कीट की लट पौधों को आरम्भिक अवस्था में काटकर बहुत नुकसान पहुँचती है। इसके नियंत्रण हेतु खेत के आस–पास कचरा नहीं होना चाहिये। कतरे की लटों पर नियंत्रण हेतु क्यूनालफॉस 1.5 प्रतिशत पाउडर की 20–25 कि.ग्रा. मात्रा प्रति हैक्टेयर की दर से भुरकाव/छिड़काव कर देना चाहिए।

7. **फली छेदकः** फली छेदक को नियंत्रित करने के लिए मोनोक्रोटोफॉस आधा लीटर या मैलाथियोन या क्युनालफॉस 1.5 प्रतिशत पॉउडर की 20–25 किलो हैक्टयर की दर से छिड़काव/भुरकाव करना चाहिए। आवश्यकता होने पर 15 दिन के अंदर दोबारा छिड़काव/भुरकाव किया जा सकता है।

मूँग में उक्त कीटों के नियंत्रण हेतु फली भेदक कीट एवं फली का रस चूसने वाला कीटों के नियंत्रण के लिए पहला छिड़काव बुवाई के 20 से 22 दिनों बाद डायमिथोएट (30 ई.सी.), रोगोर 1.5 मि.ली. या इमिडाक्लोप्रिड (17.8 एसएल), क्यूनालफास 25 ई.सी. 1.25 लीटर प्रति हैक्टेयर या स्पिन्टॉर 0.4 मि.ली. प्रति लीटर पानी की दर से स्प्रे करें।

मूँग में रोग एवं रोग नियंत्रण

1. **जड़ व तना विगलनः** कवक जनित द्वारा ग्रसित पौधे की जड़ तथा तने का निचला भाग सड़ जाता है जिसे आर्द्र मूल विगलन कहते हैं। संक्रमित पौधे की पत्तियों और तने का रंग भूरा और जड़ों की छाल फट जाती है जिसे शुष्क मूल विगलन के नाम से जाना जाता है।

2. **पीला चितेरी (ऐलो मोजैक):** पत्तियों पर छोटे, गोलाकार पीले रंग के धब्बे बनते हैं जो अनुकूल वातावरण में तेजी से फैलकर पूरे पर्णवृन्त को चितकबरा–पीला कर देते हैं। ये पत्तियां धीरे–धीरे ऊतकक्षयी होकर सूख जाती हैं। रोगी पौधों में फलियां कम, बीज सिकुड़ा हुआ और छोटा होता है।

चित्र: मूँग में पीला मोजैक रोग प्रभावित फसल

3. **पर्णकुंचन (लीफ क्रिंकल):** रोगी पत्तियों का रंग गहरा हरा, पर्णवृन्त छोटा, मोटा और झुर्रीदार होता है। पर्णवृन्त पर फूल कम और वह हरा, मोटा तथा झाड़ू के आकार का नजर आता है। संक्रमित पौधे में फलियां कम बनती हैं।

4. **चीत्ती जीवाणु रोग:** इस रोग के लक्षण पत्तियों, तने एवं फलियों पर छोटे गहरे भूरे धब्बे के रूप में दिखाई देते हैं। इस रोग की रोकथाम हेतु एग्रीमाइसीन 200 ग्राम या स्टेप्टोसाईक्लीन 50 ग्राम को 500 लीटर में घोल बनाकर प्रति हैक्टेयर की दर से छिड़काव करना चाहिए।

5. **पीत शिरा मोजेक:** इस रोग के लक्षण फसल की पतियों पर एक महीने के अंतर्गत दिखाई देने लगते हैं। फैले हुए पीले धब्बे के रूप में रोग दिखाई देता है। यह रोग मक्खी के कारण फैलता है। इसके नियंत्रण हेतु मिथाइल डिमेटॉन 0.25 प्रतिशत व मैलाथियॉन 0.1 प्रतिशत मात्रा को मिलाकर प्रति हैक्टेयर की दर से 10 दिनों के अंतराल पर पानी में घोल बनाकर छिड़काव करना काफी प्रभावी होता है।

6. **तना झुलसा रोग:** इस रोग की रोकथाम हेतु 2 ग्राम मैकोजेब से प्रति किलो बीज की दर से उपचारित करके बुवाई करनी चाहिए। बुआई के 30–35 दिन बाद 2 कि.ग्रा. मैकोजेब प्रति हैक्टेयर की दर से 500 लीटर पानी में घोल बनाकर छिड़काव करना चाहिए।

7. **सरकोस्पोरा पत्ती धब्बा:** इस रोग के कारण पौधों के ऊपर छोटे गोल बैंगनी लाल रंग के धब्बे दिखाई देते हैं। पौधों की पत्तियां, जड़ें व अन्य भाग भी सूखने लगते हैं। इस के नियंत्रण हेतु कार्बेन्डाजिम की 1 ग्राम प्रति लीटर पानी में घोल बना कर छिड़काव करना चाहिए। बीज को 3 ग्राम केप्टान या 2 ग्राम कार्बेन्डाइजिम प्रति कि.ग्रा. बीज की दर से उपचारित कर बोना चाहिए।

उक्त रोगों में पत्तियों पर धब्बा नियंत्रण के लिए कार्बेन्डाजिम का एक छिड़काव 500 ग्रा. प्रति हैक्टेयर की दर से स्प्रे करें तथा पीला चित्रवर्ण रोग सफेद मक्खी से फैलता है जिसके नियंत्रण के लिए कीटनाशी डायमिथोएट की 1 ली. प्रति हैक्टेयर की दर से 600 ली. पानी में मिला कर स्प्रे करें। मूँग बीज को बुवाई से पूर्व कीटनाशी–इमिडाक्लोप्रिड 48 प्रतिशत की 5 मि.ली. तथा कवकनाशी कार्बेन्डाजिम 50 डब्ल्यू पी (बाविस्टीन), थीरम 1:1 के अनुपात में 2 ग्राम प्रति कि.ग्रा. बीज की दर से उपचारित करने और बुवाई के 21 दिन उपरान्त इमिडाक्लोप्रिड 17.8 प्रतिशत 0.05 प्रतिशत प्रति हैक्टेयर छिड़काव करें।

बीज उत्पादन

मूँग के बीज उत्पादन हेतु ऐसे खेत चुनने चाहिये जिनमें पिछले मौसम में मूँग नहीं उगाया गया हो। मूँग के लिए निकटवर्ती खेतों से संदुषण को रोकने के लिए फसल के चारों तरफ 10 मीटर की दूरी तक मूंग का दूसरा खेत नहीं होना चाहिए। भूमि की अच्छी तैयारी उचित खाद एवं उर्वरकों का प्रयोग, खरपतवार, कीड़े एवं बीमारियों के नियंत्रण हेतु साथ–साथ समय–समय पर अवांछनीय पौधों को निकालते रहना चाहिए एवं फसल पकने पर लाटे को अलग सुखाकर दाना निकाल कर ग्रेडिंग कर लेना चाहिए। बीज को साफ करके उपचारित कर सूखे स्थान में रख देना चाहिए। इस प्रकार उगाए गए बीज को अगले वर्ष बुवाई के लिए प्रयोग किया जा सकता है।

कटाई एवं गहाई

मूँग की फलियां जब काली होकर सूखने लगें तो फसल की कटाई कर लेनी चाहिए। अधिक सूखने पर फलियों के चटकने का डर रहता है। फलियों से बीज को थ्रेसर द्वारा या डंडे द्वारा अलग कर लिया जाता है।

उपजः खरीफ में 8–10 क्विंटल प्रति हैक्टेयर एवं ग्रीष्मकालीन फसल से 12–15 क्विंटल/है.।

मूँग के अधिक उत्पादन हेतु प्रौद्योगिकी

क्र.सं.	विवरण	अधिक उपज प्राप्त करने के लिए उपाय
1.	खेत का चयन व तैयारी	समतल दोमट भूमि मूँग के लिए उपयुक्त है।
2.	बीज शोधन	बीज शोधन के लिए थीराम/कैप्टान/कारबेंडाजिम/3.0 ग्रा./किग्रा. बीज से 4–5 दिन पूर्व शोधन करना चाहिए।
3.	बुवाई का समय	वंसत ऋतुः 10–25 मार्च ग्रीष्म ऋतुः 20 मार्च से 5 अप्रैल खरीफ ऋतुः 20 जुलाई से 5 अगस्त
4.	बीज दर/बुवाई की विधि	बड़े दाने की किस्म 25 किग्रा./है. तथा छोटे दाने की किस्म 20 कि.ग्रा/है., पंक्ति से पंक्ति की दूरी 30 सें.मी. तथा पौधे से पौधे की दूरी 10 सें.मी.
5.	उर्वरक	100 किग्रा. डी.ए.पी., 25 जिंक सल्फेट तथा 5 टन खलिहानी खाद
6.	खरपतवार नियंत्रण	शुरू में 25–30 दिन खरपतवार मुक्त खेत के लिए पेंडीमिथीलीन 1 ली./हे. की दर से बुवाई के तुरंत बाद छिड़काव करें।
7.	बीमारी व कीट नियंत्रण	सफेद मक्खी नियंत्रण हेतु इमिडाक्लारोपिड 0.2 मि.ली./ली. पानी की दर से बुवाई के 20 व 25 दिन के बाद छिड़काव करें।
8.	सिंचाई	खेत की तैयारी पूर्व पलेवा करें, वसंत व ग्रीष्म ऋतु में आवश्यकता अनुसार दो से तीन सिंचाई करें। पहली सिंचाई बुवाई से 20–25 दिन बाद करें। खरीफ में सिंचाई यदि आवश्यक हो तो करें।

❑❑❑

अध्याय–10

जायद मूँग की उन्नत खेती

भूमिका

मूँग की फसल अवधि कम होने के कारण यह नगदी फसल, अंतर्वर्तीय फसल एवं विराम फसल के रूप में आदर्श फसल मानी जाती है। मृदा के स्वास्थ्य में सुधार एवं ग्रीष्म ऋतु में मृदा क्षरण रोकने हेतु मूँग की खेती चना, मटर, गेहूँ, सरसों आलू, जौ, अलसी आदि फसलों की कटाई के बाद खाली हुए खेतों में की जा सकती है। ग्रीष्म ऋतु में मूँग की खेती करके अतिरिक्त आय एवं रोजगार के अवसर प्राप्त किए जा सकते हैं। ग्रीष्मकालीन मूँग की खेती केवल सिंचित क्षेत्रों में ही की जा सकती है। धान–गेहूँ फसल चक्र वाले क्षेत्रों में जायद मूँग की खेती द्वारा मृदा उर्वरता को उच्च स्तर पर बनाये रखा जा सकता है। जायद मूँग की फसल से खरीफ की तुलना में प्रायः अधिक उत्पादन प्राप्त होता है। जायद में खरीफ की तुलना में रोग व कीटों का प्रकोप कम होता है। इसके अतिरिक्त मूँग दलहनी फसल होने के कारण, इनकी जड़ों में राइजोबियम पाये जाते हैं, जो वायुमंडलीय नत्रजन का स्थिरीकरण करके मृदा में पौधों हेतु उपलब्ध कराने में सहायक होते हैं जिससे मृदा की उर्वरता में वृद्धि होती है।

जलवायु एवं मृदा

ग्रीष्मकालीन मूँग की फसल हेतु उच्च तापक्रम की आवश्यकता होती है। मूँग की खेती हेतु समुचित जल निकास तथा 7 से 8 पी.एच. मान वाली बलुई दोमट भूमि सर्वोत्तम मानी जाती है।

खेत की तैयारी

बुवाई से पहले खेत अच्छी तरह तैयार करें। खेत में उचित नमी होने पर ही बुवाई करें। भुरभुरे, बारीक व चूर्णिल खेत को मूँग की खेती के लिए अच्छा माना जाता है। इसके लिए ट्रैक्टर चालित हैरो से करें। जुताई के तुरन्त बाद नमी क्षरण को कम करने हेतु पाटा लगा देना चाहिए। गेहूँ की कटाई के बाद पलेवा देकर खेत तैयार कर लें।

भूमि उपचार

भूमिगत कीड़ों जैसे, कटवर्म, सफेद लट एवं दीमक की रोकथाम के लिए खेत की पूरी सफाई जैसे, सूखे डण्टल आदि एकत्र कर हटा देना, कच्चे खाद का प्रयोग न करना आदि काफी सहायक होते हैं। जड़ गलन रोग नियंत्रण हेतु बुवाई के पहले 2.5 कि.ग्रा. ट्राइकोडर्मा को 1 क्विंटल गोबर की खाद के साथ मिलाकर मृदा में मिलायें।

ग्रीष्मकालीन मूँग प्रजातियां

जायद में मूँग की किस्मों का चयन क्षेत्रों के अनुसार करें। इनकी उत्पादन क्षमता कुशल फसल प्रबंधन के अंतर्गत 10 से 12 क्विंटल प्रति हैक्टेयर है। ये प्रजातियां परम्परागत प्रजातियों की अपेक्षा 15 से 20 प्रतिशत अधिक उपज देती है। कुछ प्रमुख प्रजातियों का विवरण निम्नलिखित है, जैसेः

सारणी 1: मूँग की ग्रीष्मकालीन प्रजातियों का विवरण

क्र. सं.	प्रजाति	विकसित करने वाले संस्थान/केन्द्र	पकने की अवधि (दिन)	उपज (क्विंटल/है.)	क्षेत्रों के लिए अनुकूल	अन्य प्रासंगिक जानकारी
1.	पूसा विशाल	भा.कृ.अनु.सं. पूसा, दिल्ली	65–70	12–14	उत्तर–पश्चिमी मैदानी क्षेत्र	दाने बड़े, हरे–चमकदार व पीला रोग के प्रति सहनशील
2.	पूसा 0672	भा.कृ.अनु.सं. पूसा, दिल्ली	65–70	10–12	उत्तरी पहाड़ी क्षेत्र	पीला चित्तरी, विषाणु व सर्कोस्पोरा पर्ण चित्ती रोगों के प्रति सहनशील, खरीफ ऋतु में बुवाई हेतु उपयुक्त
3.	सम्राट	भा.द.अनु.सं. कानपुर	65–70	12–14	उत्तर प्रदेश	छोटे दाने
4.	मेहा	भा.द.अनु.सं. कानपुर	65–70	12–141	उत्तर प्रदेश	पीला चित्तेरी व पर्णकुंचन के प्रति सहनशील
5.	आईपीएम 02–3	भा.द.अनु.सं. कानपुर,	65–70	12–14	उत्तर–पश्चिमी मैदानी क्षेत्र	दाने बढ़े
6.	आईपीएफ 02–4	भा.द.अनु.सं. कानपुर,	65–79	11–12	दक्षिण भारत के लिए	पीला चितेरी व पर्णकुंचन विषाणु रोग के प्रतिरोधी

7.	मालवीय जागृति (एच. एम. 2)	बनारस हिन्दू वि.वि	65–70	10–12	उत्तर प्रदेश एवं उत्तराखंड	पीला चितेरी विषाणु रोग के प्रतिरोधी
8.	मालवीय जनचेतना(एच.यू.एम 12)	बनारस हिन्दू वि.वि.	60–62	11–12	उत्तर–पूर्वी मैदानी क्षेत्र	पीला चितेरी विषाणु रोग के प्रतिरोधी
9.	मालवीय जनकल्याणी (एच.यू.एम.16)	बनारस हिन्दू वि.वि.	55–60	10–12	उत्तर–पूर्वी मैदानी क्षेत्र	पीला चितेरी विषाणु रोग के प्रतिरोधी
10.	नरेन्द्र मूँग	नरेन्द्र देव कृषि वि.वि.	65–70	9–10	उत्तर प्रदेश पीला चितेरी	विषाणु रोग के प्रतिरोधी
11.	एस.एम.एल. 668	पंजाब कृषि वि.वि.	60–62	12–14	पंजाब	पीला चितेरी विषाणु रोग के प्रतिरोधी
12.	सत्य	चौ.च.सिंह कृषि वि.वि.	65–70	10–12	उत्तर–पश्चिमी मैदानी क्षेत्र	पीला चितेरी विषाणु रोग के प्रतिरोधी, खरीफ के लिए उपयुक्त
13.	पंत मूँग 4	जी.बी. कृषि वि.वि. पंतनगर	70–75	8–10	उत्तर–पूर्वी मैदानी क्षेत्र	पीला चितेरी विषाणु रोग के प्रतिरोधी, खरीफ के लिए उपयुक्त
14.	पंत मूँग 6	जी.बी. कृषि वि.वि. पंतनगर	65–70	10–12	उत्तरी पहाड़ी क्षेत्र	पीला चितेरी विषाणु एवं पर्ण धब्बा रोगों के प्रतिरोधी
15.	जवाहर मूँग 721	जवाहर लाल नेहरू कृषि वि.वि.	70–75	12–14	मध्य प्रदेश	चूर्णिल आसिता रोग के प्रतिरोधी, खरीफ के लिए उपयुक्त

1. **पूसा विशाल:** उत्तर–पश्चिमी के समतल क्षेत्रों बसन्त/ग्रीष्म ऋतुओं में बुवाई के लिए उपयुक्त है। इसकी फलियां एक साथ पकती हैं और उपज 12 क्विंटल प्रति हैक्टेयर है तथा पीले मोजैक वायरस के प्रतिरोधी हैं। बसंत ग्रीष्म में एक ही अवधि 65 से 70 दिन में पकने वाली है।

2. **पूसा 9531:** इसके दाने मध्यम आकार के हरे व चमकदार, एक साथ पकने वाले होते हैं। ग्रीष्म व खरीफ मौसम के लिए उपयुक्त तथा मध्य प्रदेश के लिए उपयोगी है। 60 से 65 दिनों की फसल है तथा 12 से 14 क्विंटल प्रति हैक्टेयर पैदावार है।

3. **गंगोत्री (गंगा 8):** खरीफ व जायद मौसम में बुवाई के लिए उपयुक्त है। यह किस्म लगभग 72 दिन में पककर तैयार हो जाती है। इसके पौधों की ऊँचाई लगभग 80 से 85 सें.मी. होती है। यह किस्म पीला मोजैक वायरस बीमारी के प्रति मध्यम रूप से प्रतिरोधक है।
4. **जमनोत्री (गंगा1):** यह किस्म औसतन 76 दिनों में पककर तैयार हो जाती है। यह किस्म पीला मोजैक वायरस के प्रति सहनशील है। सामान्य परिस्थितियों में इसकी औसत उपज लगभग 13.5 क्विंटल प्रति हैक्टेयर है। यह किस्म जायद ऋतु में भी बुवाई के लिए उपयुक्त है।
5. **आर.एम.जी. 62:** इस किस्म के पौधे मध्यम ऊँचाई वाले सीधे होते हैं तथा बीज चमकदार व हल्के रंग के होते हैं। औसत उपज 10 से 12 क्विंटल/हैक्टेयर है। यह किस्म खरीफ एवं जायद दोनों ही ऋतुओं के लिए उपयुक्त है। 70 से 75 दिन में पक कर तैयार हो जाती है। यह किस्म पीले मोजैक बीमारी के प्रति मध्यम रूप से प्रतिरोधी है। उपयुक्त परिस्थितियों में 15 से 16 क्विंटल प्रति हैक्टेयर उपज देने की क्षमता रखती है। सिंचित एवं असिंचित के लिए उपयुक्त है।
6. **आर.एम.जी. 268:** यह किस्म खरीफ एवं जायद दोनों ही ऋतुओं के लिए उपयुक्त है। इसकी फलियां पकने तक हरी रहती हैं तथा एक साथ पकती हैं। औसत उपज 10 से 12 क्विंटल/है. है। यह सूखे तथा जालिका झुलसा रोगरोधी है एवं 65 से 70 दिन में पककर तैयार हो जाती है।
7. **आर.एम.जी. 492:** यह किस्म जायद ऋतु के लिए अति उपयुक्त है। इसकी औसत उपज 7.5 से 9.25 क्विंटल प्रति हैक्टेयर है। 65 से 70 दिन में पककर तैयार हो जाती है।
8. **पीडीएम–11:** यह पीला मोजैक रोग के प्रति अवरोधी है। उच्च तापमान के प्रति सहनशील है एवं इसकी फलियां नहीं चटकती हैं। 60 से 65 दिनों में पककर तैयार हो जाती है तथा 10 से 15 क्विंटल प्रति हैक्टेयर पैदावार देती है।
9. **एच यूएम 6, 12 एवं टीएमबी 37** इत्यादि भी जायद ऋतु हेतु उपयक्त किस्म है। पंत मूँग 2, नरेन्द्र मूँग 1, मालवीय, ज्योति, सम्राट, मालवीय जागृति इत्यादि प्रजातियां दोनों मौसम में उगाई जा सकती हैं।

बुवाई का समय: जायद मूँग की बुवाई रबी फसलों जैसे, अरहर, गन्ना, सरसों, आलू तथा गेहूँ की कटाई के बाद 15 मार्च से 15 अप्रैल तक करनी चाहिए।

बीज अंकुरण के लिए पर्याप्त नमी बनी रहे, इसके लिए बुवाई से पहले पलेवा सिंचाई करते हैं। बीज की बुवाई हेतु पंक्ति से पंक्ति की दूरी 25 से 30 सें.मी. तथा कूंड में 4 से 5 सें.मी. गहराई पर करनी चाहिए, जिससे कि गर्मी में अंकुरण अच्छा हो सकें।

फसल–प्रणाली में जायद मूँग

ग्रीष्मकालीन मूँग की फसल से खरीफ ऋतु की तुलना में प्रायः अधिक उत्पादन प्राप्त होता है। खरीफ ऋतु की फसल में कीट–पतंगों और रोगों की क्षति अधिक होती है तथा वर्षाकाल में कभी पानी की अधिकता व कमी भी फसल को नुकसान पहुँचाती है। निम्नलिखित प्रचलित फसल प्रणालियां को अपनाने की अनुशंसा की जाती है:

- धान–गेहूँ–मूँग
- धान–सरसों–मूँग
- धान–गेहूँ–मूँग
- मक्का–गेहूँ–मूँग
- मक्का–आलू–मूँग
- मक्का–सरसों–मूँग

बीज दर एवं बीजोपचार: जायद में बीज की मात्रा 22 से 25 कि.ग्रा. बीज प्रति हैक्टेयर उपयुक्त है। बीज को 4 से 5 सें.मी. की गहराई पर बोना चाहिए और पंक्ति से पंक्ति की दूरी 22 से 25 सें.मी. तथा दो पौधों की दूरी 10 से 12 सें.मी. रखते हैं। प्रति कि.ग्रा. बीज को 2.5 ग्रा. थीरम कवकनाशी दवा से उपचारित करने से बीज व मृदा जनित बीमारियों से फसल की सुरक्षा होती है। इसके अतिरिक्त बीजों को सर्वप्रथम राइजोबियम कल्चर फिर पीएसबी कल्चर तथा अंत में जैविक कवकनाशी ट्राइकोडर्मा की 6 से 8 ग्रा./कि.ग्रा. बीज की दर से उपचारित करें। बीजों को राइजोबियम से उपचारित करने हेतु आधा लीटर पानी में 250 ग्राम गुड़ को घोलकर गर्म करें तथा ठंडा होने पर 600 ग्राम राइजोबियम कल्चर मिला दें। इस मिश्रण की एक हैक्टेयर में बोये जाने वाले बीजों पर भली–भांति परत चढ़ा दें व छाया में सुखाकर शीघ्र ही बुवाई करें।

फॉस्फोरस विलेयक जीवाणु खाद का प्रयोग

पौधों की उचित वृद्धि हेतु नत्रजन के साथ फॉस्फोरस उर्वरक भी महत्वपूर्ण है। इसकी आपूर्ति पौधों को सुपर फॉस्फेट तथा डीएपी उर्वरक के माध्यम से पौधों को कराई जाती है। जितनी भी मात्रा में भूमि को फॉस्फोरस उपलब्ध कराया जाता है, उसका 20 से 25 प्रतिशत ही घुलनशील अवस्था में पौधों को उपलब्ध हो पाता है।

शेष 75 से 80 प्रतिशत भाग भूमि में अघुलनशील अवस्था में फॉस्फोरस यौगिकों के रूप में स्थिर हो जाता है जिसे पौधे ग्रहण नहीं कर पाते हैं जिसके फलस्वरूप उत्पादन कम होता है। मृदा में ऐसे कई लाभकारी सूक्ष्मजीव उपलब्ध होते हैं जो इस प्रकार अघुलनशील रूप में स्थित फॉस्फोरस को घुलनशील अवस्था में परिवर्तित कर पौधों के ग्रहण करने योग्य बनाते हैं। फॉस्फोरस विलेयक जीवाणु ऐसे ही जीवाणुओं का समूह है जो लिग्नाइट धारा माध्यम में मिश्रित कर बीजोपचार हेतु उपलब्ध कराया जाता है। इसके प्रयोग से अधिक उत्पादन प्राप्त होता है।

खाद एवं उर्वरकः अपेक्षित उपज प्राप्त करने के लिए पोषक तत्वों का संतुलित प्रयोग करना आवश्यक है। जायद मूँग के लिए 20 कि.ग्रा. नत्रजन, 40 कि.ग्रा. फॉस्फोरस तथा 20 कि.ग्रा. गन्धक की सम्पूर्ण मात्रा बुवाई के समय प्रयोग करनी चाहिए। बुवाई से पूर्व अन्तिम जुताई पर खेत में 100 कि.ग्रा. डी.ए.पी के प्रयोग से अपेक्षित नत्रजन व फॉस्फोरस की मात्रा उपलब्ध हो जाती है, जबकि गन्धक की पूर्ति जिप्सम, पायराइट अथवा सिंगल सुपर फॉस्फेट से की जा सकती है।

सिंचाईः जायद मूँग की फसल में पहली सिंचाई, बुवाई के 20 से 25 दिन बाद और दूसरी 35 से 38 दिनों पर करें। आवश्यकता होने पर 45 से 48 दिनों पर तीसरी सिंचाई भी करें। अतः मौसम और मृदा की किस्म के आधार पर 2 से 3 सिंचाई की आवश्यकता पड़ती है।

निराई–गुड़ाई एवं खरपतवार नियंत्रणः दलहन उत्पादन में खरपतवारों, कीटों एवं रोगों से लगभग 30 से 35 प्रतिशत तक की कमी आंकी गयी है। खरीफ ऋतु की अपेक्षा, जायद मूँग में खरपतवारों की समस्या कुछ कम होती है। जायद मूँग में खरपतवार नियंत्रण हेतु बुवाई से पूर्व एक लीटर सक्रिय तत्व प्रति हैक्टेयर फ्ल्यूक्लोरोलिन काम में लेवे या पेन्डिमेथिलीन 30 प्रतिशत ई.सी. 0.75 कि.ग्रा. सक्रिय मात्रा को 1000 लीटर पानी में घोलकर अंकुरण से पहले व फसल बोने के 1 से 2 दिनों के अंदर एक हैक्टेयर में छिड़काव करना लाभप्रद रहता है।

जायद मूँग में फसल सुरक्षाः मूँग में यदि मोयला, हरा तैला या फली छेदक, सफेद मक्खी, बालों वाली सूंड़ी एवं थ्रिप्स प्रमुख हैं। सफेद मक्खी, सफेद पंखवाली, पीले शरीर से युक्त, पत्तियों की निचली सतह पर रहती है। यह कीट मूँग के सबसे हानिकारक रोग–पीला चितेरी विषाणु के निवेश द्रव्य का एक प्रमुख स्रोत है। थ्रिप्स कीट भूरे से काले रंग का, बहुत छोटा और प्रायः फूल की कलियों, फूलों और पराग से रस चूसता है। रोगग्रस्त पत्तियों का रंग गहरा हरा, पर्णवृन्त

छोटा, मोटा और झुर्रीदार तथा फूल आने पर फूल हरा हो जाता है जिसके फलस्वरूप फलियां कम बनती हैं। यह कीट विषाणु रोग, पर्णकुंचन का संवाहक भी है। उपरोक्त वर्णित कीटों एवं विषाणुजनित रोगों से बचाव हेतु बीजोपचार करें तथा प्रकोप हो तो एजाडीरेक्टिन 0.03 प्रतिशत ई.सी. 1.5 लीटर या एजाडीरेक्टिन 0.03 ई.सी. 750 मि.ली./हैक्टेयर की दर से पानी में घोल बनाकर छिड़काव करें। सूंड़ियों से बचाव हेतु 10 प्रतिशत दानेदार फोरेट की 10 कि.ग्रा. मात्रा प्रति हैक्टेयर की दर से बुवाई पूर्व, अंतिम जुताई पर खेत में बुरकाव कर मृदा में मिला दें।

जायद मूँग में चित्ती जीवाणु रोग का प्रकोप होने पर स्ट्रेप्टोसाइक्लिन 20 ग्राम तथा 1.25 ग्राम कॉपर ऑक्सीक्लोराइड का प्रति हैक्टेयर की दर से पानी में घोल बनाकर छिड़काव करें। पीत शिरा मोजैक रोग होने पर रोगग्रसित पौधों को उखाड़ दें एवं डायमिथोएट 30 ई.सी. एक लीटर दवा को 300 लीटर पानी में घोल बनाकर छिड़काव करें। आवश्यक हो तो 15 दिन के अंतराल पर छिड़काव पुनः करें। यदि पीलिया रोग के लक्षण दिखाई देते ही 0.1 प्रतिशत गंधक के तेजाब या 0.5 प्रतिशत फेरस सल्फेट का पानी में घोल बनाकर छिड़काव करें।

जायद मूँग की कटाई एवं मंडाई: जब फसल में अधिकांश फलियां पकने लग जाएं अर्थात काली पड़ने लग जाएं, तभी कटाई करनी चाहिए। कुछ किस्मों में फलियां एक साथ नहीं पकती हैं, तो उन किस्मों में आवश्यकतानुसार फलियों को हाथों से तोड़ना चाहिए। फलियों को कटाई या तुड़ाई करने के बाद खलिहान में अच्छी तरह सुखाकर मड़ाई करना चाहिए। इसके बाद ओसाई करके बीज और इसका भूसा अलग–अलग कर लेना चाहिए।

उपज: जायद में उन्नत सस्य तकनीक अपनाकर 10 से 15 क्विंटल/हैक्टेयर मूँग की उपज प्राप्त की जा सकती है।

भंडारण: धूप में अच्छी तरह सुखाने के बाद जब दानों में नमी की मात्रा 8 से 9 प्रतिशत रह जाये, तभी फसल को भंडारित करना चाहिए।

❑❑❑

अध्याय–11

उड़द की वैज्ञानिक उन्नत खेती

भारत में चना, अरहर, मूँग के बाद उड़द चौथी दलहनी फसल है। भारत में इसकी खेती महाराष्ट्र, आन्ध्र प्रदेश, उत्तर प्रदेश, तमिलनाडु, राजस्थान, ओडिशा, कर्नाटक में की जाती है। भारत में उड़द को उड़दबीन, ब्लैक लैन्टिल, मास तथा मास कालिया आदि नामों से पुकारा जाता है। उड़द की दो प्रमुख किस्में हैं, एक विग्नामुंगों नाईगर जो कम अवधि में पकने वाली, बड़े दाने की तथा काले रंग की किस्म है, दूसरी विग्नामुंगों विरिडिस जो लम्बी अवधि वाली छोटे दाने की तथा हरे दाने वाली किस्म है। यह स्वयं परागणित फसल है, इसकी फलियां 4 से 6 सें.मी. लम्बी होती हैं, जिसमें 4 से 10 बीज होते हैं। इसमें प्रोटीन 24 प्रतिशत, कैल्शियम 154 मि.ग्रा./100 ग्रा., खनिज 3.2 प्रतिशत, लौह 9.1 मि.ग्रा./100 ग्राम, रेशा 0.9 प्रतिशत तथा कार्बोहाइड्रेट्स 59.6 प्रतिशत तथा 10.9 प्रतिशत पाए जाते हैं। इसकी फसल 100 से 120 दिन में पककर तैयार हो जाती है। उड़द में फॉस्फोरस अन्य दालों की तुलना में 8 गुना अधिक होता है। उड़द की फसल से भूमि को 40 से 45 कि.ग्रा. नत्रजन प्राप्त होती है। उड़द खरीफ ऋतु में एकल या अंतर्वर्तीय फसल के रूप में भी ली जाती है।

सारणी 1: वर्ष 1965–66 से 2018–19 तक उड़द का क्षेत्रफल, उत्पादन एवं उत्पादकता

वर्ष	क्षेत्रफल (हजार हैक्टेयर)	उत्पादन (हजार टन)	उत्पादकता (कि. ग्रा./है.)
1965-66	1.84	0.55	300
1966-67	1.86	0.52	280
1967-68	1.69	0.52	305
1968-69	1.84	0.53	289
1969-70	1.93	0.56	290
1970-71	2.07	0.66	318
1971-72	1.87	0.53	286
1972-73	1.96	0.61	313

1973-74	2.37	0.74	314
1974-75	2.17	0.67	309
1975-76	2.16	0.76	350
1976-77	2.07	0.69	334
1977-78	2.17	0.75	344
1978-79	2.38	0.73	320
1979-80	2.72	0.76	278
1980-81	2.83	0.96	339
1981-82	2.78	1.01	364
1982-83	2.71	0.96	355
1983-84	3.00	1.19	398
1984-85	2.91	1.16	400
1985-86	3.19	1.24	389
1986-87	3.15	1.24	394
1987-88	3.02	1.29	428
1988-89	3.32	1.62	488
1989-90	3.36	1.57	467
1990-91	3.48	1.65	473
1991-92	3.42	1.50	438
1992-93	3.02	1.53	506
1993-94	3.05	1.40	460
1994-95	2.80	1.14	407
1995-96	2.80	1.32	471
1996-97	3.01	1.35	484
1997-98	3.06	1.38	421
1998-99	3.12	1.35	433
1999-00	2.94	1.33	453
2000-01	3.01	1.29	431
2001-02	3.30	1.50	454
2002-03	3.55	1.47	415
2003-04	3.42	1.47	430
2004-05	3.17	1.33	419
2005-06	2.94	1.23	417
2006-07	3.07	1.44	470
2007-08	3.19	1.46	457
2008-09	2.67	1.17	440
2009-10	2.96	1.24	418
2010-11	3.26	1.76	542
2011-12	3.30	1.77	550
2012-13	3.19	1.97	625
2013-14	3.06	1.70	555
2014-15	3.25	1.96	604
2015-16	3.62	1.95	537
2016-17	4.48	2.83	632
2017-18	5.28	3.49	662
2018-19	5.6	3.06	546

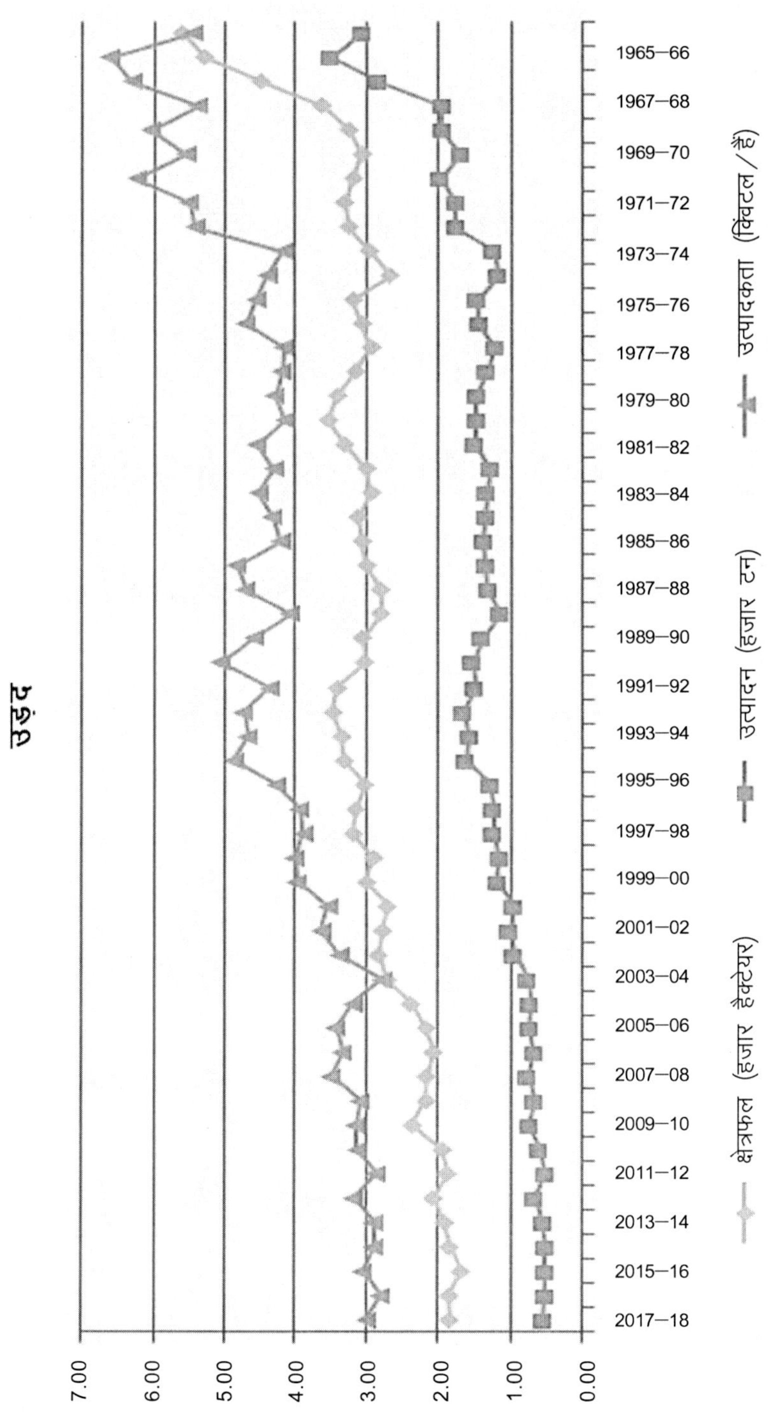

चित्र: भारत में उड़द का परिदृश्य

जलवायु एवं मृदाः उड़द नम एवं गर्म जलवायु की फसल है। अच्छी वृद्धि एवं विकास हेतु 20 से 25 डिग्री से. तापमान चाहिए। लेकिन उड़द 42 डिग्री से. तक तापमान सहन कर लेता है।

मृदा एवं खेत की तैयारीः उड़द के लिए हल्की रेतीली या दोमट या बलुई दोमट भूमि जिसमें पर्याप्त जीवांश पदार्थ हो तथा जिसका पी.एच. 6 से 8 के बीच हो, उत्तम रहती है। खेत की तैयारी हेतु प्रथम जुताई ट्रैक्टर चालित हैरों तथा एक जुताई कल्टीवेटर से करने के बाद पाटा चलाकर खेत को समतल बना लें। ढेले रहित व भुरभुरे खेत इस फसल के लिए उत्तम होते हैं।

उन्नतशील प्रजातियांः टा.–9, आजाद–1, पन्त यू–19, 35, 30, 31, माश–114, माश–338, पूसा–1, शेखर 1,2,3, नरेन्द्र उड़द–1,

सारणी 1ः उड़द की प्रमुख किस्मों का विवरण

किस्म का नाम	अधिसूचित वर्ष	पकने की अवधि	उपज क्विंटल/है.	विशेष गुण
पीडीयू 1	1991	70–80	13.8	सीधी बढ़ने वाली एवं बड़ा दाना
आजाद उड़द 1	1999	80	10	पीले मोजैक वायरस रोग के प्रतिरोधी, उत्तर–पूर्व के लिए अनुमोदित
के.यू. 300	2001	70	11–12	पीले मोजैक वायरस रोग के प्रतिरोधी, उत्तर–पश्चिमी के लिए अनुशंसित
पंत उड़द 31	2005	70–75	10–12	मध्य प्रदेश के लिए अनुशंसित
प्रसाद	2008	60–65	12–14	कम अवधि की प्रजाति
पंत उड़द 40	2008	70–75	14–15	कम अवधि की प्रजाति
माश 479	2010	82	12.0	बंसत ऋतु में बुवाई हेतु उपयुक्त
माश 114	2010	75–82	9.0	पीले मोजैक वायरस रोग के प्रतिरोधी,
हिमाचल माश	2010	75	14–16	पीले मोजैक वायरस रोग के प्रतिरोधी, खरीफ में बुवाई के लिए अनुमोदित
माश 391	2011	71	8.0	बसंत ऋतु हेतु एवं पीले मोजैक वायरस रोग के प्रतिरोधी,

वीबी एन 6	2012	69	9.0	पीले मोजैक वायरस रोग के प्रतिरोधी
विश्वास	2012	69	10.0	महाराष्ट्र, उ.प्र. गुजरात, म.प्र.
एलबीजी 787	2016	70–75	13–14	पीले मोजैक वायरस रोग के प्रतिरोधी, दक्षिण के लिए अनुमोदित
इंदिरा उड़द प्रथम	2016	70–75	12	छत्तीसगढ़ के लिए अनुशंसित
पीडीकेवी ब्लैक गोल्ड	787	2016	70–80	13–14 महाराष्ट्र
तिरूपति मिनुमू 1	2017	75–80	17–18	पीले मोजैक वायरस रोग के प्रतिरोधी

बीज दरः मार्च–अप्रैल में बुवाई हेतु 30 से 35 कि.ग्रा. तथा जुलाई में बुवाई शुद्ध फसल हेतु 12 से 15 कि.ग्रा. एवं मिश्रित फसल के लिए 8 से 10 कि.ग्रा./है.

बीजोपचारः बीज को 1 ग्राम कार्बेन्डाजिम अथवा 2 ग्रा. थीरम से प्रति कि. ग्रा. की दर से शोधित करने के बाद राइजोबियम कल्चर के एक पैकट से 10 कि. ग्रा. बीजोपचार करें।

बुवाई समयः उत्तरी मैदानी क्षेत्रों में उड़द की बुवाई फरवरी के अंतिम सप्ताह से अप्रैल के प्रथम सप्ताह तक बुवाई कर सकते हैं। खरीफ की बुवाई का उचित समय मध्य जून से मध्य जुलाई है एवं रबी में मध्य अगस्त से सितम्बर है।

फसल चक्रः उड़द कम अवधि व कम बढ़वार की फसल होने के कारण इसे ऊँची बढ़वार वाली फसलों के साथ उगाया जा सकता है। इसी कारण इसका अन्तः फसल प्रणाली में अच्छा स्थान माना जाता है। कुछ फसलें जिनके साथ उड़द को उगाया जाता है, जैसेः

- अरहर+उड़द
- बाजरा+उड़द
- सूरजमुखी+उड़द
- मक्का+उड़द
- गन्ना+उड़द

जायद में उड़द को अनेक सस्यक्रम प्रणालियों में उगाया जा सकता है। ऐसे क्षेत्र जहाँ सिंचाई की सुविधा सीमित हो, एकल फसल के रूप में उगाना उत्तम होता है। कुछ एक वर्षीय फसल चक्र जिनके साथ उड़द को सफलतापूर्वक उगाया जाता है, निम्नवत् हैः

- धान–गेहूँ–उड़द
- आलू–गेहूँ–उड़द,
- अरहर–गेहूँ–उड़द,
- मक्का–उड़द–गेहूँ

अंतरणः खरीफ में 45 सें.मी. तथा गर्मी व रबी में 30×10 सें.मी. एवं बीज 4 से 6 सें.मी. गहराई में बोयें।

उर्वरकः उड़द की प्रारम्भिक अवस्था में अच्छी वृद्धि एवं विकास के लिए 15 से 20 कि.ग्रा. नत्रजन प्रति हैक्टेयर बुवाई के समय देना चाहिए। 15:40:30 अनुपात में एनपीके देना चाहिए।

सिंचाईः ग्रीष्मकालीन उड़द में 10 से 15 दिनों के अंतराल पर 4–5 सिंचाइयों की आवश्यकता पड़ती है। पहली सिंचाई बुवाई के 25 से 30 दिन बाद करनी चाहिए तथा दूसरी सिंचाई फूल आने से पूर्व करनी चाहिए और यदि बहुत आवश्यक हो तो तीसरी सिंचाई भी फली बनने के समय काफी लाभदायक रहती है। फूल आने के समय कभी सिंचाई नहीं करनी चाहिए क्योंकि इससे फूल झड़ने का भय रहता है।

खरपतवार नियंत्रणः उड़द में मौथा, चौलाई, सांठी, मकरा, बादरा, मकोय, चिलमिली आदि उगते हैं। अधिक उत्पादन के लिए खेत को खरपतवार से मुक्त रखना अति आवश्यक है। खेत को कम से कम 45 दिनों तक खरपतवारों से मुक्त रखना चाहिए। खड़ी फसल में प्रथम सिंचाई के बाद एक निराई–गुड़ाई खुरपी से अवश्य करनी चाहिए। यह 20 से 50 प्रतिशत तक क्षति पहुँचा सकते हैं। सामान्यतः बेसालिन की 1 कि.ग्रा. मात्रा 600 लीटर पानी में मिला कर बुवाई के समय खेत में मिला दें अथवा बुवाई के 24 घंटे के अंदर पेन्डीमेथीलीन (स्टाम्प) दवा की 3 लीटर मात्रा का 500 से 600 लीटर पानी में मिलाकर छिड़काव करें।

कीट नियंत्रण

1. **रस चूसने वाले कीटः** माहू, सफेद मक्खी, थ्रिप्स आदि के शिशु व वयस्क पत्तियों की निचली सतह से रस चूसते हैं, जिससे पत्तियां मुरझाकर गिर जाती हैं।

   नियंत्रणः थायोमेथाक्जाम 25 डब्ल्यूजी 25 ग्राम दवा प्रति हैक्टेयर की दर से छिड़काव करें।

2. **कंबल कीड़ेः** ये विभिन्न प्रकार के होते हैं। हरे, भरे काले, लाल व रोयेंदार होते हैं एवं पत्तियों को खाते हैं।

नियंत्रणः उड़द में कंबला कीट की रोकथाम के लिए क्लोरोपाइरीफास 20 ई.सी. की 1.5 लीटर दवा को 600 से 800 लीटर पानी में मिलाकर स्प्रे करें।

3. **फली छेदक इल्ली व नियंत्रणः** इसके नाम से ही पता चलता है कि इल्ली फली के अंदर घुसकर क्षति पहुँचाती है। इससे 35–40 प्रतिशत फलियों को नुकसान पहुँचता है, इसलिए फलियां बनते समय 1 लीटर प्रोफेनोफॉस प्रति हैक्टेयर की दर से छिड़कें तथा आवश्यकता होने पर 15 दिनों बाद फिर से दोहरायें।

4. **फली कीट व नियंत्रणः** यह कीट भूरा व काला होता है, जो पत्तियों में गोल छेद बनाता है। इससे पत्तियां छलनी होकर सूख जाती हैं। ट्रायजोफॉस 1 लीटर दवा प्रति हैक्टेयर 15 दिनों के अंतर से दो बार फसल पर छिड़काव करें।

   समेकित कीट नियंत्रणः इमिडाक्लोप्रिड 600 एफएस 5 मि.मी. प्रति कि.ग्रा. बीज, ट्राइकोडर्मा 4 ग्राम प्रति कि.ग्रा. बीज से बीज उपचार, एनएसकेई 5 प्रतिशत का दो बार एक सप्ताह के अंतराल से छिड़काव बुवाई के 30 दिनों बाद, नोवालुरान 1 मि.ली. प्रति लीटर पानी में घोल बनाकर बुवाई के 45 से 50 दिनों बाद छिड़काव एवं 100 पीले स्टीकिंग ट्रैप प्रति हैक्टेयर लगाकर सभी प्रकार के कीटों पर नियंत्रण किया जा सकता है।

रोग नियंत्रण

1. **पीला मोजैकः** यह विषाणु रोग है, जिसके लक्षण रोगी पत्तों पर गोलाकार पीले धब्बों के रूप में दिखाई देते हैं। ये दाग एक साथ मिलकर तेजी से फैलते हैं। ये ही बाद में पूरे पत्तों को पीला कर देते हैं। यह रोग सफेद मक्खी के द्वारा संचारित होता है।

   नियंत्रणः यलो मोजैक रोग की रोकथाम हेतु डाइमिथोएट 30 ई.सी. दवा की 1.0 ली. मात्रा को 600 ली.पानी में मिलाकर स्प्रे करें एवं उड़द का पत्र दाग रोग की रोकथाम हेतु कार्बेन्डाजिम का एक छिड़काव 500 ग्राम के साथ करें।

2. **पाउडरी मिल्ड्यूः** फसल अवस्था 40 से 45 दिनों की होने के बाद पत्तियों पर सफेद चूर्ण सा दिखाई देता है। इससे पत्तियां गिरने लगती हैं। रोकथाम न करने पर पूरा पौधा नष्ट हो जाता है। देर से बोई गई फसल पर इस रोग का प्रकोप अधिक होता है।

नियंत्रण: घुलनशील गंधक 30 ग्राम को 10 लीटर पानी में अथवा कार्बेन्डाजिम 10 ग्राम का 10 लीटर पानी में घोलकर छिड़काव रोग लक्षण दिखाई देते ही करें।

कटाई: फसल में 25–30 प्रतिशत नमी रहने पर इसकी कटाई की जाती है। फसल पकने पर पौधों को खेत से निकालकर ढेर लगाएं। पौधों से फलियां तोड़कर अच्छी तरह सुखाएं एवं गहाई करें।

उपज: शुद्ध फसल से 15–20 क्विंटल दाना/है. एवं मिश्रित फसल से 8 से 10 क्विंटल दाना/है. प्राप्त होता है।

❑❑❑

अध्याय—12

लोबिया की वैज्ञानिक खेती

भूमिका

चित्रः लोबिया की तैयार फसल

लोबिया को अंग्रेजी में काउ—पी कहते हैं तथा इसका वानस्पतिक नाम, विगना अनज्यूकुलाता है। दाल वाली सब्जियों में लोबिया एक महत्वपूर्ण सब्जी फसल है जिसकी खेती ग्रीष्म एवं वर्षा ऋतु दोनों ही मौसम में सफलतापूर्णक की जाती है। भारत में इसे शुद्ध फसल के तौर पर या मक्का के साथ मिश्रित रूप में उगाया जा सकता है। अन्तः कृषि विविधीकरण के साथ—साथ लोबिया हमारे किसानों के लिए एक लाभप्रद प्रयास सिद्ध हो सकती है। इसकी हरी फलियों को सब्जी एवं सूखे बीजों को दाल व अन्य स्वादिष्ट व्यंजन जैसे, बिस्कुट बनाने, बेकिंग पाउडर तैयार करने, शाकीय दूध बनाने हेतु प्रयोग किया जाता है, जबकि इसके पौधों को पौष्टिक हरे चारे के रूप में पशुओं को खिलाया जाता है। लोबिया के सूखे बीजों में 23 से 28 प्रतिशत तक प्रोटीन पायी जाती है। लोबिया एक दलहनी फसल होने के कारण इसके पौधे वायुमंडल की नत्रजन को राइजोबियम के जीवाणुओं की सहायता से भूमि में संचित करने का कार्य करती हैं जिससे भूमि की उर्वरा—शक्ति में वृद्धि होती है। इसे उगाने की वैज्ञानिक तकनीक की जानकारी प्रस्तुत लेख में दी जा रही है।

जलवायुः लोबिया को ग्रीष्म तथा वर्षा ऋतु में उगाई जाने वाली दलहन फसल है। लोबिया के बीज 14 से 15 डिग्री सेल्सियस से नीचे तापक्रम होने पर अच्छी प्रकार से अंकुरित नहीं हो पाते हैं। फसल पर 40 डिग्री सेल्सियस से अधिक उच्च तापक्रम तक भी कोई हानिकारक प्रभाव नहीं पड़ता है।

भूमि का चयन एवं तैयारः भूमि का चयन करते समय इस बात का ध्यान रखें कि खेत ऊँचा और समतल होना चाहिए और उसमें जल निकासी का उचित प्रबंध हो। दोमट से रेतीली दोमट मृदा इसकी खेती के लिए उपयुक्त होती है। खेत

की तैयारी हैरो से 2 से 3 जुताई करके पाटा लगा देते हैं तथा खेत की मृदा भुरभुरी हो जाए।

किस्मों का चयन

क. **हरी सब्जी के लिए:** पूसा दो फसली, पूसा फाल्गुनी, पूसा बरसाती, पूसा कोमल, पूसा ऋतुराज, टाईप 2, सी–152, वी.एल. 240 इत्यादि।

ख. **दाने के लिए:** अम्बा, स्वर्ण, बी–940 इत्यादि।

बुवाई ऋतु: खरीफ, रबी एवं ग्रीष्म।

दाने एवं हरी फलियों के लिए उपयोगी किस्मों का विवरण

चित्र: पूसा बरसाती किस्म

1. **पूसा दो फसली:** यह शीघ्र पकने वाली खरीफ तथा ग्रीष्म ऋतु दोनों में उगाने के लिए उपयुक्त है। यह किस्म 70 से 80 दिन में पककर तैयार हो जाती है। इसकी फलियां हल्के रंग की तथा लंबी होती हैं। इससे 12 से 15 क्विंटल/है उपज प्राप्त हो जाती है।
2. **पूसा ऋतुराज:** यह किस्म खरीफ तथा ग्रीष्म ऋतु दोनों मौसम में उगाई जा सकती है। इसकी फलियां लगभग 20 सें.मी. लंबी तथा पतली होती हैं। इसके पौधों पर फलियां बहुत अधिक संख्या में लगती हैं। एक हैक्टेयर से लगभग 80 से 86 क्विंटल/हैक्टेयर हरी फलियां मिल जाती है। दाने की उपज 10 से 12 क्विंटल/हैक्टेयर मिल जाती है।
3. **पूसा बरसाती:** यह किस्म 110 से 120 दिन में पककर तैयार हो जाती है। यह किस्म खरीफ मौसम में उगाई जा सकती है। इसकी फलियां लंबी एवं सफेद रंग की होती हैं। इससे 12 से 15 क्विंटल/हैं उपज प्राप्त हो जाती है। फलियों की सब्जी अच्छी बनती है।

बुवाई समय

खरीफ: शुरुआती जून से जुलाई के अंत,

रबी: अक्टूबर–नवम्बर (दक्षिण भारत)

ग्रीष्मःदानाः मार्च का दूसरा से चौथा सप्ताह

चाराः फरवरीः पहाड़ी क्षेत्रः अप्रैल–मई

हरी खादः मध्य जून से जुलाई के प्रथम सप्ताह तक

बुवाई का समय एवं बीज दरः ग्रीष्मकालीन फसल को 15 फरवरी से 15 अप्रैल तक बोया जा सकता है। खरीफ फसल को वर्षा शुरू होते ही बो देना चाहिए। इसकी किस्मों को केरा विधि से 45 सें.मी. के अंतर की पंक्तियों में जुलाई के पहले सप्ताह में बोना चाहिए। प्रति हैक्टेयर बीज की मात्रा 15 से 20 कि.ग्रा. पर्याप्त होती है। प्रति बीघा 1.20 से 1.60 कि.ग्रा. बीज पर्याप्त है।

बीजोपचारः बीज बोने से पहले उसे जीवाणु टीका या राइजोबियम से उपचारित कर लेना चाहिए क्योंकि इस फसल की जड़ों में वातावरण से नत्रजन एकत्र करने वाले सूक्ष्म जीवाणु विद्यमान रहते हैं। 50 ग्रा. गुड़ को आधा लीटर पानी में घोलकर इसमें राइजोबियम का एक पैकेट, जो 250 ग्रा. का होता है, उसे मिला दें। इसके बाद इस घोल को 10 कि.ग्रा. बीज में साफ हाथों से इस प्रकार से मिलाएं ताकि सभी बीज अच्छी तरह से उपचारित हो जाएं। इन उपचारित बीजों का साफ चादर पर डालकर छाया में सुखा लें। उपचारित बीजों की बुवाई करने के उपरान्त पाटा चला दें ताकि बीजों पर सूर्य की किरणें न पड़ें। राइजोबियम से उपचार करने के बाद ही कवकनाशी बैविस्टिन और थीरम (1:1) 3 ग्रा. प्रति कि.ग्रा. बीज की दर से भी उपचारित कर लेना चाहिए।

अंतरणः पंक्ति से पंक्तिः 30 सें.मी. से 45 सें.मी.

पौधे से पौधेः 10 सें.मी. से 15 सें.मी.

सिंचाई एवं जल निकासः मृदा में उपलब्ध नमी 50 प्रतिशत रहने पर सिंचाई करनी चाहिए। ग्रीष्मकालीन फसल में 10 से 15 दिन के अंतर पर सिंचाई की जाती है। खेत में आवश्यकता से अधिक जल होने पर निकाल देना चाहिए।

खाद एवं उर्वरकः लोबिया की खेती के लिए खेत तैयारी के समय 10 टन गोबर की सड़ी खाद को मिला देना चाहिए। लोबिया में 20: 40:20 कि.ग्रा. प्रति हैक्टेयर एन.पी.के. की मात्राएं प्रयोग करनी चाहिए।

फसल चक्र एवं मिश्रित खेती

1. लोबिया–ज्वार–गेहूँ
2. लोबिया+मक्का–गेहूँ
3. लोबिया+बाजरा–गेहूँ
4. लोबिया+ज्वार–गेहूँ
5. लोबिया–मक्का–गेहूँ
6. लोबिया–धान–गेहूँ

खरपतवार नियंत्रणः लोबिया में बुवाई के बाद दो निराई–गुड़ाई करना आवश्यक है। यदि रसायनों का प्रयोग करना हो तो पैंडीमेथीलिन (स्टाम्प 30 ई. सी.) की 3.45 से 3.75 लीटर मात्रा प्रति हैक्टेयर या लासो खरपतवारनाशी दवा की 3 लीटर मात्रा प्रति हैक्टेयर को 750 लीटर पानी में घोलकर बुवाई के 48 घण्टे के भीतर छिड़काव करना चाहिए। पैंडीमेथीलिन की 275 मि.ली. मात्रा खरपतवारनाशी की 240 मि.ली. मात्रा प्रति बीघा को 60 लीटर पानी में घोलकर बुवाई के 48 घण्टे के भीतर प्रति बीघा में छिड़काव करना चाहिए।

लोबिया के प्रमुख कीट

चूसक कीटः माहू, तैला एवं सुरंगी कीट

ये कीट पौधों की मुलायम टहनियों, पत्तियों तथा वृद्धि कलिकाओं से पौधों के पोषक रस को चूसकर उन्हें कमजोर कर देते हैं जिससे पौधों की शाखाएं तथा पत्तियां पीली होकर सूखने लगती हैं। परिणामस्वरूप फसल परिपक्वता अवधि से पहले ही सूख जाती है जिससे फसल की उत्पादन क्षमता कम हो जाती है, जबकि सुरंगी कीट (लीफ माइनर) की बहुत छोटी–छोटी मैगट (सूंड़ियां) पत्तियों की फलक के मध्यम सतह में टेढ़ी–मेढ़ी सुरंगनुमा लाइन बना देती हैं जिससे उनकी प्रकाश–संश्लेषण की प्रक्रिया बाधित होती है।

रोकथाम के उपाय

कीटनाशी डाइमेथोएट 30 ई.सी. दवा की 1.0 से 2.0 मि.ली. प्रति लीटर मात्रा को पानी की दर से आवश्यकतानुसार मात्रा में घोल तैयार करके शाम के समय फसल पर छिड़काव करें। यदि आवश्यक हो तो 10 से 12 दिन बाद यह छिड़काव पुनः करें।

कुतरा, भुंडली एवं फली छेदक कीट

कुतरा व भुंडली कीट की गिडार फसल की वनस्पतिक वृद्धि अवस्था में पत्तियों में अनियमित आकार के छेद कर उनको खाती है व हानि पहुँचाती हैं। जबकि फली छेदक कीट गिडार पौधों की मुलायम पत्तियों का खाकर विकसित होती हैं, तत्पश्चात मुखांग विकसित होने पर वे मुलायम फलियों में घुसकर बन रहे दानों को खाकर फसल को प्रत्यक्ष हानि पहुँचाती हैं। कीट से संक्रमित फलियों की गुणवत्ता एवं विपणन क्षमता घट जाती है।

रोकथाम के उपाय

इन कीटों की रोकथाम हेतु कीटनाशी डेल्टामेथ्रिन या साइपरमेथ्रिन 0.5 मि. ली. प्रति लीटर पानी या क्वीनलफॉस 1.0 मि.ली. प्रति लीटर पानी की दर से आवश्यकतानुसार मात्रा में घोल तैयार कर शाम के समय फसल पर छिड़काव करें या एमामैक्टिन बैन्जोएट (5 प्रतिशत एस.जी.) या बैसिलस थरिन्जिएनसिस (जैविक कीटनाशी) 0.5 ग्राम प्रति लीटर पानी के घोल का षाम के समय फसल पर छिड़काव करें।

लोबिया के प्रमुख रोग

लोबिया की फसल में मुख्यतः पत्ती का धब्बा रोग, रस्टरोग, उक्ठा रोग, पीला मोजैक रोग तथा जीवाणु अंगमारी, रोग का प्रकोप होता है जिनकी रोकथाम हेतु निम्नवत सुझाव दिए जा रहे हैं:

1. पत्तियों का धब्बा एवं रस्ट रोग

धब्बा रोग के कारण पत्तियों की सतह पर अनियमित आकार के धब्बे बनते हैं जो कि पत्तियों की ऊपर की सतह पर अधिक साफ दिखाई देते हैं। ये धब्बे आपस में मिलकर पत्ती के बड़े भाग को घेर लेते हैं जिससे पत्तियां सूखने लगती हैं और फसल की उत्पादन क्षमता पर विपरीत प्रभाव पड़ता है। रस्ट रोग के कारण चमकदार बैंगनी रंग के ऊतकक्षयी धब्बे बनते हैं जो कि कुछ ही दिनों में पत्तियों की ऊपरी सतह पर भी फैल जाते हैं। रोग प्रकोप की तीव्र अवस्था में पत्तियां झुलसी हुई दिखाई देने लगती हैं जो कि कुछ ही दिनों में गिरने लगती हैं। रोगी पौधों की फलियां समय से पहले सूख जाने से उनके दाने पतले/चिपटे एवं सिकुड़ जाते हैं।

रोकथाम के उपायः बुवाई पूर्व बीज उपचार अवश्य करें, जिसके लिए कार्बेन्डाजिम (50 डब्ल्यू.पी) या थीरम 2.5 ग्रा. प्रति ग्रा. बीज की दर से प्रयोग करें।

2. उक्ठा रोग

इस रोग के कारण रोगी पौधों की जड़ें सुखने लगती हैं जिससे कुछ ही दिनों में पूरा पौधा सूख जाता है जिससे फसल उत्पादन में अत्यधिक हानि होती है।

रोकथाम के उपायः उपचारित बीज ही बोएं एवं रोग रोधी प्रजातियों का चयन करें।

3. पीला मोजैक रोग

इस रोग के प्रकोप से पौधों की पत्तियां पीले रंग की दिखाई देने लगती हैं तथा पौधों की बढ़वार विकृतिनुमा हो जाती है।

रोकथाम के उपायः यह रोग सफेद मक्खी कीट के द्वारा फसल में विषाणु के संक्रमण से प्रसारित किया जाता है, इसलिए सफेद मक्खी के नियंत्रण हेतु संश्लेषित कीटनाशी डायमेथोएट 30 ई.सी. 1.0 से 2.0 मि.ली. प्रति लीटर पानी की दर से घोल तैयार कर 8 से 10 दिनों के अंतराल पर 2 से 3 छिड़काव करें।

4. जीवाणु अंगमारी रोग

यह रोग वातावरण में अधिक नमी युक्त तापक्रम होने पर तेजी से फैलता है। रोगी पौधों की पत्तियां मुरझाकर नीचे को लटक कर सूख जाती हैं।

रोकथाम के उपायः फसल पर समयानुसार हल्की सिंचाई करें तथा फसल में जल भराव नहीं होने दें। जल निकास का उचित प्रबंधन करें। कवकनाशी रिडोमिल 1.0 ग्रा. प्रति लीटर पानी की दर या कार्बेन्डाजिम (50 डब्ल्यू.पी.) की 2.0 ग्राम तथा स्ट्रेप्टोसाइक्लिन 0.25 ग्रा. प्रति लीटर पानी के मिश्रित घोल का फसल पर छिड़काव करें।

कटाईः चारे व हरी खाद के लिए इसकी फसल 60 से 70 दिन में व दाने के लिए 90 से 100 दिन में पककर तैयार हो जाती है। दाने की फसल वर्षा ऋतु में 50 प्रतिशत फलियां पकते ही तोड़ लेनी चाहिए।

उपजः ग्रीष्मकालीन फसल से दाना 10 से 15 क्विंटल/हैक्टेयर एवं वर्षाकालीन फसल से दाना 15से 20 क्विंटल/हैक्टेयर तक प्राप्त हो जाता है।

उच्च उत्पादन प्राप्त करने की अनुशंसा

1. 3 वर्ष में एक बार ग्रीष्मकालीन गहरी जुताई करें।
2. बुवाई से पहले बीजोपचार करना चाहिए।
3. उर्वरक का अनुप्रयोग मृदा परीक्षण पर आधारित होना चाहिए।
4. खरपतवार नियंत्रण सही समय पर करना चाहिए।
5. पौधों की तुलना के लिए समेकित उपाय अपनाएं।

❑❑❑

अध्याय–13

सोयाबीन की वैज्ञानिक खेती

भूमिका

सोयाबीन आधुनिक युग में चमत्कारिक और बहुविकल्पीय फसल के रूप में लोकप्रिय है। सोयाबीन एक महत्वपूर्ण खाद्य स्रोत है। शाकाहारी लोगों का इसे मांस भी कहा जाता है, क्योंकि इसमें बहुत अधिक प्रोटीन होता है। पोषण हेतु सोयाबीन उच्च गुणवत्तायुक्त प्रोटीन का स्रोत है। वर्तमान युग में इसे **कल्पतरू** की संज्ञा दी जाती है। इससे खाने योग्य गुणकारी खाद्य–पदार्थ बनाए जा सकते हैं। दलहन के रूप में सोया प्रोटीन माँस एवं अण्डे के प्रोटीन से अधिक गुणकारी एवं शीघ्र पचनीय तथा तिलहन के रूप में इसका खाद्य तेलों की सर्वोत्तम श्रेणी में आता है। भारत में 5 वर्ष से कम आयु वर्ग के कुल बच्चों में से लगभग आधे गम्भीर रूप से कुपोषित हैं। खाद्य एवं कृषि संगठन की अनुशंसा के अनुसार 25 ग्राम सोयाबीन को प्रतिदिन उपयोग में लाने से उत्तम स्वास्थ्य लाभ प्राप्त किया जा सकता है। सोयाबीन से बने खाद्य पदार्थों को दिनों दिन प्रयोग करने से हृदय रोग की संभावना कम जाती है। इस प्रोटीन के सेवन से कैंसर, ऑस्टियोपोरोसिस, मासिक धर्म सम्बन्धी रोग, किडनी रोग आदि को नियंत्रित किया जा सकता है। घरेलू स्तर पर सोया नमकीन, अंकुरित सोयाबीन की सब्जी, सोयाबीन की हरी फलियां, सोया आटा, सोया दूध, सोया पनीर इत्यादि खाद्य पदार्थ आसानी से बनाए जा सकते हैं।

सारणी 1: सोयाबीन में प्रमुख पोषक तत्व प्रति 100 ग्राम

क्र.सं.	पोषक तत्व	मात्रा
1.	ऊर्जा	416 कैलोरी
2.	पानी	8.5 ग्राम
3.	प्रोटीन	36.5 ग्राम
4.	वसा	19.9
5.	फैटी एसिड	2.9 ग्राम
6.	कार्बोहाइड्रेट	30.2 ग्रा.
7.	रेशा	9.0 ग्रा.
8.	कैल्शियम	277 मि.ग्रा.
9.	लौह	15.7 मि.ग्रा.
10.	मैग्नीशियम	280 मि.ग्रा.
11.	फॉस्फोरस	704 मि.ग्रा.
12.	पोटैशियम	1797 मि.ग्रा.
13.	सोडियम	2.0 मि.ग्रा.
14.	जिंक	4.9 मि.ग्रा.
15.	कॉपर	1.7 मि.ग्रा.
16.	मैंगनीज	2.52 मि.ग्रा.
17.	सेलेनियम	17.8 मि.ग्रा.
18.	विटामिन सी	6.0 मि.ग्रा.
19.	विटामिन बी 1	0.874 मि.ग्रा.
20.	विटामिन बी 2	0.87 मि.ग्रा.
21.	विटामिन बी 3	1.62 मि.ग्रा.
22.	फोलिक अम्ल	375 म्यू.ग्रा.
23.	विटामिन ए	2.0 म्यू.ग्रा.
24.	विटामिन ई	1.95 मि.ग्रा.

स्रोत: सोयाबीन का पौष्टिक महत्व स्वास्थ्य सुरक्षा द्वारा डॉ. कृष्णचन्द्र चौ. कुरूक्षेत्र पत्रिका नवंबर 2013, पृ.सं. 413

भारत में व्याप्त प्रोटीन कुपोषण की समस्या के समाधान हेतु सोयाबीन एक अत्यंत प्रभावी, उपयोगी महत्वपूर्ण खाद्य–पदार्थ है, जिसे आसानी से प्राप्त किया जाता है। सोयाबीन, मानव पोषण एवं स्वास्थ्य के लिए एक उपयोगी खाद्य पदार्थ है। इसमें 40–45 प्रतिशत प्रोटीन एवं 20–22 प्रतिशत तक तेल की मात्रा उपलब्ध है। इसके प्रयोग से प्रचुर मात्रा में प्रोटीन मिलती है।

विश्व में 60 प्रतिशत सोयाबीन अमरीका में पैदा होता है। भारत में सबसे अधिक सोयाबीन का उत्पादन मध्य प्रदेश में होता है। सोयाबीन की खेती मैदानी क्षेत्र में की जाती है। भारत में तिलहनों के उत्पादन में इसका प्रथम स्थान है। देश में खाद्य तेल के कुल उत्पादन में सोयाबीन का सरसों के बाद द्वितीय स्थान है। वर्ष 2018–19 के दौरान भारत में तिलहनों के कुल क्षेत्रफल (255 लाख हैक्टेयर) व उत्पादन (322.6 लाख) में सोयाबीन का क्रमशः 44.5 तथा 42.74 प्रतिशत योगदान के साथ प्रथम स्थान रहा है। भारत में उत्पादित कुल सोयाबीन का 93.68 प्रतिशत मध्य प्रदेश, महाराष्ट्र तथा राजस्थान में होता है। अन्य उत्पादक राज्यों में कर्नाटक, आन्ध्र प्रदेश, गुजरात, छत्तीसगढ़ इत्यादि प्रमुख हैं। प्रति हैक्टेयर उत्पादकता में सोयाबीन (1216 कि.ग्रा.) का सरसों (1499 कि.ग्रा.) व मूँगफली (1393 कि.ग्रा.) के बाद तृतीय स्थान है।

जलवायु

सोयाबीन की अच्छी पैदावार के लिए गर्म एवं नम जलवायु की आवश्यकता होती है। बीजों के अंकुरण के लिए 15 से 25 डिग्री सेल्सियस तथा वृद्धि के लिए 25 से 30 डिग्री से. तापमान होना चाहिए। उपयुक्त 600 से 700 मि.मी. वार्षिक वर्षा की आवश्यकता होती है।

मृदाः अच्छे जल निकासी वाली क्षारीयता रहित, मध्यम से भारी दोमट मिट्टी जिसका पी.एच. मान 6.0 से 7.5 हो, उपयुक्त होती है।

मृदा की तैयारीः सोयाबीन की बुवाई से पहले ट्रैक्टर चालित हैरो से गर्मियों में दो गहरी जुताई करने से वर्षा जल का संरक्षण होने के साथ–साथ भूमिगत कीटों एवं रोगों के संक्रमण की आशंका कम होती है।

उन्नतशील प्रजातियांः पूसा–12, पूसा–14, 16, 20, पूसा–9712, पूसा–9814, अहिल्या 2, 3, 4, जे.एस. 71–05, 80–21, 335, 93–05, 95–60, ब्रेग, क्लार्क, गौरव, मोनेटो, अलंकार, प्रताप सोया, शिलाजीत, शिवालिक, दुर्गा, पंजाब–1 इत्यादि।

सारणी 2: सोयाबीन की उन्नत किस्में

क्र.सं.	प्रजाति	पकने की अवधि (दिनों में)	पैदावार (क्विंटल/है.)	अनुमोदित क्षेत्र
1.	एनआरसी 7	90–99	25–30	मध्य क्षेत्र
2.	एनआरसी–37	96–102	30–35	मध्य क्षेत्र
3.	जेस–335	95–100	25–30	मध्य क्षेत्र
4.	जेस–95–60	82–88	20–25	मध्य भारत
5.	जेस–20–34	90–95	20–25	मध्य प्रदेश, महाराष्ट्र, उत्तर प्रदेश, राजस्थान
6.	जेस–20–69	80–85	20–25	मध्य प्रदेश, महाराष्ट्र, उत्तर प्रदेश, राजस्थान
7.	जेस–93–05	90–95	20–25	मध्य क्षेत्र
8.	जेस–20–29	–	20–25	मध्य प्रदेश, महाराष्ट्र, उत्तर प्रदेश, राजस्थान
9.	जेस–97–52	98–102	25–30	उत्तरी–पूर्वी क्षेत्र तथा मध्य क्षेत्र
10.	फुल अग्रणी	90–95	22–24	महाराष्ट्र, कर्नाटक, तमिलनाडु, तेलंगाना
11.	डीएस–97–12	90–100	25–30	उत्तरी मैदानी क्षेत्र
12.	डीएस–228	90–100	22–25	महाराष्ट्र
13.	हरा सोया	90–98	20–22	उत्तरी मैदानी क्षेत्र
14.	वीएल भट्ट–65	115–120	25–30	उत्तराखंड
15.	वीएलएस–7	115–120	20–25	उत्तराखंड
16.	जेड–2029	90–100	20–25	मध्य प्रदेश, महाराष्ट्र, उत्तर प्रदेश, राजस्थान
17.	जेड–2034	90–100	20–25	मध्य प्रदेश, महाराष्ट्र, उत्तर प्रदेश, राजस्थान
18.	पंत सोया–19	90–105	18–20	उत्तराखंड

बीज दर: सामान्य बीज दर 70–80 कि.ग्रा. प्रति हैक्टेयर प्रयोग करते हैं। मोटे दाने वाली प्रजातियों के लिए 80–100 कि.ग्रा. एवं मध्यम दाने वाली प्रजातियों के लिए 70–75 कि.ग्रा. बीज प्रति हैक्टेयर की दर से प्रयोग करना चाहिए।

बीजोपचार: बुवाई से पूर्व प्रति कि.ग्रा. बीज को 2 ग्रा. थीरम एवं 1 ग्रा. कार्बेन्डाजिम 50 प्रतिशत घुलनशील चूर्ण के मिश्रण से शोधित कर लेना चाहिए तथा

राइजोबियम कल्चर तथा फॉस्फोरस घोलक जीवाणु टीकों से भी उपचारित करना चाहिए।

बुवाई खरीफ में: 25 जून से 15 जुलाई तक, दक्षिणी क्षेत्रों में 15 जून से जुलाई के अन्त तक तथा उत्तरी–पूर्वी क्षेत्रों में 15 जून से 15 जुलाई तक पूरी कर लेनी चाहिए।

बुवाई जायद में: फरवरी से मार्च तक।

बुवाई रबी में: नम्बर में।

अंतरण: पंक्ति से पंक्ति 45 सें.मी. एवं पौधे से पौधे की दूरी 4 से 5 सें.मी.।

खाद एवं उर्वरक: प्रति हैक्टेयर में बुवाई से अंतिम जुताई के समय 8 से 10 टन गोबर की खाद मिला देनी चाहिए तथा 20 कि.ग्रा. नत्रजन, 60 से 80 कि.ग्रा. फॉस्फोरस तथा 40 से 50 कि.ग्रा. पोटाश तथा 20 से 25 कि.ग्रा. सल्फर की मात्राएं प्रति हैक्टेयर प्रयोग करें।

सिंचाई: सोयाबीन वर्षा ऋतु में ही प्रमुख रूप से बोई जाती है। इसलिए फसल को जल की अधिकतम पूर्ति वर्षा से ही हो जाती है। यदि लम्बे समय तक वर्षा न हो तो सूखे की स्थिति में सिंचाई कर देनी चाहिए। सोयाबीन में सिंचाई फूल आने से पूर्व एवं फली बनते समय करनी चाहिए।

खरपतवार नियंत्रण: सोयाबीन की उपज में खरपतवारों द्वारा क्षति 70 प्रतिशत तक हो सकती है। इसलिए अधिकतम उत्पादन प्राप्त करने के लिए फसल को प्रथम 30 से 35 दिनों तक खरपतवारों से मुक्त रखना आवश्यक है। फ्लूक्लोरालिन (बासालिन) या ट्राइफ्लूरेलिन (ट्रेफलान) दवा की 1.0 कि.ग्रा./ हैक्टेयर मात्रा को बुवाई से पहले खेत में मिला दें। बुवाई के एक दिन बाद एलाक्लोर (लासो) की 1.5 से 2.0 कि.ग्रा. मात्रा को 500 लीटर पानी में मिला कर सतह पर स्प्रे करें। खड़ी फसल में क्यूरिन की 8 से 12 ग्रा. मात्रा प्रति हैक्टेयर की दर से 500 ली. पानी में मिलाकर छिड़काव करें।

सोयाबीन में कीट नियंत्रण: सोयाबीन में सफेद मक्खी, बाल वाली सूंड़ी एवं फली छेदक कीट के नियंत्रण के लिए क्लोरोपाइरोफास की 1.5 लीटर दवा को 600 लीटर पानी में घोलकर प्रति हैक्टेयर की दर से स्प्रे करें। तना मक्खी के नियंत्रण हेतु फोरेट 10 जी 10 कि.ग्रा. प्रति हैक्टेयर की दर से बुवाई के समय उर्वरक के साथ मिट्टी में मिलायें। तम्बाकू की इल्ली एवं बिहार रोमिल सूंड़ी के नियंत्रण हेतु क्वीनालफॉस 25 ई.सी. 1.5 लीटर मात्रा प्रति हैक्टेयर का प्रयोग करें।

रोग नियंत्रणः चारकोट रोट की रोकथाम के लिए कार्बेन्डाजिम 2 ग्रा./कि.ग्रा. बीज की दर से बीजोपचार करना चाहिए। पीलिया रोग, लौह एवं जिंक की कमी से होता है। इसके नियंत्रण फैरस सल्फेट की 0.5 प्रतिशत का स्प्रे करें तथा बैंगनी धब्बा रोग की रोकथाम के लिए कार्बोन्डाजिम 50 डब्ल्यू पी 0.5 कि.ग्रा. दवा का 700 लीटर पानी में घोलकर छिड़काव करें।

कटाई एवं गहाईः सोयाबीन की कटाई पौधों से पत्तियां झड़ने के बाद जब फलियों का रंग पीला या भूरा दिखाई देने लगे, तो कर लेनी चाहिए। इसके बाद जब पौधे 4 से 5 दिनों में सूर्य के प्रकाश में सूख जाएं तो थ्रेशर मशीन से फसल की गहाई कर उपज को बोरियों में भर लेना चाहिए।

उपजः 25–30 क्विंटल/है. सिंचित क्षेत्रों एवं 10 से 15 क्विंटल/हैक्टेयर असिंचित क्षेत्रों में प्राप्त होती है।

□□□

अध्याय–14

मटर की वैज्ञानिक खेती

मटर रबी मौसम की प्रमुख फसल है। मटर ठंडे क्षेत्रों में उगाई जाने वाली प्रमुख सब्जी व दलहन फसल होने के कारण मटर का बहुत अधिक महत्व है। अगेती फसल मटर बाजार में काफी महंगी बिकती है। किसान भाइयों को चाहिये कि अगेती फसल की खेती करके पहले बाजार में मटर की फलियों को लाकर बेचें। इससे अधिक लाभ होता है। इसे सब्जी और दाल के रूप में प्रयोग किया जाता है। इसकी हरी फलियां सब्जी बनाने और सूखी फलियां दालें बनाने के लिए उपयोग की जाती हैं। छोलों के रूप में भी इसका प्रयोग किया जाता है। यह फसल पशुओं के लिए चारे के तौर पर भी प्रयोग की जाती है। हरी फलियों का प्रयोग अनेक प्रकार के व्यंजनों को बनाने में करते हैं। हरे बीजों को परिरक्षण के द्वारा डिब्बाबंदी (कैनिंग) करके बे–मौसम में खाने के लिए प्रयोग किया जाता है। हरी मटर भारत में सबसे लोकप्रिय सब्जियों में एक है। यह बहुत ही पौष्टिक रहती है। इसमें पाचक प्रोटीन प्रचुर मात्रा में (7.2 ग्रा./100 ग्रा.) रहता है, साथ ही इसमें शर्करा 7.2 ग्राम, विटामिन सी 9.0 मि.ग्रा. तथा फॉस्फोरस 139 मि.ग्रा. भी रहता है। यह फसल उत्तर प्रदेश, हिमाचल प्रदेश, मध्य प्रदेश, हरियाणा, पंजाब, कर्नाटक और बिहार में उगाई जाती है। मटर को दलहनों की रानी कहते हैं। मटर को तीन वर्गों में विभाजित किया जाता है:

1. दाने वाली मटर (फील्ड पी)/देशी मटर–पाइसम सैटावम –किस्म आर्वेसिस
2. सब्जी वाली मटर (टेबल पी)– पाइसम सैटावम –किस्म हॉटनैस
3. फूलों वाली अलंकारिक मटर (गार्डन पी)

मटर का उत्पादन परिदृश्य

भारत में मटर का संभावित क्षेत्रफल वर्ष 2018–19 में 5.54 लाख हैक्टेयर था। जबकि उत्पादन 5524 मीट्रिक लाख टन एवं उत्पादकता 9 क्विंटल/हैक्टेयर थी। मटर उगाने वाले प्रदेशों में उत्तर प्रदेश प्रमुख हैं। उत्तर प्रदेश में 4.34 लाख हैक्टेयर क्षेत्र में मटर उगाई जाती है, जो कुल राष्ट्रीय क्षेत्र का 53.7 प्रतिशत है। इसके अतिरिक्त मध्य प्रदेश में 2.7 लाख हैक्टेयर, ओडिशा में 0.48 लाख., बिहार में 0. 28 लाख हैक्टेयर क्षेत्र में मटर उगाई जाती है।

सारणी 1: वर्ष 1970–71 से 2018–19 के दौरान मटर का क्षेत्र, उत्पादन एवं उत्पादकता

वर्ष	क्षेत्रफल (हजार हैक्टेयर)	उत्पादन (हजार टन)	उत्पादकता (कि.ग्रा./है.)
1970-71	0.93	0.78	842
1971-72	0.88	0.66	755
1972-73	0.81	0.46	572
1973-74	0.36	0.15	411
1974-75	0.69	0.48	688
1975-76	0.71	0.55	767
1976-77	0.68	0.44	643
1977-78	0.60	0.36	596
1978-79	0.60	0.35	586
1979-80	0.49	0.23	482
1980-81	0.42	0.29	688
1981-82	0.43	0.30	691
1982-83	0.45	0.33	723
1983-84	0.44	0.36	819
1984-85	0.44	0.33	746
1985-86	0.50	0.43	851
1986-87	0.48	0.39	810
1987-88	0.43	0.38	875
1988-89	0.44	0.42	942
1989-90	0.51	0.46	909
1990-91	0.55	0.60	1090
1991-92	0.58	0.55	954
1992-93	0.61	0.55	903

1993-94	0.69	0.64	927
1994-95	0.76	0.67	879
1995-96	0.76	0.64	836
1996-97	0.73	0.72	987
1997-98	0.74	0.66	891
1998-99	0.83	0.71	845
1999-00	0.79	0.81	1029
2000-01	0.65	0.54	819
2001-02	0.67	0.61	906
2002-03	0.66	0.59	891
2003-04	0.71	0.73	1022
2004-05	0.79	0.79	993
2005-06	0.78	0.72	920
2006-07	0.76	0.62	814
2007-08	0.63	0.48	768
2008-09	0.72	0.66	916
2009-10	0.76	0.67	883
2010-11	0.73	0.59	814
2011-12	0.76	0.71	934
2012-13	0.76	0.84	1099
2013-14	1.16	1.13	969
2014-15	1.16	1.01	947
2015-16	0.9	0.74	821
2016-17	1.06	1.01	955
2017-18	0.83	0.99	1204
2018-19	0.61	0.81	1338

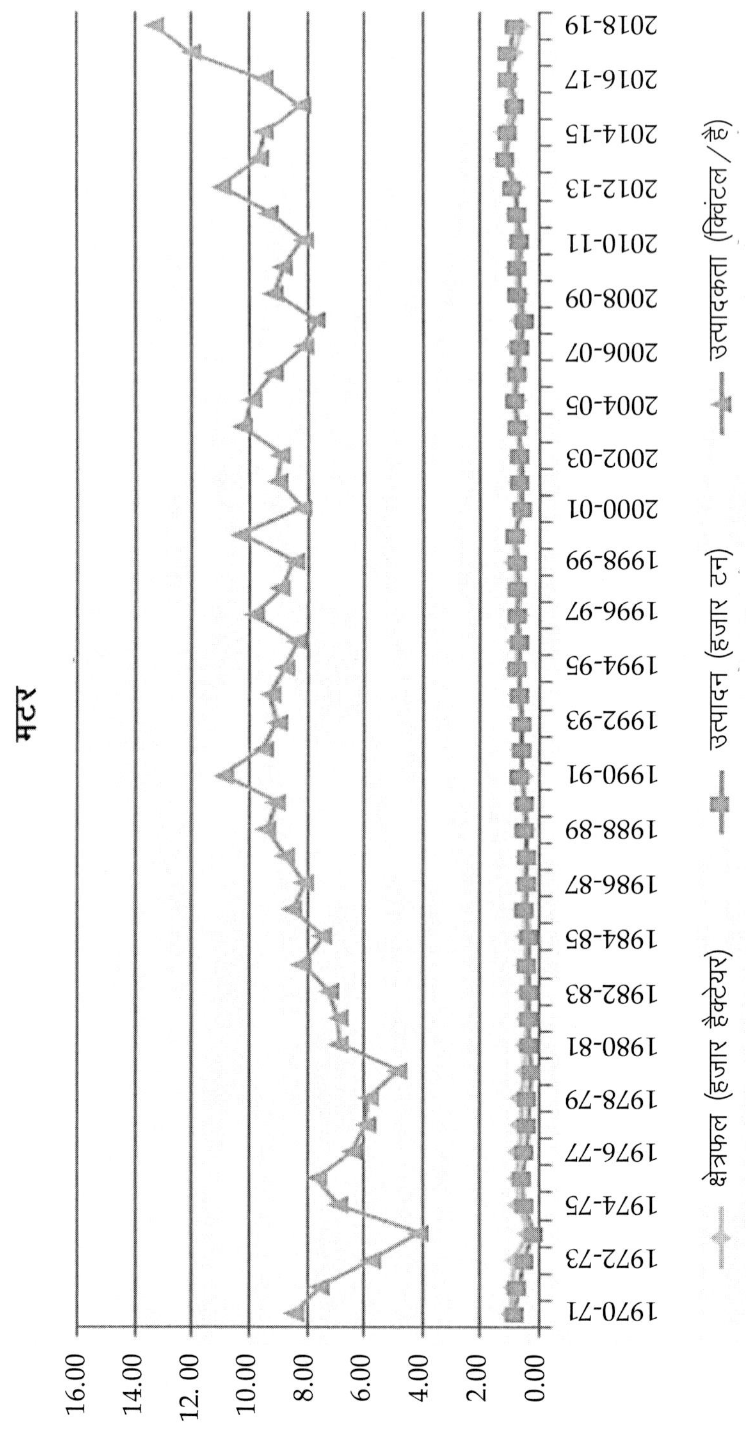

चित्र: वर्ष 2018–19 के दौरान मटर का क्षेत्र, उत्पादन एवं उत्पादकता

सारणी 2: मटर के दाने का पोषण मान (प्रति 100 ग्राम)

पोषक तत्व का नाम	मात्रा/इकाई	पोषक तत्व का नाम	मात्रा/इकाई
नमी	72.0 ग्रा.	खनिज पदार्थ	0.8 ग्रा.
वसा	0.1 ग्रा.	कार्बोहाइड्रेट्स	15.8 ग्राम
रेशा	4.0 ग्रा.	कैल्शियम	20.0 मि.ग्रा.
कैलोरी	93.0 मि.ग्रा.	मैग्नीशियम	34.0 मि.ग्रा.
प्रोटीन	7.2 ग्रा.	फॉस्फोरस	139.0 मि.ग्रा.
सोडियम	23.0 मि.ग्रा.	पोटैशियम	79.0 मि.ग्रा.
तांबा	1.5 मि.ग्रा.	लौह	1.6 मि.ग्रा.
विटामिन	129.0 आई.यू.	विटामिन सी	9.0 मि.ग्रा.

जलवायु: यह शीत ऋतु की फसल है एवं ठण्डे मौसम में अच्छा उत्पादन देती है। अंकुरण के लिये 22 डिग्री सेल्सियस तापक्रम की आवश्यकता होती है। पुष्पन अवस्था में पाला फसल को बहुत अधिक नुकसान पहुँचा सकता है। अतः मटर को पाले से सुरक्षित रखना अति आवश्यक है। फसल की वृद्धि की लिये 13 से 18 डिग्री सेल्सियस तापक्रम उत्तम है।

भूमि एवं तैयारी: मटर की खेती विभिन्न प्रकार की मृदाओं में की जा सकती है, फिर भी गंगा के मैदानी भागों की गहरी दोमट मिट्टी इसके लिए सबसे अच्छी रहती है। इसे मिट्टी की विभिन्न किस्मों, रेतली दोमट से चिकनी मिट्टी में उगाया जा सकता है। यह अच्छे निकास वाली मिट्टी में उगाने पर अच्छे परिणाम देती है। मृदा की पी.एच. 6 से 7.5 होनी चाहिए। यह फसल जल जमाव वाले परिस्थितियों में खड़ी नहीं रह सकती। मटर के लिए भूमि को अच्छी तरह तैयार करना चाहिए। सब्जी मटर की उन्नत खेती के लिए खेत की तैयारी करते समय इस बात का अवश्य ध्यान रखें कि खेत में पर्याप्त मात्रा में नमी है कि नहीं। यदि नहीं है, तो खेत का पहले ही पलेवा कर लेना चाहिए और खेत में जब ओट आ जाय, तब खेत की तैयारी करनी चाहिए। खेत की पहली जुताई डिस्क हैरो से तथा 2–3 जुताई कल्टीवेटर से करके खेत की मिट्टी भुरभुरी बना लेनी चाहिए। यह ध्यान रहे कि प्रत्येक जुताई के बाद पाटा अवश्य लगाए इससे खेत थोड़ा बहुत समतल भी हो जाता है जिससे सिंचाई में सुविधा होती है और नमी भी बनी रहती है। मटर का बीज उन्हीं खेतों में करना चाहिए जिसमें पहले मटर की खेती की गयी हो, अन्यथा जड़ों में गांठ (नोड्यूल) नही बनता और पैदावार भी सामान्य की अपेक्षा थोड़ी कम होती है।

मटर की उन्नत प्रजातियां

मटर वास्तव में एक नकदी फसल है और किसान भाइयों को बहुत ही कम समय में अच्छी आमदनी मिल जाती है। उनकी परिपक्वता अवधि के अनुसार मटर की तीन प्रकार की किस्में होती हैं जो निम्न हैं:

1. **अगेती किस्में**: बीज बुवाई के लगभग 60 से 65 दिनों बाद तुड़ाई के लिए तैयार हो जाती है। इनमें मुख्य है काशी नंन्दिनी, अर्केल, अगेता–6, बोनबिले एवं रचना इत्यादि।
2. **मध्यावधि वाली किस्में**: बीज बुवाई के लगभग 70 दिनों बाद तुड़ाई योग्य तैयार हो जाती है। इस तरह की किस्मों में मुख्य हैं काशी उदय, आजाद पी–3 इत्यादि।
3. **मध्यम देर वाली किस्में**: इस के अवधि वाली किस्मों में ऐसी किस्में आती हैं जिनकी फलियां प्रायः 80–100 दिनों में तुड़ाई के लिये तैयार होती हैं। इस प्रकार की किस्मों में प्रमुख हैं आजाद पी–1, काशी समरथ इत्यादि।
4. **चूर्णिल आसिता से अवरोधी किस्में**: इस प्रकार की किस्में देर से उगायी जाने के लिए उपयुक्त है क्योंकि देर वाली मटर की फसलों में चूर्णिल आसिता बीमारी का अधिक प्रकोप होता है। कुछ ऐसी किस्में हैं जो इस बीमारी के प्रति अवरोधी हैं, जैसे, काशी मुक्ति, अर्का अजीत इत्यादि।

सब्जी वाली मटर की प्रजातियां: अर्केल, बोनविल, अर्ली बैजर, अर्ली दिसम्बर, असौजी, पंत उपहार, जवाहर मटर, टा. 19, 56 एवं एन.पी. 29 इत्यादि।

दाल वाली मटर की प्रजातियां: टा. 163, रचना, स्वर्ण रेखा, वी.एल. 1, हंस, ई.सी. 33866 आदि।

मटर की खेती के लिए उन्नतशील किस्मों का विवरण

पूसा प्रगति: फलियों की लम्बाई 9–10 सें.मी. एवं प्रति फली 8–10 दाने पाये जाते हैं। पहली तुड़ाई 60–65 दिन में हो जाती है एवं पाउडरी मिल्डयू प्रतिरोधी किस्म है। इसकी उपज 70 क्विंटल हरी फलियां प्रति हैक्टेयर हैं।

अर्किल: यह लगभग 60 से 65 दिनों में शीघ्र पकने वाली यूरोपियन किस्म है।

पीएलएम–3: फलियों की लम्बाई 8–10 सें.मी. एवं फलियों में 8–10 दाने पाये जाते हैं। पहली तुड़ाई 60–65 दिन में हो जाती है। इसकी उपज 90 क्विंटल प्रति हैक्टेयर हरी फलियां हैं।

जवाहर मटर–3: यह किस्म टी–19 एवं अर्लीबेजर के क्रॉस से विकसित की गई है। इसमें फलियों की लम्बाई 6–7 सें.मी. एवं फली में दाने 7 तक होती हैं। इसकी उपज 75 क्विंटल प्रति हैक्टेयर हरी फलियां हैं।

जवाहर मटर–4: यह किस्म बीज की बुवाई से 75 दिन में तैयार हो जाती है। फलियों की लम्बाई 7 सें.मी. एवं फलियों में 6 दाने पाये जाते हैं। इसमें प्रोटीन की मात्रा 28.7 प्रतिशत तक होती है।

कल्याणपुरी–123: यह जवाहरलाल नेहरू कृषि विश्वविद्यालय द्वारा विकसित की गई है। इसकी तुड़ाई 85–90 दिन में आरंभ हो जाती है। इसकी उपज 90–100 क्विंटल प्रति हैक्टेयर हरी फली है। फली का भार 8 ग्राम, फलियां 8–9 सें.मी. लंबी एवं दानों में पूर्ण भरी हुई सर्वाधिक उत्पादन हेतु उपयुक्त किस्म हैं।

जवाहर मटर–1: यह जवाहरलाल नेहरू कृषि विश्वविद्यालय द्वारा विकसित की गई है। इसकी तुड़ाई 70–80 दिन में आरम्भ हो जाती है। इसकी उपज 90–120 क्विंटल प्रति हैक्टेयर हरी फली है। फली में दानों की संख्या 8 से 9 एवं प्रोटीन प्रतिशत 24.6 प्रतिशत तक होता है।

जवाहर मटर–2: यह ज.ने.कृ.वि.वि. जबलपुर द्वारा विकसित प्रजाति है। इस किस्म का छिलका मोटा होने के कारण भण्डारण एवं दूरस्थ स्थानों में भेजने के लिए उत्तम है। इसमें प्रोटीन 24.67 प्रतिशत होता है। इसकी उपज 135 से 150 क्विंटल प्रति है. हरी फलियां हैं।

आजाद पी–1: इस किस्म में फलियों की लम्बाई 8 सें.मी. तथा वजन 8 ग्राम तक होता है।

अर्किल: इस प्रजाति की फलियां तलवारनुमा 8–10 सें.मी. लम्बी एवं औसतन 5–6 दाने युक्त होती हैं। फसल बुवाई के 60–65 दिन में पहली तुड़ाई के लिए तैयार हो जाती है। यह किस्म पाउडरी मिल्ड्यू के लिए सहनशील है। इसकी औसत उपज 70–80 क्विंटल प्रति है. हरी फलियां हैं।

मटर अगेती: इस किस्म में फलियां बुवाई के 45–50 दिन में तुड़ाई योग्य हो जाती हैं। फली में दाने 5–6 एवं इसकी उपज 45–55 क्विंटल प्रति है. है। मटर के बाद गेहूँ की फसल लेने के लिये अच्छी किस्म है।

आजाद मटर 3: यह किस्म कानपुर कृषि वि.वि. में विकसित की गई है। इसके पौधे मध्यम आकार के पत्तियां बड़ी एवं सीधी होती हैं। फलियों की तुड़ाई

65–70 दिन में की जा सकती है। फलियों में दानों की संख्या 7–11 तक होती है। हरी फलियों की उपज 65–70 क्विंटल प्रति हैक्टेयर है।

मध्यम समय में तैयार होने वाली किस्म

बोर्नविले: यह अमेरिका की उन्नत किस्म है। इस किस्म में पुष्प सफेद, लम्बे एवं घने होते हैं। प्रथम तुड़ाई 80 से 85 दिन में होती है। दाना खुरदरा, फलियां लम्बी, गहरी हरी तथा भरी हुई, दाने मीटे एवं मीठे होते हैं। औसतन उपज 90–100 क्विंटल प्रति हैक्टेयर हरी फलियां हैं।

फसल चक्र

- सोयाबीन–मटर (अगेती किस्म)–गेहूँ
- सोयाबीन–मटर–मूँग (ग्रीष्मकालीन)
- आलू–मटर

बुवाई का समय: सब्जी मटर की बुवाई करने का मुख्य समय देश के अलग–अलग प्रान्तों में अलग–अलग है। उत्तर भारत में सब्जी मटर के बीजों की बुवाई का मुख्य समय अक्टूबर–नवम्बर का महीना है, जबकि पर्वतीय क्षेत्रों जैसे जम्मू–कश्मीर, हिमाचल प्रदेश की पहाड़ियों, उत्तराखण्ड जहाँ ठण्ड अधिक होती है वहाँ बीज बुवाई का किस्म उन्नतशील प्रजातियाँ बीज दर (कि.ग्रा./है.) बीज बुवाई का उपयुक्त समय अगेती काशी नन्दिनी, अर्केल, अगेता–6 150–160 दिन 15 अक्टूबर–15 नवम्बर मध्यावधि काशी उदय, आजाद पी–3, काशी मुक्ति 120–130 दिन 15 नवम्बर–30 नवम्बर पिछेती काशी शक्ति, आजाद पी–1, 30 नवम्बर से 15 दिसम्बर उपयुक्त समय मार्च–अप्रैल है। सामान्यतः मटर की बुवाई मध्य अक्टूबर से नवम्बर तक की जाती है जो खरीफ की फसल की कटाई पर निर्भर करती है। फिर भी बुवाई का उपयुक्त समय अक्टूबर के अंतिम सप्ताह से नवम्बर का प्रथम सप्ताह है।

बीज–दर, दूरी और बुवाई: बीजों के आकार और बुवाई के समय के अनुसार बीज दर अलग–अलग हो सकती है। समय पर बुवाई के लिए 70–80 किग्रा. बीज/हैक्टेयर पर्याप्त होता है। पछेती बुवाई में 90 कि.ग्रा./हैक्टेयर बीज होना चाहिए। देशी हल जिसमें पोरा लगा हो या सीड ड्रिल से 30 सें.मी. की दूरी पर बुवाई करनी चाहिए। बीज की गहराई 5–7 सें.मी. रखनी चाहिये जो मिट्टी की नमी पर निर्भर करती है। बौनी मटर के लिए बीज दर 100 कि.ग्रा./हैक्टेयर उपयुक्त है।

बीजोपचारः उचित राइजोबियम संवर्धक (कल्चर) से बीजों को उपचारित करना उत्पादन बढ़ाने का सबसे सरल साधन है। दलहनी फसलों में वातावरणीय नाइट्रोजन के स्थिरीकरण करने की क्षमता जड़ों में स्थित ग्रंथिकाओं की संख्या पर निर्भर करती है और यह राइजोबियम की संख्या पर भी निर्भर करता है। इसलिए इन जीवाणुओं का मिट्टी में होना जरूरी है। क्योंकि मिट्टी में जीवाणुओं की संख्या पर्याप्त नहीं होती है, इसलिए राईजोबियम संवर्धक से बीजों को उपचारित करना जरूरी है। राइजोबियम से बीजों को उपचारित करने के लिए उपयुक्त कल्चर का एक पैकेट (250 ग्राम) 10 कि.ग्रा. बीज के लिए पर्याप्त होता है। बीजों को उपचारित करने के लिए 50 ग्राम गुड़ और 2 ग्राम गोंद को एक लीटर पानी में घोल कर गर्म करके मिश्रण तैयार करना चाहिए। सामान्य तापमान पर उसे ठंडा होने दें और ठंडा होने के बाद उसमें एक पैकेट कल्चर डालें और अच्छी तरह मिला लें। इस मिश्रण में बीजों को डालकर अच्छी तरह से मिलाएं, जिससे बीज के चारों तरफ इसकी लेप लग जाए। बीजों को छाया में सुखाएं और फिर बोयें। क्योंकि राइजोबियम फसल विशेष के लिए ही होता है, इसलिए मटर के लिए संस्तुत राइजोबियम का ही प्रयोग करना चाहिए। कवकनाशी जैसे, केप्टान, थीरम आदि भी राइजोबियम कल्चर के अनुकूल होते हैं। राइजोबियम से उपचारित करने के 4–5 दिन पहले कवकनाशियों से बीजों का शोधन कर लेना चाहिए।

सिंचाईः प्रारम्भ में मिट्टी में नमी और शीत ऋतु की वर्षा के आधार पर 1 से 2 सिंचाइयों की आवश्यकता होती है। पहली सिंचाई फूल आने के समय और दूसरी सिंचाई फलियाँ बनने के समय करनी चाहिए। इस बात का ध्यान रखना चाहिए कि हल्की सिंचाई करें और फसल में पानी ठहरा न रहे।

खाद एवं उर्वरकः मटर दलहनी सब्जी है, अतः इसकी जड़ों में गांठें पायी जाती हैं जो वायुमण्डल से नत्रजन को खींच कर पौधों को देती हैं। इस कारण नत्रजन वाली उर्वरकों की आवश्यकता कम पड़ती है। औसतन प्रति हैक्टेयर खेत के लिए 40–60 कि.ग्रा. नत्रजन, 60 कि.ग्रा. फास्फोरस तथा 60 कि.ग्रा. पोटाश की आवश्यकता पड़ती है। उर्वरकों का प्रयोग यदि मिट्टी की जाँच कराकर प्रयोग किया जाय तो अति उत्तम होगा। मटर में नत्रजन, फॉस्फोरस व पोटाश बीज सभी बीज बुवाई से पूर्व ही खेत में डाल कर अच्छी प्रकार मिला देना चाहिए। इसमें नत्रजन की टापड्रेसिंग नहीं करते।

खरपतवार नियंत्रणः मटर शीघ्र तैयार होने वाली सब्जी की फसल है। अतः प्रारम्भ के 20–25 दिनों तक खेत को खरपतवार से मुक्त रखना आवश्यक होता

है। खरपतवार फसल के निर्मित पोषक तत्वों व जल को ग्रहण का फसल को कमजोर करते हैं और उपज को भारी हानि पहुँचाते हैं। फसल को बढ़वार की शुरू की अवस्था में खरपतवारों से अधिक हानि होती है। अगर इस दौरान खरपतवार खेत से नहीं निकाले गये तो फसल की उत्पादकता बुरी तरह से प्रभावित होती है। यदि खेत में चौड़ी पत्ती वाले खरपतवार, जैसे, बथुआ, सेंजी, कृष्णनील, सतपती अधिक हों तो बीज बुवाई के 20–25 घण्टे के अन्दर ही 3 लीटर स्टाम्प–30 (पैंडीमिथेलिन) 600–800 लीटर पानी में प्रति हैक्टेयर की दर से घोलकर बुवाई के तुरन्त बाद छिड़काव कर देना चाहिए। इससे प्रारम्भ के 30–35 दिनों तक खेत में खरपतवार नहीं उगते। हाथ द्वारा खरपतवार नियंत्रण करने पर पौधों के तने क्षतिग्रस्त हो जाते हैं जिससे फलतः मारी जाती है।

रोग प्रबन्धन

रतुआ/गेरुई (रस्ट): इस रोग के कारण भूमि के ऊपर के पौधे के सभी अंगों पर हल्के से चमकदार पीले (हल्दी के रंग के) फफोले नजर आते हैं। पत्तियों की निचली सतह पर ये ज्यादा होते हैं। कई रोगी पत्तियाँ मुरझा कर गिर जाती हैं। अंत में पौधा सूखकर मर जाता है। रोग के प्रकोप से संकुचित व छोटे हो जाते हैं। अगेती फसल बोने से रोग का असर कम होता है। अवरोधी प्रजाति मालवीय मटर 15 प्रयोग करें।

उक्ठा एवं आर्द्र जड़ गलन: मटर की यह फ्यूजेरियम ऑक्सीस्पोरम तथा राइजोक्टोनियम सोलेनी द्वारा उत्पन्न कवकजनित बीमारी है। इस रोग से प्रकोपित पौधों की निचली पत्तियाँ हल्के पीले रंग की हो जाती हैं। पत्तियाँ नीचे की ओर मुड़कर सूखी और पीली पड़ जाती हैं। तनों और जड़ों पर खुरदरे खुरंट से पड़ जाते हैं। यह रोग जड़–तंत्र सड़ा डालता है। यह रोग मृदा जनित है। रोग के बीजाणु वर्षों तक मिट्टी में स्थिर रहते हैं। हवा में 25 से 50 प्रतिशत की अपेक्षित आर्द्रता और 22 से 32 डिग्री सेल्सियस दिन का तापमान रोग पनपने में सहायक होता है। रोगग्राही फसल को उसी खेत में हर साल न उगाएं। बीज का उपचार करने के लिए कार्बेन्डाजिम 1 ग्रा. थीरम 2 ग्राम मात्रा एक कि.ग्रा. बीज में मिलाएं। फसल की अगेती बुआई से बचें तथा सिंचाई हल्की करें।

चांदनी रोग: इस रोग से पौधों पर एक सें.मी. व्यास के बड़े–बड़े गोल बादामी और गड्ढे वाले दाग पीजे जाते हैं। इन दागों के चारों ओर गहरे रंग की किनारों भी होती है। तने पर घेरा बनाकर यह रोग पौधे के मार देता है। रोगमुक्त

बीज ही बोयें। 3 ग्राम थीरम दवा प्रति किग्रा. बीज की दर से मिलाकर बीजोपचार करें।

तुलासिता/रोमिल फफूंदः इस रोग के कारण पत्तियों की ऊपरी सतह पर पीले और ठीक उनके नीचे की सतह पर रुई जैसी फफूँद छा जाती है और रोगग्रस्त पौधों की बढ़वार रुक जाती है। पत्तियां समय से पहले ही झड़ जाती हैं। संक्रमण अधिक होने पर 0.2 प्रतिशत मेंकोजेब अथवा जिनेब का छिड़काव 400–800 लीटर पानी में प्रति हैक्टेयर की दर से करनी चाहिए।

पौध/मूल विगलनः भूमि के पास के हिस्से से नये फूटे क्षेत्रों पर इस रोग का प्रकोप होता है। तना बादामी रंग का होकर सिकुड़ जाता है, जिसकी वजह से पौधे मर जाते हैं। 3 ग्रा. थीरम 1 ग्राम कार्बेन्डाजिम प्रति कि.ग्रा. बीज की दर से बीजोपचार करें एवं खेत का जल निकास ठीक रखें। संक्रमित खेती में अगेती बुवाई न करें।

मटर का विषाणु रोगः रोगग्रस्त पौधे पीले पड़ जाते हैं तथा उनकी बढ़वार रुक जाती है। पत्तियां खुरदरी, मुड़ी–तुड़ी, झरीदार, चितकबरी व गुच्छानुमा हो जाती हैं। इसकी रोकथाम हेतु रोगग्रस्त पौधों को प्रारम्भ में ही उखाड़कर जला देना चाहिए ताकि रोग दूसरे स्वस्थ पौधों में न फैल सकें। यह रोग एफिड नामक कीट से फैलता है। इसकी रोगथाम हेतु 125 मि.मी. फॉस्फेमिडान या रोगोर 400 मि.मी. कीटनाशक का बदल–बदल कर छिड़काव करें।

कीट के प्रमुख कीट एवं नियंत्रण

तना मक्खीः ये पूरे देश में पाई जाती है। पत्तियों, डंठलों और कोमल तनों में गांठें बनाकर मक्खी उनमें अंडे देती है। अंडों से निकली सड़ी पत्ती के डंठल या कोमल तनों में सुरंग बनाकर अन्दर–अन्दर खाती है, जिससे नये पौधे कमजोर होकर झुक जाते हैं और पत्तियां पीली पड़ जाती हैं। पौधों की बढ़वार रुक जाती है। अंततः पौधे मर जाते हैं। जहाँ पर तना मक्खी के नियंत्रण हेतु 2 प्रतिशत फोरेट से बीज उपचार करें या 1 कि.ग्रा. फोरेट प्रति हैक्टेयर की दर से खेत की मिट्टी में बुवाई के समय मिला दें। आवश्यकता होने पर पहली निकलने की अवस्था में फसल पर 0.03 प्रतिशत डाइमेथोएट 400 से 500 लीटर पानी में मिलाकर घोल कर प्रति हैक्टेयर छिड़कें। जहाँ बुवाई के समय मिट्टी में दवा न मिला पाए हों, वहाँ कीट के प्रकोप के अनुसार कीटनाशी दवा का छिड़काव करें।

फली छेदक कीटः इसके कीट स्लेटी रंग के होते हैं तथा मादा कीट समूह में या एक–एक करके अण्डे पौधों की कोमल शाखाओं कलियों या फलियों पर देती है। अंडे से निकलकर सूंड़ियां पत्तियों पर घुसकर फूल व कली को खाती हैं। उसके बाद विकसित हो रही फली के अंदर दानों को खाती हैं। इसकी रोकथाम हेतु 30 ई.सी. डाइमेथोएट की 1.25 ली. मात्रा का 500 से 600 ली. पानी में घोल बनाकर छिड़काव करें।

माहू (एफिड)ः इस कीट का प्रकोप जनवरी माह से आरम्भ हो जाता है। यह कीट माहू भी मटर की फसल को काफी नुकसान पहुँचाते हैं। इनके बच्चे और वयस्क दोनों ही पौधे का रस चूसने में सक्षम होते हैं। यह रस ही नहीं चूसते, बल्कि जहरीले तत्व भी छोड़ देते हैं। इसका भारी प्रकोप होने पर फलियाँ मुरझा जाती हैं। अधिक प्रकोप होने पर फलियाँ सूख जाती हैं। माहू कीट एक वायरस (विषाणु) को फैलाने में भी उसके वाहक बनकर सहायता करती है। इसके नियंत्रण हेतु एजारैक्टिन 5 प्रतिशत दवा की 0.5 मि.ली./ली. की दर से 10 दिनों के अंतराल पर छिड़काव करें या इमिडाक्लोप्रिड 17.8 एसएल 0.5 मि.ली./ली. या डाइमेथोएट 30 ईसी दवा की 2.5 मि.ली./ली. पानी की दर से 10 से 15 दिन के अंतराल पर छिड़काव करें।

पत्ती में सुरंग बनाने वाला कीड़ा (लीफमाईनर)ः यह मटर का साधारण कीट वृद्धि अवस्था में अधिक नुकसान पहुँचाता है। मैगट पत्तियों में टेढ़े–मेढ़े सुरंग बनाकर पत्तियों के हरे भाग को खाकर नष्ट कर देती है। कभी–कभी फूल और कोमल फलियों को भी खा जाती हैं। इस कीट का प्रकोप दिसंबर से मार्च तक अधिक रहता है। संक्रमित पत्तियों को तोड़कर नष्ट कर दें और इसके नियंत्रण हेतु 4 प्रतिशत नीम गिरी चूर्ण का छिड़काव प्रति लीटर पानी में लाभकारी पाया गया है। क्यूनालफॉस 25 ईसी दवा की 2.0 मि.ली./ली. पानी की दर से 10 से 15 दिनों के अंतराल पर छिड़काव करना चाहिए।

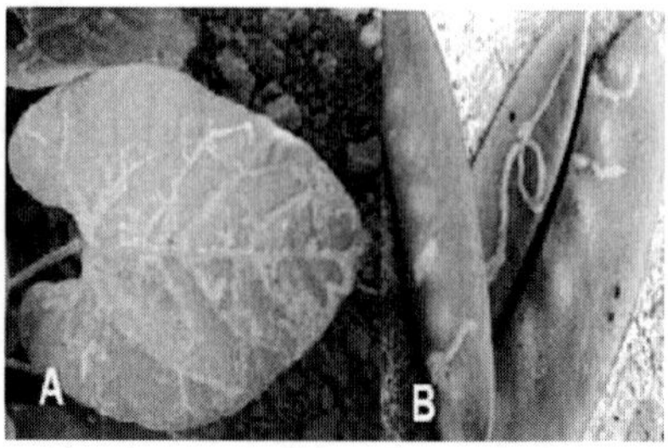

चित्रः लीफ माइनर से प्रभावित मटर

कंटीला फली भेदक (एटीपेला)ः यह फली भेदक उत्तर भारत में अधिक पाया जाता है। अगेती किस्म के अपेक्षा पछेती प्रजातियों पर इसका अधिक प्रकोप होता है। इसी तरह देर से बोई गयी फसल में जल्दी बोई गयी फसल की तुलना

में अधिक हानि होती है। फली और अंखुबड़ी के जोड़ वाली जगह पर या फली की सतह पर यह पतंगा अंडे देता है। अंडे से निकलते ही इसके नियंत्रण के लिए आवश्यक कदम उठाना चाहिए। इसके नियंत्रण हेतु क्लोरोपायरीफॉस 20 ईसी की 2 मि.ली./ली. दवा को 2 से 3 बार 10 से 15 दिनों के अंतराल पर छिड़काव करना चाहिए।

चने की कीटः प्रारम्भिक अवस्था की सूंड़ी मुख्यतः मटर की पत्तियों, कलियों तथा फूलों को खाती है। बाद में सूंड़ी विकसित हो रही मटर की फली के अंदर रहती है तथा फली खोखली होने पर पीली पड़कर सूख जाती है। खाते समय इसकी सूंड़ी का पीछे का आधा भाग फली के बाहर रहता है या प्रारम्भ में पूरी सूंड़ी फली के अंदर घुस जाती है। इसके नियंत्रण हेतु 20 ई.सी. क्लोरपायरीफॉस का 2 मि.मी. प्रति लीटर की दर से छिड़काव करें।

तुड़ाईः अच्छी प्रकार से तैयार मटर की फलियों की तुड़ाई नरम एवं मुलायम अवस्था में ही उनकी परिपक्वता अवधि के अनुसार ही करनी चाहिए। इस प्रकार कुल 2–3 तुड़ाई एक सप्ताह के अन्तराल पर करने से अच्छी फसल प्राप्त होती हैं। सब्जी के लिए बोई गई फसल जनवरी के मध्य से फरवरी के अंत तक फलियां देती हैं। दाने के लिए बोई गई फसल सामान्य अवस्थाओं में 115 से 125 दिन में पककर तैयार हो जाती है। फसल मार्च से अप्रैल के प्रारम्भ तक बोने के समयानुसार काट ली जाती है। फलियां अधिक सूखने पर खेत में चटक सकती हैं। अतः फसल को खेत में अधिक सुखाकर नहीं काटना चाहिए। एक सप्ताह तक पौधों को सुखाकर मड़ाई कर लेनी चाहिए।

कियायें

हरी फलियों की लंबे समय तक उपलब्धता बढ़ाने के लिए उन्हें कम तापमान पर स्टोर किया जाता है। आमतौर पर बीज भंडारण में रखते समय 3 से 4 दिन तक सुखाते हैं जिससे कि दानों में नमी 10 से 12 प्रतिशत रह जाये। पैकिंग जूट की बोरियों, प्लास्टिक के कन्टेनर और बांस की टोकरियों में की जाती है।

कटाई और मड़ाईः मटर की फसल सामान्यतः 130–150 दिनों में पकती है। इसकी कटाई दरांती से करनी चाहिए। 5–7 दिन धूप में सुखाने के बाद बैलों से मड़ाई करनी चाहिए। साफ दानों को 3–4 दिन धूप में सुखाकर उनको भंडारण पात्रों (बिन) में करना चाहिये। भंडारण के दौरान कीटों से सुरक्षा के लिए एल्यूमीनियम फॉस्फाइड का उपयोग करें।

उपज: एक हैक्टेयर क्षेत्र से हरी मटर की फलियों की पैदावार अगेती किस्मों में 80–100 क्विंटल/है. तथा मध्यम व देर वाली किस्मों में 100–125 क्विंटल/हैक्टेयर तक प्राप्त होती है। उत्तम कृषि कार्य प्रबन्धन से लगभग 18–30 किवंटल प्रति हैक्टेयर दाने की उपज प्राप्त की जा सकती है।

❑❑❑

अध्याय–15

सेम की वैज्ञानिक खेती

सब्जियों में सेम एक दलहनी सब्जी के अंतर्गत आती है। सेम में प्रोटीन व खनिज तत्व प्रचुर मात्रा में पाये जाते हैं, इसलिए पोषण की दृष्टिकोण से बाजार में इसकी बहुत मांग है। इसकी खेती मुलायम फलियों के लिए की जाती है परन्तु इसकी कुछ किस्मों का उपयोग दाल के रूप में किया जाता है। इसकी फलियों में रंग एवं आकार में काफी विभिन्नता पायी जाती है। इसकी लता को काटकर पशुओं के चारे के रूप में उपयोग किया जाता है। सेम एक लता है। इसमें फलियां लगती हैं। फलियों की सब्जी खाई जाती है। इसकी पत्तियां चारे के रूप में प्रयोग की जा सकती हैं। ललौसी नामक त्वचा रोग सेम की पत्ती को संक्रमित स्थान पर रगड़ने मात्र से ठीक हो जाता है। सेम संसार के प्रायः सभी भागों में उगाई जाती हैं। इसकी खेती सम्पूर्ण भारत में सफलतापूर्वक की जाती है। मुख्य रूप से इसकी अनेक जातियाँ होती हैं और उसी के अनुसार फलियाँ भिन्न–भिन्न आकार की लंबी, चिपटी और कुछ टेढ़ी तथा सफेद, हरी, पीली आदि रंगों की होती हैं। वैद्यक में सेम मधुर, शीतल, भारी, बलकारी, वातकारक, दाहजनक, दीपन तथा पित्त और कफ का नाश करने वाली कही गई हैं। इसके बीज भी शाक के रूप में खाए जाते हैं। इसकी दाल भी होती है। बीज में प्रोटीन की मात्रा पर्याप्त रहती है। उसी कारण इसमें पौष्टिकता आ जाती है।

सेम की खेती यदि व्यावसायिक रूप से व वैज्ञानिक विधि से की जाए तो एक तरफ जहाँ प्रति इकाई क्षेत्रफल में लागत कम आती है, वहीं दूसरी तरफ कीट बीमारी प्रबंधन के एकीकृत तकनीकों को अपनाकर कृषक अपनी लागत कम करके आय में अधिक वृद्धि कर सकते हैं। साथ ही जो उत्पाद बाजार में बिक्री के लिए उपलब्ध होगा, वह खाने के लिए सुरक्षित होगा।

भारत में सब्जियों की खेती में सेम उत्पादन का एक अलग स्थान है। इसकी खेती भारत के विभिन्न राज्यों जैसे, उत्तर प्रदेश, मध्य प्रदेश, महाराष्ट्र व तमिलनाडु में बड़े पैमाने पर की जाती है। इसकी हरी फलियाँ लोग सब्जी बनाकर बड़े चाव से खाते हैं। साथ ही हरी फलियों से अचार भी बनाया जाता है। सेम की लतायें पशुचारे के रूप में प्रयोग की जाती हैं। गाँवों व शहरों में इसे लोग अपनी गृह वाटिका में लगाते हैं। पश्चिमी देशों में इसे बोना विशिष्ट के नाम से जाना जाता है।

सारणी 1: पोषक मान–100 ग्रा. में

पोषक तत्व	मात्रा
प्रोटीन	3.8
कार्बोहाइड्रेट्स	6.7
वसा	0.7
लौह	1.7
गंधक	40
तांबा	0.13
खनिज पदार्थ	0.9
पोटैशियम	74
कैल्शियम	210
मैग्नीशियम	34
कैलोरी	48
रेशा	1.8

जलवायु: सेम ठंडी जलवायु का फसल है, इसे 15 से 22 डिग्री तक तापमान की आवश्यकता होती है। इसमें पाला सहने की क्षमता अधिक होती है। सभी ठंडी जलवायु वाले स्थानों में सेम सफलतापूर्वक खेती की जा सकती है। इसके पौधों का समुचित वृद्धि छोटी अवधि वाले दिनों में अधिक होता है। सेम की फसल को पाले से बहुत नुकसान होता है क्योंकि इसकी फसल पाला बिल्कुल भी नहीं सह पाती है।

भूमि एवं भूमि की तैयारी: सेम लगाने के लिए ऐसी जगह का चुनाव करें जहाँ वर्षा का पानी ना ठहरता हो, जल निकास की अच्छी व्यवस्था हो। सेम का उत्पादन बलुई दोमट, मृदा जिसका पीएच मान 6 से 7.5 हो उपयुक्त रहती है।

इसके अधिक क्षारीय और अधिक अम्लीय भूमि इसकी खेती में बाधक होती है। पहली जुताई हैरो से करें, इसके बाद 2–3 बार कल्टीवेटर चलाएं, प्रत्येक जुताई के बाद पाटा अवश्य लगाएं।

प्रजातियांः सेम की उन्नतशील प्रजातियों में पूसा अर्ली प्रोलिफिक, पूसा सेम 2, पूसा सेम 3 है। यह तीनों किस्में विषाणु रोग, एंथ्रेक्नोज, मांहू, जैसिड, फल छेदक कीट के प्रति प्रतिरोधक क्षमता रखती हैं। आईआईएचआर 93 एवं 140 हिसार एचडी 18 किस्में भी बहुत अच्छी हैं। यह किस्में रस्ट रोधी व अधिक उपज वाली और उच्च गुणों वाली फलियों वाली होती हैं। इनके अतिरक्त कल्याणपुर टाइप, रजनी, जवाहर सेम–79, जवाहर सेम–53 इत्यादि किस्में हैं।

बोने का समय

- अगेती फसलः फरवरी–मार्च
- वर्षाकालीन फसलः जून–जुलाई

सेम बुवाई का उपयुक्त समय 15 मई से 15 जून है। वैसे कुछ क्षेत्रों में फरवरी–मार्च के महीने में भी सेम लगाई जाती है। गर्मियों में सेम बुवाई करने से सितम्बर–अक्टूबर से पैदावार मिलना प्रारंभ हो जाती है और यदि फसल की भली प्रकार देखभाल की जाए तो मई–जून तक अच्छी पैदावार प्राप्त की जा सकती है।

बीज की मात्राः प्रति हैक्टेयर 6 कि.ग्रा. ग्राम बीज पर्याप्त होता है।

दूरीः पंक्तियों और पौधों की आपसी दूरी क्रमशः 10 सें.मी. और 90 सें.मी. रखें। यदि सेम को चौड़ी क्यारियों में बोना हो तो 1.5 मीटर की चौड़ी क्यारियां बनाएं, उनके किनारों पर 50 सें.मी. की दूरी पर 2–3 सें.मी. की गहराई पर बीज बोएं। पौधों को सहारा देकर ऊपर बढ़ाना लाभप्रद होता है।

बोने की विधिः सेम की बुवाई हेतु खेत की तैयारी करने के बाद खेत में लगभग 1.5 मीटर की चौड़ी क्यारियाँ बना लें। क्यारियों के दोनों किनारों पर लगभग 1.5–2.0 फीट की दूरी व 2 से 3 सेंटीमीटर की गहराई में 2–3 बीजों की बुवाई करें। बीजों को रोग रक्षा हेतु किसी भी कवकनाशी से उपचारित अवश्य करें। एक सप्ताह के अंदर बीज अंकुरित हो जाएंगे। जब पौधों की बढ़वार लगभग 15–20 सेंटीमीटर हो जाए, एक स्थान में सिर्फ एक स्वस्थ पौधा छोड़कर शेष के पौधे उखाड़ दें। पौधे के बाँस की बल्लियों से सहारा देकर चढ़ाने से पौधों की अच्छी बढ़वार होती है। पौधों का विकास अच्छा होता है।

सिंचाईः अगेती फसल में आवश्यकता अनुसार सिंचाई करें वर्षाकालीन फसल में आमतौर पर सिंचाई की आवश्यकता नहीं होती है। यदि वर्षा काफी समय तक न हो तो आवश्यकतानुसार सिंचाई करते रहें। फरवरी–मार्च में 10–15 दिन के अन्तर पर सिंचाई करनी चाहिए।

पादप पोषण प्रबन्धन (खाद व उर्वरक)

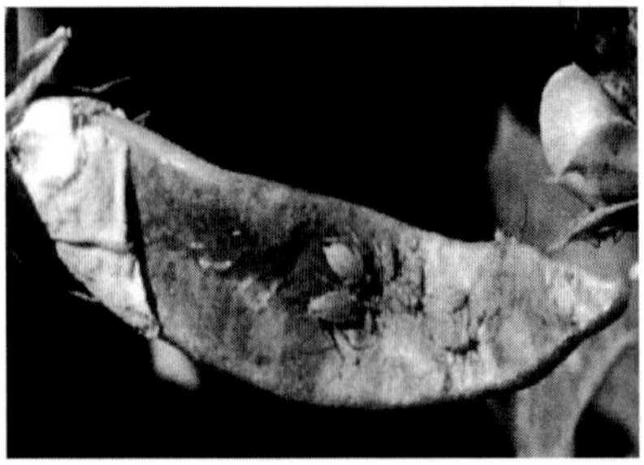

सेम की फसल में मृदा परीक्षण के पश्चात् प्राप्त मृदा रिपोर्ट कार्ड के आधार कर खाद व उर्वरक का प्रयोग करना चाहिए। वैसे देखा जाये तो वानस्पतिक दृष्टि से सेम की फ़सल दलहनी होने के कारण इसकी जड़ ग्रंथियां नत्रजन का स्थिरीकरण कर लेती हैं। इसलिए इसे नत्रजन की कोई आवश्यकता नहीं पड़ती है। किन्हीं कारणवश मृदा परीक्षण ना हुआ तो तो बुवाई से पूर्व खेत की तैयारी के समय 150–200 क्विंटल प्रति हैक्टेयर की दर से गोबर की खाद अथवा कम्पोस्ट मिट्टी में मिला दें। इसके पश्चात् 20:40: 40 (नाइट्रोजनःफास्फोरसः पोटाश) खेत की अंतिम जुताई के दौरान खेत में मिला दें।

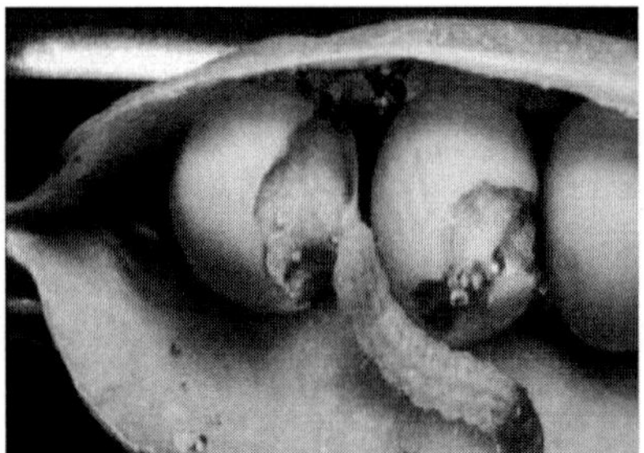

पादप सुरक्षा प्रबंधनः खरपतवार, कीट व रोग, हमारी फसल को मुख्य रूप से तीन घटक ही नुक़सान पहुँचाते हैं। इसके नियंत्रण के उपाय नीचे दिए जा रहे हैं। इसके अनुसार ही सेम की फसल पर लगे व्याधियों से बचाव करें।

खरपतवार नियंत्रणः मुख्य फ़सल के अतिरिक्त उग आए सभी पौधों को उखाड़ कर बाहर कर दें। इन खरपतवारों के कारण पौधे को भोजन, पानी व पोषण के लिए अधिक संघर्ष करना पड़ता है, अतः निराई कर इनके अवश्य निकाल दें। साथ ही निराई–गुड़ाई के दौरान निकली मिट्टी को पौधों की जड़ों पर चढ़ा दें।

कीट नियंत्रणः सेम की फसल पर कीट प्रबंधन के उपाय निम्नलिखित हैंः

बीन का बीटलः यह कीट सेम के पौधें के कोमल भागों को खाता है। इसके कारण सेम के पौधे विकास विकास नहीं कर पाते, सूख जाते हैं। इस कीट का रंग

ताँबे जैसा होता है। शरीर के कठोर आवरण पर 16 निशान होते हैं। इस कीट की रोकथाम के लिए 625 मिलीलीटर मैलथियान 50 ईसी को 625 लीटर पानी में घोलकर प्रति हैक्टेयर की दर से सेम की खड़ी फ़सल पर छिड़काव करें।

चैपा या माहू: लक्षण: वायुमंडल में बादल के आने अथवा धुँध होने पर इस कीट का प्रकोप बढ़ जाता है। पौधे के पूरे भाग में इस माहू फैल जाती है व पौधों का रस चूसते हैं। नमी की कमी के चलते पौधा अंत में सूख जाता है। इस कीट की रोकथाम के लिए 625 मिलीलीटर मैलथियान 50 ईसी को 625 लीटर पानी में घोलकर प्रति हैक्टेयर की दर से सेम की खड़ी फ़सल पर छिड़काव करें।

फली छेदक: फली छेदक का कीट सेम की फली में छिद्र कर घुस जाता है और पौधे के कोमल भागों को खाता है जिससे फलियाँ खोखली हो जाती हैं। इस कीट से बचाव हेतु 0.2 प्रतिशत सेवन 50 प्रतिशत पाउडर का फसल पर प्रति हैक्टेयर की दर से 10–15 दिन के अंतर पर छिड़काव करें।

सेम की फसल सबसे ज्यादा फली छेदक कीट व निमेटोड से प्रभावित होती है। क्योंकि यह एक दलहनी फसल है, इसलिए कीटों का प्रकोप बहुत अधिक होता है। निमेटोड के नियंत्रण के लिए मृदोपचार विधि को अपनाना चाहिए। निमेटोड प्रभावित पौधों की बढ़वार रुक जाती है, फलियां छोटी रहने लगती हैं, छोटी फलियां ही पीली पड़ने लगती हैं। पौधे पीले पड़ने लगते हैं। ऐसे पौधों को जमीन से समूल उखाड़ देना चाहिए और जड़ों में यदि निमेटोड की ग्रंथियां दिखाई दें तो पूरे खेत में निमेटोड नियंत्रण के उपाय करने चाहिए। इसके लिए खाने योग्य फलियों को तोड़ने के उपरांत थांवलों में कार्बोफ्यूरान 3 ग्रा., 5 ग्राम प्रति थाला मिलाना चाहिए।

फ़सल की तुड़ाई

सेम की तुड़ाई का समय उसकी क़िस्म व उसकी बुवाई के समय के अनुसार निर्भर होती है। वैसे सेम की फलियों के पूर्ण विकसित व कोमल अवस्था में तुड़ाई कर लें। तुड़ाई देर से करने पर फलियाँ कठोर हो जाती हैं व रेशे आ जाते हैं जिसके कारण बाजार मूल्य उचित नहीं मिल पाता है। इसलिए समय से सेम की तुड़ाई करना ना भूलें।

जुलाई–अगस्त में बोई जाने वाली फसल में नवम्बर–दिसम्बर में फूल निकल आता है। फूल निकलने के 2–3 सप्ताह बाद फलियों की पहली तुड़ाई की जा सकती है। फलियों की तुड़ाई में देरी नहीं करनी चाहिए, अन्यथा फलियाँ कठोर

हो जाती है जिसके कारण उनका बाजार में उचित भाव नहीं मिल पाता है क्योंकि उनसे स्वादिष्ट सब्जी का निर्माण नहीं होता है।

उपजः किसी भी फसल की उत्पादकता मिट्टी, जलवायु, फसल की किस्म व सिंचाई की उपलब्धता, पादप सुरक्षा प्रबंधन आदि पर निर्भर करती है। इसमें प्रति हैक्टेयर 50 से 80 क्विंटल तक हरी फलियाँ मिल जाती हैं।

❑❑❑

अध्याय–16

मोठ की वैज्ञानिक खेती

भूमिका

मोठ (विग्ना एकोनोटीलिआ) सर्वाधिक शुष्क क्षेत्र की दलहन फसल है। मोठ शुष्क क्षेत्र की असिंचित भूमि, जहाँ वर्षा पूरे मौसम में 250 से 500 मि.ली. मीटर होती है, सफलता–पूर्वक उगाई जा सकती है (सिंह एवं सहयोगी, 1997)। मरुक्षेत्र की जलवायु, भूमि की किस्म, संसाधनों की कमी एवं परम्परागत विधियों द्वारा फसल उत्पादन इत्यादि का इस क्षेत्र में फसलों की औसत उपज कम करने में महत्वपूर्ण योगदान है। मोठ इस क्षेत्र की प्रमुख दलहनी फसल है लेकिन औसत उपज बहुत ही कम (250 से 300 कि.ग्रा. प्रति हैक्टेयर) है। मोठ से अधिक उपज प्राप्त करने के लिए उन्नत विधियों जैसे, उन्नतशील किस्म, उपयुक्त बीज, खाद एवं उर्वरकों का प्रयोग, खरपतवार नियंत्रण, फसल चक्र, उचित जल प्रबन्ध एवं पादप सुरक्षा इत्यादि को प्रयोग कर मोठ की वर्तमान औसत उपज में 40 से 75 प्रतिशत तक वृद्धि की जा सकती है।

परिचय

भारत में मोठ के कुल क्षेत्रफल का 90 प्रतिशत क्षेत्र राजस्थान में है। शेष महाराष्ट्र, गुजरात, पंजाब और हरियाणा जैसे राज्यों में वर्षा आधारित फसल के रूप में उगाया जाता है। पश्चिमी राजस्थान का मरुक्षेत्र अपनी विशिष्ट जलवायु के कारण देश के अन्य कृषि क्षेत्रों की अपेक्षा विचित्र है। पश्चिमी राजस्थान के 12 जिले मरुक्षेत्र के अन्तर्गत आते हैं। इस क्षेत्र की कम वर्षा (140 से 420 मि.मी.), अधिक तापमान (48 सेन्टीग्रेड तक), अधिक वायु की गति (20 से 60 कि.मी. प्रति घंटा) तथा अधिक वाष्पोत्सर्जन (1500 से 2000 मि. प्रति वर्ष) विशेषता है। यह क्षेत्र सूखे के लिए बहुत ही संवेदनशील है तथा पाँच में से कम से कम 3 वर्ष आंशिक या पूर्णरूप से सूखे से ग्रसित रहते हैं। सूखे के कारण पानी, चारा, अन्न व रोजगार के लिए लोगों का इस क्षेत्र से दूसरे क्षेत्रों में पलायन होता रहता है। विषम जलवायु

के कारण फसलोत्पादन करना बहुत ही कठिन है। इस क्षेत्र की परम्परागत फसलों की खेती से ही अधिक पैदावार प्राप्त की जा सकती है।

मोठ इस क्षेत्र की मुख्य परम्परागत दलहन फसल है। यह फसल 0.99 मि. हैक्टेयर क्षेत्र में प्रति वर्ष उगायी जाती है। समस्त राज्य में उगाये जाने वाली मोठ का लगभग 93 प्रतिशत मोठ राज्य के शुष्क क्षेत्र में उगायी जाती है। मोठ को मिश्रित खेती एवं एकल फसल के रूप में जुलाई महीने में वर्षा आने पर बुवाई की जाती है तथा दो बार वर्षा होने पर अच्छी पैदावर प्राप्त हो जाती है। मोठ की जड़ें बहुत ही गहराई तक जाती हैं तथा पत्तियों का आकार छोटा होने के कारण वाष्पोत्सर्जन द्वारा नमी का कम हास होता है। अतः मोठ की फसल की जल आवश्यकता बहुत ही कम होती है। इसको 280 से 300 मि.मी. जल की उपलबधता पर अच्छी प्रकार से उगाया जा सकता है। मोठ का प्रयोग अनेक प्रकार की नमकीन, पापड़ तथा मंगोड़ी बनाने में किया जाता है। इसकी दाल बहुत ही पौष्टिक एंव स्वादिष्ट होती है। मोठ की फसल द्वारा पशुओं के लिए पौष्टिक चारा प्राप्त होता है। मोठ उगाने पर भूमि की उर्वराशक्ति में सुधार होता है। इस प्रकार मोठ बहुत ही उपयोगी फसल है लेकिन मोठ की खेती पारम्परिक विधियों द्वारा करने के कारण उसकी औसत उपज बहुत ही कम है।

सारणी 1: वर्ष 76–77 से 2018–19 तक भारत में मोठ के अंतर्गत क्षेत्रफल, उत्पादन एवं उत्पादकता प्रति हैक्टेयर

वर्ष	क्षेत्रफल (हजार हैक्टेयर)	उत्पादन (हजार टन)	उत्पादकता (कि.ग्रा./है.)
1976-77	2.00	0.49	247
1977-78	1.73	0.43	250
1978-79	1.40	0.21	149
1979-80	1.28	0.08	63
1980-81	1.52	0.21	137
1981-82	1.43	0.21	145
1982-83	1.41	0.22	153
1983-84	1.54	0.42	271
1984-85	1.45	0.27	186
1985-86	1.47	0.10	70
1986-87	1.39	0.09	67
1987-88	0.89	0.05	53
1988-89	1.28	0.44	346
1989-90	1.42	0.32	224
1990-91	1.49	0.47	312
1991-92	1.31	0.15	112
1992-93	1.50	0.40	270
1993-94	1.52	0.21	140
1994-95	1.46	0.40	273
1995-96	1.37	0.20	145
1996-97	1.38	0.37	265
1997-98	1.27	0.36	281
1998-99	1.02	0.16	162
1999-00	0.89	0.06	70
2000-01	1.10	0.18	162
2001-02	1.39	0.34	242
2002-03	0.52	0.04	80
2003-04	1.59	0.83	520
2004-05	1.53	0.22	144
2005-06	1.32	0.18	133
2006-07	1.26	0.23	180
2007-08	1.36	0.44	327
2008-09	1.30	0.35	268
2009- 10	1.32	0.05	41
2010-11	1.65	0.80	486
2011-12	1.37	0.47	346
2012-13	0.89	0.25	280
2013-14	0.96	0.3	317
2014-15	0.88	0.35	393
2015-16	1.11	0.31	277
2016-17	1.42	0.45	317
2017-18	1.07	0.34	319
2018-19	0.99	0.23	226

मोठ

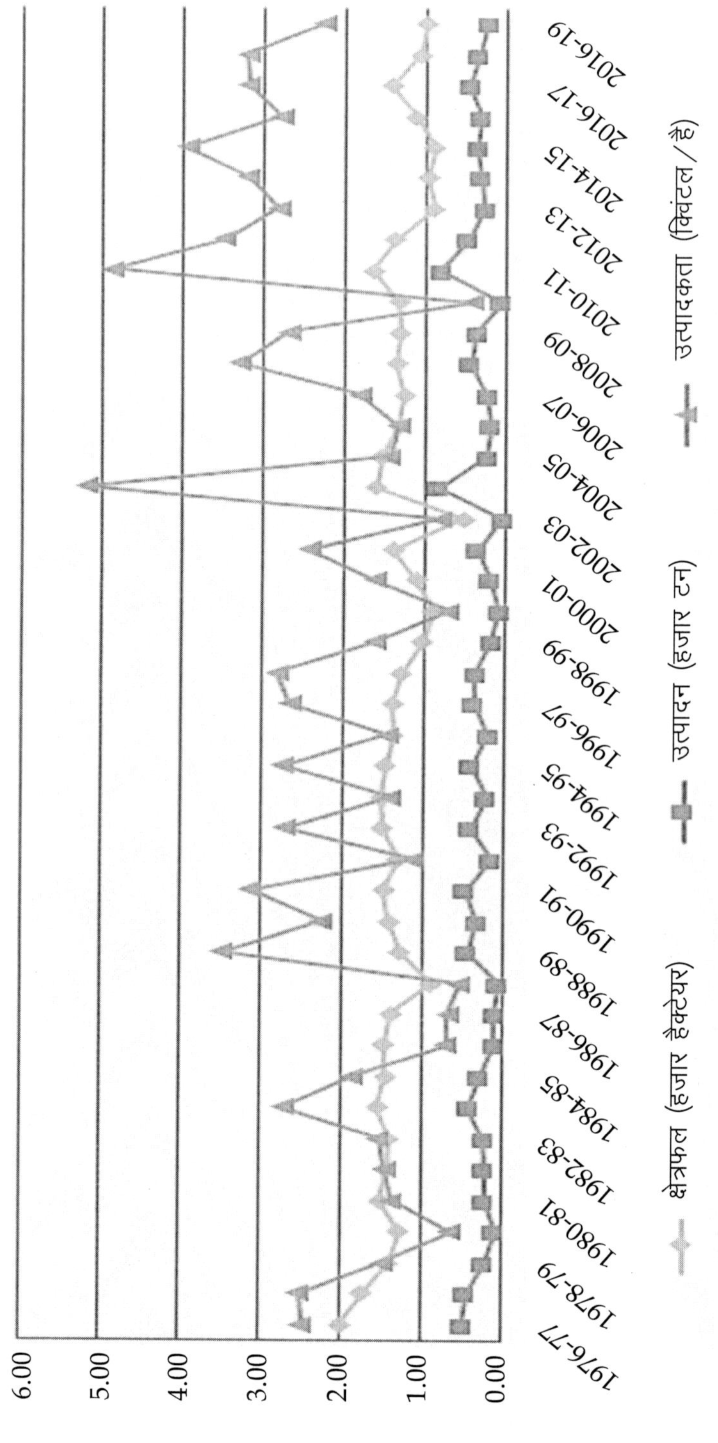

चित्र: भारत में मोठ का क्षेत्र, उत्पादन एवं उत्पादकता

मोठ की पैदावार कम होने के कारण

1. परम्परागत किस्मों का प्रयोग
2. फसल का कम उपजाऊ भूमि पर उगााया जाना तथा पोषक तत्वों का प्रयोग न करना
3. छिड़काव विधि द्वारा मिश्रित फसलों या एकल फसल के रूप में उगाना
4. पीतशिरा मोजैक बीमारी की गम्भीर समस्या
5. खरपतवारों का प्रभावी नियंत्रण न करना
7. वर्षाजल का संचय न करना
8. उचित फसल चक्र का प्रयोग न करना

मोठ की फसल द्वारा मरुक्षेत्र में उन्नत तकनीकियों के प्रयोग द्वारा खेती करने से अच्छी पैदावार प्राप्त की जा सकती है।

1. मोठ की उन्नत किस्मों प्रयोग

मोठ की परम्परागत् किस्में 85–95 दिनों में पकती हैं। इनकी वानस्पतिक वृद्धि अधिक होती है तथा फलियां कम आती हैं। फसल को पकने के लिए अधिक पानी की आवश्यकता होती है तथा अनेकों बीमारियां जैसे, पीतशिरा मोजैक का प्रकोप अधिक होता है। मरुक्षेत्र में अधिक पैदावार प्राप्त करने के लिए शीघ्र पकने वाली रोगरोधी एवं कम फैलने वाली किस्मों की आवश्यकता है। निम्न किस्मों की खेती द्वारा मरुक्षेत्र में मोठ की अच्छी पैदावार प्राप्त की जा सकती है (सारणी 1)।

सारणी 2: मोठ की उन्नत किस्में

क्रमांक	किस्म का नाम	पकने की अवधि	औसत उपज (कि.ग्रा./है.)	विशेषता
1.	आर एम ओ 40	60–64 दिन	600–850	अगेती, कम वर्षा के लिए उपयुक्त
2.	आर एम ओ. 225	65–70 दिन	650–750	कम वर्षा वाले क्षेत्रों के लिए उपयुक्त एवं पीतशिरा मोजैक के प्रति सहनशील
3.	आर एम ओ 435	60–70 दिन	600–800	अच्छी पैदावार एवं कम वर्षा वाले क्षेत्रों के लिए उपयुक्त

4.	काजरी मोठ–1	70–75 दिन	400–500	दाने एवं चारे दोनों के लिए उपयुक्त, पीतशिरा मोजैक के प्रति रोधक, बड़ा एवं मध्यम आकार का दाना
5.	काजरी मोठ–2	65–70 दिन	100–1200	अधिक पैदावार औसतन वर्षा क्षेत्रों के लिए उपयुक्त
6.	काजरी मोठ–3	60–65 दिन	900–100	अगेती, सूखारोधी पीतशिरा मोजैक रोधी
7.	आर एम ओ– 257	64–70 दिन	650–700	अच्छी पैदावार अगेती, अधिक दाने व चारे की पैदावार

2. उचित फसल चक्र

भूमि की उर्वराशक्ति बनाये रखने एवं अच्छी पैदावार हेतु उचित फसल चक्र बहुत ही आवश्यक है निम्नलिखित फसल चक्र प्रयोग करने से अच्छी पैदावार प्राप्त की जा सकती हैः

चित्रः मोठ़ बाजरा (3:1) अंतः फसलीय पद्धति

मोठ–बाजरा, मोठ–बाजरा–ग्वार, मोठ–ग्वार–बाजरा, मोठ–ग्वार, मोठ–बाजरा–मूँग परम्परागत मिश्रित खेती की अपेक्षा मोठ को अन्तः फसलीय पद्धति में उगाने से अधिक पैदावार एवं लाभ प्राप्त किया जा सकता है। प्रयोग के आधार पर मोठ को बाजरे के साथ मोठ+बाजरा (2:1) एवं मोठ+बाजरा (3:1) अन्तः फसलीय पद्धति काफी लाभदायक है (सारणी 2)।

मोठ को फल एवं वानिकी पौधों के साथ उगाने पर अधिक पैदावार व प्रति इकाई क्षेत्र से अधिक लाभ प्राप्त किया जा सकता है। बेर, अनार व आंवला की दो पंक्तियों के मध्य उगाने पर फल व चारे के अतिरिक्त दाने की अच्छी पैदावार प्राप्त की जा सकती है। मोठ को मरुक्षेत्र के मुख्य वानिकी वृक्ष खेजड़ी की दो पंक्तियों के मध्य भी सफलतापूर्वक उगाकर अधिक पैदावार व लाभ प्राप्त किया जा सकता है।

सारणी 3: मोठ की अंतः फसलीय पद्वति द्वारा मोठ समतुल्य दाना उपज पर प्रभाव

अन्तः फसलीय पद्वति	मोठ समतुल्य दाना उपज (कि.ग्रा./है)	शुद्ध लाभ (रू/है)
मोठ+बाजरा (3:1)	614	5131
मोठ़बाजरा (2:1)	638	5682
केवल मोठ	512	2172
केवल बाजरा	520	4642

3. बीज दर एंव बुवाई की विधि

किसी भी फसल की पैदावार बढ़ाने में पौधों द्वारा संसाधनों का उचित प्रयोग व पौधों की उचित मात्रा पर निर्भर करती है। पौधों की उचित संख्या के लिए उचित बीज की दर का प्रयोग बहुत ही आवश्यक है तथा पौधे से पौधे एवं पंक्ति से पंक्ति की उचित दूरी पर पौधों द्वारा संसाधनों (नमी, पोषक तत्व एंव प्रकाश) का प्रयोग निर्भर करता है। मोठ के लिए 12 कि.ग्रा. प्रति हैक्टेयर बीज की मात्रा पर्याप्त होती है तथा मोठ की बुवाई पंक्ति से पंक्ति दूरी 45 सें.मी. एवं पौधे से पौधे की दूरी 10 सें.मी. उचित होती है।

4. समन्वित खाद एवं उर्वरक प्रबन्धन

मोठ की अधिकतर खेती बलुई या बलुई दोमट भूमियों में की जाती है। इन भूमियों की उर्वराशक्ति बहुत ही कम होती है। मरुक्षेत्र में अधिक तर किसान मोठ के लिए खाद एवं उर्वरकों का प्रयोग नहीं करते, परिणामस्वरूप पौधों की बढ़वार अच्छी प्रकार नहीं हो पाती तथा उत्पादन कम होता है। मोठ की फसल से अच्छी पैदावार प्राप्त करने हेतु गोबर की अच्छी प्रकार से सड़ी हुई खाद 2.50 टन प्रति हैक्टेयर की दर से बुवाई से पहले देनी चाहिये। इसके अतिरिक्त फसल को 20 कि.ग्रा. फॉस्फोरस एवं 10 कि.ग्रा. नाइट्रोजन प्रति हैक्टेयर की दर से बुवाई के समय देनी चाहिये। ध्यान रहे, बुवाई से पहले बीज को राइजोबियम व पीएसबी जैव उर्वरकों के साथ उपचारित करना चाहिये। इस प्रकार खेत में खाद, उर्वरक तथा जैव उर्वरकों के समन्वित प्रयोग कर मोठ की फसल से अधिक पैदावार तथा लाभ प्राप्त किये जा सकते हैं (सारणी 3)।

सारणी 4: मोठ की उपज पर समन्वित पोषक प्रबन्धन का प्रभाव

उपचारक	औसत उपज (कि.ग्रा./है)	शुद्ध लाभ (रु./है.)	लाभः खर्च का अनुपात
बिना पोषक तत्व	300	4124	0.76
पीएसबी	324.5	4760	0.86
गोबर की खाद (5 टन/है)	365.5	4530	0.65
केवल रासायनिक उर्वरक (20 कि.नाइ., 40 कि.फा./है.)	402	6256	0.96
समन्वित पोषक प्रबन्ध (गोबर की खाद 2.5 टन, 10 कि.ग्रा. नाइ. 20 कि.गा. फॉस्फोरस, जैव उर्वरक)	435	7208	1.12

5. समन्वित खरपतवार नियंत्रण

फसल पौधों के साथ खरपतवारों की नमी, पोषक तत्वों एवं प्रकाश के लिए प्रतिस्पर्धा पैदावार कम होने का प्रमुख कारण है। शुष्क क्षेत्र में भूमि में नमी एवं पोषक तत्वों की काफी कमी होती है। खरपतवार नमी व पोषक तत्वों को ग्रहण कर फसल पौधों के लिए इनकी कमी कर देते हैं, परिणामस्वरूप फसल पौधों की बढ़वार अच्छी प्रकार नहीं हो पाती तथा फसल की पैदावार कम हो जाती है। फसल से अच्छी पैदावार प्राप्त करने हेतु खरपतवारों का उचित नियंत्रण बहुत ही आवश्यक है। मोठ की फसल में फ्लूक्लोरालीन नामक खरपतवारनाशी की 0.75 कि.ग्रा./है. मात्रा को बुवाई से पहले 500 लीटर पानी में घोल बनाकर समान रूप से छिड़काव करना चाहिये। इसके उपरान्त जब फसल 25 से 30 दिन की हो जाये तो एक गुड़ाई कर देनी चाहिए (सारणी 5)।

सारणी 5: मोठ में समन्वित खरपतवार नियंत्रण का प्रभाव

उपचारक	औसत उपज (कि.ग्रा./है.)	शुद्ध लाभ (रु./है.)
अनियंत्रित खरपतवार	319.2	2363
हाथ से गुड़ाई (एक)	475.7	3630
फलूक्लोरालीन 1.0 कि.ग्रा./हैक्टेयर	445.5	3976
फलूक्लोरालीन 0.75 कि.ग्रा./है. हाथ से एक गुड़ाई (30 दिन पश्चात)	512.50	4800

6. उचित जल प्रबन्ध

जैसा कि विदित है, मरु क्षेत्र म्रे वर्षा बहुत ही कम होती है, अतः आवश्यक है कि जितना भी पानी वर्षा के रूप में मिले, उसको संग्रहित कर समुचित प्रयोग करना चाहिये। खेत के चारों ओर मेड़बन्दी कर देनी चाहिये जिससे कि खेत का पानी खेत में रहे तथा भूमि में नमी अधिक समय तक संचित रहे एवं फसल के पौध ो उसका अधिक से अधिक सदुपयोग कर सकें।

7. पादप सुरक्षा

मोठ की फसल में अनेक प्रकार के कीट एवं बीमारियां हानि पहुँचाते हैं। इनको समय पर नियंत्रित कर फसल को होने वाली हानि से बचाया जा सकता है। मरु क्षेत्र में दीमक का बहुत ही प्रकोप होता है। इसके नियंत्रण हेतु बीज को क्लोरोपाइरीफोस नामक कीटनाशी द्वारा उपचारित करना चाहिये। इसके अतिक्ति मोठ में पीतशिरा मोजैक की रोकथाम हेतु मैटासिस्ट्रोक्स नामक कीटनाशी का 1 लीटर प्रति हैक्टेयर की दर से छिड़काव करना लाभप्रद रहता है। छाछिया रोग के नियंत्रण हेतु केराथेन फफूँदनाशी का 1 लीटर प्रति हैक्टेयर की दर से छिड़काव करना चाहिये।

उपरोक्त विधियों को प्रयोग करते हुए यदि मोठ की खेती की जाये तो मरु क्षेत्र में मोठ की खेती से अधिक पैदावार एवं लाभ प्राप्त किया सकता है।

❑❑❑

अध्याय–17

खाद्य एवं पोषण सुरक्षा हेतु खेसारी (तिवड़ा) उत्पादन

भूमिका

खेसारी (लेथाइरस सटाइवा) को आदि प्राचीन काल से स्थानीय लाख, लाखड़ी, तिवड़ा, बटरा, लटरी, चटरी–मटरी इत्यादि नामों से जाना जाता है। खेसारी, खाद्य, आहार और चारे आदि में उपयोग की जाने वाली महत्वपूर्ण दलहन फसल है। खेसारी दलहन फसलों में सूखा सहनशील फसल मानी जाती है एवं इसे कम वर्षा वाले बारानी क्षेत्रों में उगाया जाता है। इसके साथ शीत ऋतु में जब मसूर एवं चने की उपज अच्छी न होने की आशा होती है, वहाँ खेसारी की फसल ली जा सकती है। इस फसल में जल भराव को भी सहन करने की क्षमता होती है। यह मुख्य रूप से अरहर, चना और बेसन के साथ मिलावट के रूप में प्रयोग किया जाता है। इसके अतिरिक्त दाल एवं चपाती बनाने में भी किया जाता है। साथ ही इसका उपयोग साग के रूप में तथा धान पुआल के साथ पशुओं के चारे में भी होता है। इसके बीज में स्टार्च (48.0 से 52.3 प्रतिशत) और प्रोटीन (25.6 से 31.6 प्रतिशत) की पर्याप्त मात्रा होती है। यह फसल मृदा में 36 से 48 कि.ग्रा. प्रति हैक्टेयर नत्रजन स्थिरीकरण करती है, जो कि अगली फसल के लिए उपयोगी होती है।

उत्पादन परिदृश्य

भारत में छत्तीसगढ़, मध्य प्रदेश, महाराष्ट्र, बिहार, ओडिशा, पश्चिमी बंगाल और उत्तर प्रदेश प्रमुख राज्य हैं जिनमें इसकी खेती की जाती है। भारत खेसारी का वर्ष 2018–19 में कुल क्षेत्रफल 0.33 मि. हैक्टेयर व उत्पादन 0.24 मि. टन था। देश में क्षेत्रफल (67.26 प्रतिशत) व उत्पादन (59.52 प्रतिशत) की दृष्टि से छत्तीसगढ़ का प्रथम स्थान आता है। इसके बाद बिहार (13.62 प्रतिशत व 20.09 प्रतिशत), मध्य प्रदेश क्षेत्रफल की दृष्टि से तीसरे स्थान (8.80 प्रतिशत) पर है। जबकि उत्पादन में पश्चिमी बंगाल तीसरे स्थान (9.58 प्रतिशत) पर आता है क्योंकि इसकी उपज खेसारी उत्पादन राज्यों में सबसे अधिक है।

सारणी 1: वर्ष 1970–71 से 2018–19 तक भारत में खेसारी का क्षेत्रफल, उत्पादन एवं उत्पादकता

वर्ष	क्षेत्रफल (हजार हैक्टेयर)	उत्पादन (हजार टन)	उत्पादकता (कि.ग्रा./है.)
1970-71	1.67	0.84	504
1971-72	1.04	0.49	473
1972-73	1.49	0.56	377
1973-74	1.71	0.70	410
1974-75	1.45	0.75	517
1975-76	1.72	0.87	506
1976-77	1.52	0.52	344
1977-78	1.58	0.64	406
1978-79	1.60	0.62	386
1979-80	1.08	0.35	324
1980-81	1.35	0.57	418
1981-82	1.31	0.50	381
1982-83	1.19	0.51	432
1983-84	1.23	0.55	445
1984-85	1.18	0.50	428
1985-86	1.29	0.58	452
1986-87	1.06	0.49	460
1987-88	1.02	0.49	474
1988-89	0.90	0.44	488
1989-90	0.93	0.48	514
1990-91	1.06	0.56	530
1991-92	0.96	0.57	598
1992-93	0.88	0.51	580
1993-94	0.97	0.62	641
1994-95	0.99	0.60	605
1995-96	0.93	0.42	455
1996-97	0.88	0.55	623
1997-98	0.85	0.24	288
1998-99	0.66	0.41	621
1999-00	0.76	0.57	756
2000-01	0.52	0.33	639

2001-02	0.69	0.44	640
2002-03	0.57	0.35	617
2003-04	0.71	0.49	698
2004-05	0.64	0.30	474
2005-06	0.63	0.35	552
2006-07	0.62	0.38	615
2007-08	0.60	0.38	640
2008-09	0.53	0.34	636
2009-10	0.45	0.31	698
2010-11	0.52	0.35	675
2011-12	0.48	0.32	667
2012-13	0.58	0.43	742
2013-14	0.4	0.29	707
2014-15	0.49	0.46	921
2015-16	0.4	0.33	842
2016-17	0.42	0.41	993
2017-18	0.36	0.29	804
2018-19	0.33	0.24	729

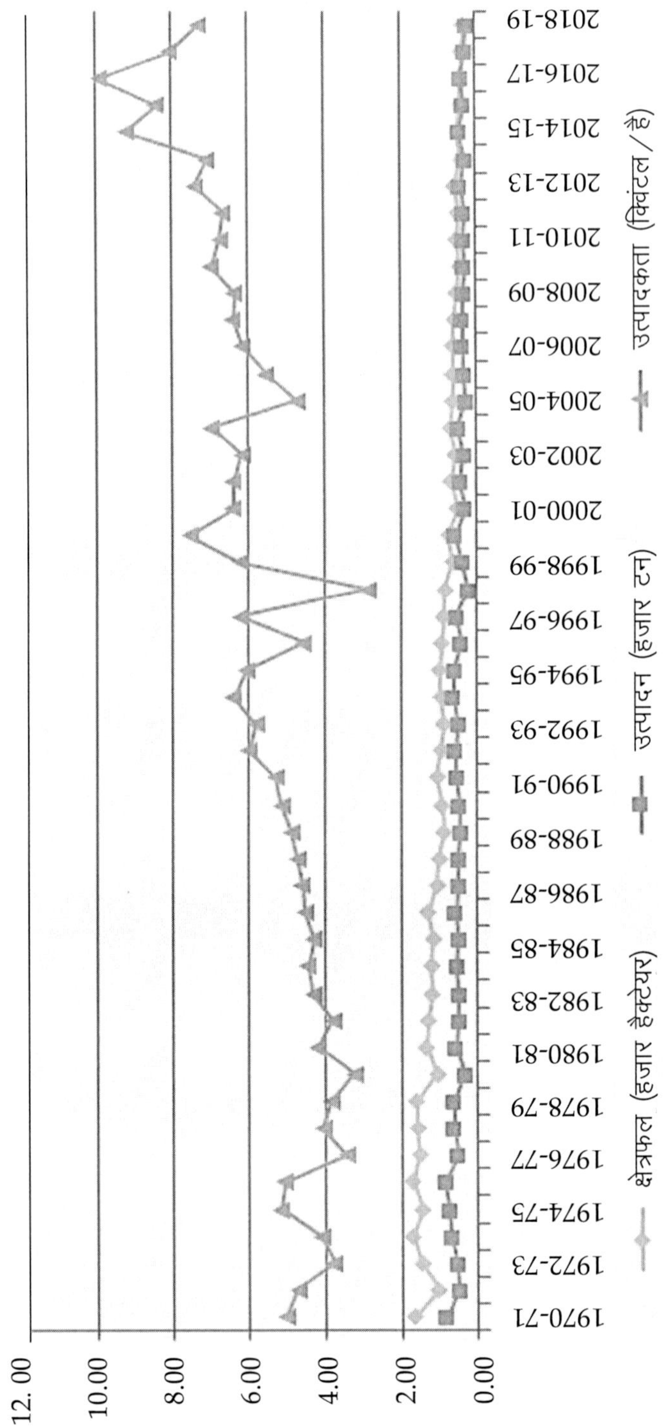

चित्र: वर्ष 2018–19 के दौरान खेसारी का क्षेत्र, उत्पादन एवं उत्पादकता

जलवायु: खेसारी शीत ऋतु की फसल होने के कारण शीतोष्ण जलवायु में उगाई जाती है। साधारण रूप से खेसारी की फसल हेतु 15–25 डिग्री सेल्सियस तापमान की आवश्यकता होती है।

प्रजातियां: बायो एल–212 (रतन), प्रतीक, महातिवड़ा

सारणी 2: खेसारी की उन्नतशील प्रजातियां एवं उनका विवरण

प्रजाति	जारी करने वाली संस्था	परिपक्वता अवधि (दिनों में)	उपज (क्विं/है.)
पूसा–24	भा.कृ.अनु.सं.,पूसा, नई दिल्ली	150–160	8–10
निर्मल	दलहन और तिलहन अनुसंधान स्टेशन, बहरामपुर, प. बंगाल	120–125	12–15
रतन	भा.कृ.अनु.सं.,पूसा, नई दिल्ली	110–120	13–15
प्रतीक	इंदिरा गांधी कृषि वि.वि. रायपुर, छत्तीसगढ़	110–115	13–15
महातिवड़ा	इंदिरा गांधी कृषि वि.वि. रायपुर, छत्तीसगढ़	110–115	147–19

भूमि एवं भूमि की तैयारी

यह फसल अधिक अम्लीय मृदा को छोड़कर हर प्रकार की मृदा में उगाई जा सकती है। निचले क्षेत्रों की भारी मृदा में भी इसे उगाया जा सकता है। जहाँ अन्य फसल नहीं उगाई जा सकती और गहरी काली मृदा में इसका अच्छा उत्पादन होता है। उटेरा पद्धति में इस फसल को उगाने हेतु जुताई की आवश्यकता नहीं होती है। यद्यपि धान की कटाई के बाद एक गहरी जुताई और हैरो द्वारा एक सीधी और आड़ी जुताई करके पाटा लगाना आवश्यक होता है।

बुवाई का समय: खरीफ फसल के कटने के तुरन्त बाद मृदा में संचित नमी में अक्टूबर से नवम्बर के पहले सप्ताह में शुद्ध फसल उगाई जाती है। उतेरा पद्धति में सितम्बर के अन्तिम सप्ताह से अक्टूबर के पहले सप्ताह में बुवाई की जाती है।

बीज दर एवं बीजोपचार: उटेरा में छिड़काव पद्धति से बुवाई के लिए 70–80 कि.ग्रा. प्रति हैक्टेयर एवं पंक्तियों में बुवाई हेतु 40 से 60 कि.ग्रा. प्रति हैक्टेयर की दर से बीज आवश्यक होता है। बीज को बुवाई से पूर्व थिरम 3 ग्राम फफूँदनाशी प्रति कि.ग्रा. बीज की दर से उपचारित करें। इसके बाद राइजोबियम एवं पी.एस.बी. कल्चर से 5 से 7 ग्राम प्रति कि.ग्रा. की दर से उपचारित करें।

अंतरणः उटेरा पद्धति में खेसारी की बुवाई छिड़काव विधि से धान की पंक्तियों के मध्य किया जाता है। जबकि सामान्य बुवाई में फसल अंतराल 10 से 30 सें.मी. रखते हैं।

खाद एवं उर्वरकः गोबर की खाद/हरी खाद का प्रयोग (5 टन/हैक्टेयर) जैविक घटक के रूप में किया जाता है। सामान्यतः 20:50:30:20 एन.पी.के.सल्फर कि.ग्रा./है. की दर से प्रयोग किया जाना चाहिए।

जल प्रबंधनः यह फसल बारानी फसल के रूप में अवशेष नमी में लगाई जाती है। यदि अधिक सूखा की स्थिति हो तो सिंचाई बुवाई के 60 से 70 दिन बाद देना लाभदायक होता है।

खरपतवार नियंत्रणः बासालीन (फ्लूक्लोरेलीन) 45 ई.सी./0.75 से 1.0 कि. ग्रा. (सक्रिय तत्व) प्रति हैक्टेयर 750 से 1000 लीटर पानी में मिलाकर बुवाई के पूर्व भूमि में मिला देना चाहिए। फसल में एक निराई–गुड़ाई 30 से 35 दिन में कर देना चाहिए।

कीट एवं रोग नियंत्रण

1. **माहूः** यह कीट पत्ती से रस चूस लेता है, जिसके कारण पत्तियां भूरी हो जाती हैं एवं सिकुड़ जाती हैं। इनके नियंत्रण के लिए डायमेथोएट 30 ई.सी. को 1.7 मि.ली. या मिथाइल डेमेटान को 1 मि.ली./ली. पानी में घोल बनाकर छिड़काव करें अथवा 2 प्रतिशत नीम तेल का स्प्रे करें।
2. **फली छेदकः** यह कीट फूल एवं फली को अधिक नुकसान पहुँचाता है और फली में अंदर घुसकर दानों को खाता है। इसके नियंत्रण हेतु क्यूनोलफोस 750 मि.ली. दवा को 500 लीटर पानी में घोलकर प्रति हैक्टेयर की दर से छिड़काव करें।
3. **पत्ती सुरंगकः** यह कीट हरे रंग का होता है तथा आसानी से फसल में दिखाई नहीं देता है तथा पत्ती के पर्णहरित भाग को खुरचकर खाता है जिससे पत्ती पर सफेद रंग की लाइने बन जाती हैं। इसके नियंत्रण हेतु ट्राइजोफॉस 750 मि.ली. दवा को 500 ली. पानी में घोलकर प्रति हैक्टेयर की दर से छिड़काव करें।
4. **किट्ट (रस्ट)ः** गुलाबी से भूरे रंग की सतह पत्तियों पर दिखाई देती है। अधिक संक्रमण से पौधे की मृत्यु हो जाती है। मैंकोजेब का छिड़काव/

2.5 ग्रा. प्रति लीटर पानी के हिसाब से करें अथवा कार्बेन्डाजिम 2 ग्राम/कि. ग्रा. बीज दर से उपचार करना चाहिए।

5. **मृदुरोमिल आशिता (डाउनी मिल्ड्यू):** भूरे रंग की कपासी पदार्थ पत्तियों के निचले हिस्से में दिखाई देते हैं। अंदर के हिस्से में पीले से हरे धब्बे दिखाई देते हैं। इस बीमारी के नियंत्रण हेतु मेंकोजेब/2.5 ग्राम/ली. पानी के हिसाब से छिड़काव करें।

कटाई, गहाई एवं भंडारण

बालियों के भूरे रंग का होने पर जब बालियां भर जाएं तथा नमी की मात्रा 15 प्रतिशत रहने तक फसल की कटाई करें। कटी हुई फसल को एक सप्ताह सुखाकर रखें तथा उसके बाद उसका गठ्ठा बनाकर गहाई वाले स्थान पर ले जाएं। लकड़ी से पीट कर गहाई करें। साफ बीजों को 3 से 4 दिनों तक सुखा दें जब तक नमी 9 से 10 न हो जाएं।

उपजः 8 से 10 क्विंटल प्रति हैक्टेयर सीधी बुवाई में व 3 से 4 क्विंटल प्रति हैक्टेयर उटेरा में प्राप्त कर सकते हैं।

अधिक उत्पादन लेने हेतु मुख्य बिन्दु

- ग्रीष्मकालीन गहरी जुताई तीन वर्ष में एक बार अवश्य करें।
- बुवाई पूर्व बीजोपचार अवश्य करें।
- पोषक तत्वों की मात्रा मृदा परीक्षण के आधार पर ही दें।
- फसल सुरक्षा हेतु समेकित उपायों का प्रयोग करें।

❑❑❑

अध्याय–18

कुल्थी की वैज्ञानिक खेती

कुल्थी (मेक्रोटिलोम यूनिफ्लोरम) शुष्क क्षेत्र की दलहन है। यह दक्षिण भारत की एक महत्वपूर्ण फसल है। इसका दाना मानव के भोजन में दाल के रूप में, रसम बनाने में और पशु के लिये दाने व चारे में भी होता है। औषधीय रूप में गुर्दे व पित्ताशय की पथरी, बवासीर, खाँसी, सांस की बीमारी, मधुमेह एवं मूत्र रोगों के उपचार में सहायक है। इसको हरी खाद के रूप में भी ले सकते हैं। इसके दानों में 23.3 प्रतिशत प्रोटीन होती है। कुल्थी में सूखा एवं अधिक तापक्रम सहन करने की क्षमता होती है।

कुल्थी का उत्पादन स्थिति

भारत में कुल्थी की खेती मुख्यतः कर्नाटक, आंध्र प्रदेश, ओडिशा, तमिलनाडु, मध्य प्रदेश, छत्तीसगढ़, बिहार, झारखंड, पश्चिम बंगाल, उत्तराखंड के तलहटी में और हिमाचल प्रदेश में की जाती है। इसकी खेती अन्य देशों मुख्य रूप से श्री लंका, मलेशिया, वेस्ट इण्डीज इत्यादि में भी की जाती है।

वर्ष 2018–19 के दौरान भारत में कुल्थी का कुल क्षेत्रफल 0.46 मि. हैक्टेयर व उत्पादन 0.18 मि. टन था। क्षेत्रफल एवं उत्पादन की दृष्टि से कर्नाटक का प्रथम स्थान है। इसके बाद ओडिशा, छत्तीसगढ़ का स्थान आता है। सर्वाधिक उपज बिहार है। इसके बाद पश्चिम बंगाल व झारखंड में पायी गई है।

सारणी 1: वर्ष 1976–77 से 2018–19 तक भारत में कुल्थी का क्षेत्र, उत्पादन एवं उत्पादकता

वर्ष	क्षेत्रफल (हजार हैक्टेयर)	उत्पादन (हजार टन)	उत्पादकता (कि.ग्रा./है.)
1976-77	1.73	0.48	278
1977-78	2.00	0.70	350
1978-79	2.18	0.74	340
1979-80	2.19	0.66	304
1980-81	2.12	0.62	291
1981-82	2.04	0.72	352
1982-83	1.97	0.64	324
1983-84	1.93	0.76	393
1984-85	1.87	0.63	336
1985-86	1.80	0.61	339
1986-87	1.76	0.66	378
1987-88	1.87	0.69	370
1988-89	1.54	0.55	360
1989-90	1.60	0.65	404
1990-91	1.46	0.59	403
1991-92	1.46	0.60	410
1992-93	1.24	0.49	400
1993-94	1.04	0.43	411
1994-95	1.19	0.44	373
1995-96	1.06	0.40	374
1996-97	0.97	0.25	263
1997-98	0.98	0.24	248
1998-99	0.92	0.25	273
1999-00	0.97	0.39	406
2000-01	0.81	0.35	429
2001-02	0.84	0.35	418
2002-03	0.77	0.24	308
2003-04	0.71	0.23	323
2004-05	0.74	0.28	378
2005-06	0.65	0.26	407
2006-07	0.72	0.27	378
2007-08	0.59	0.27	462
2008-09	0.51	0.21	400
2009-10	0.54	0.25	453
2010-11	0.51	0.26	518
2011-12	0.45	0.21	464
2012-13	0.46	0.19	416
2013-14	0.44	0.23	530
2014-15	0.5	0.26	520
2015-16	0.47	0.21	478
2016-17	0.33	0.18	358
2017-18	0.4	0.25	618
2018-19	0.46	0.18	394

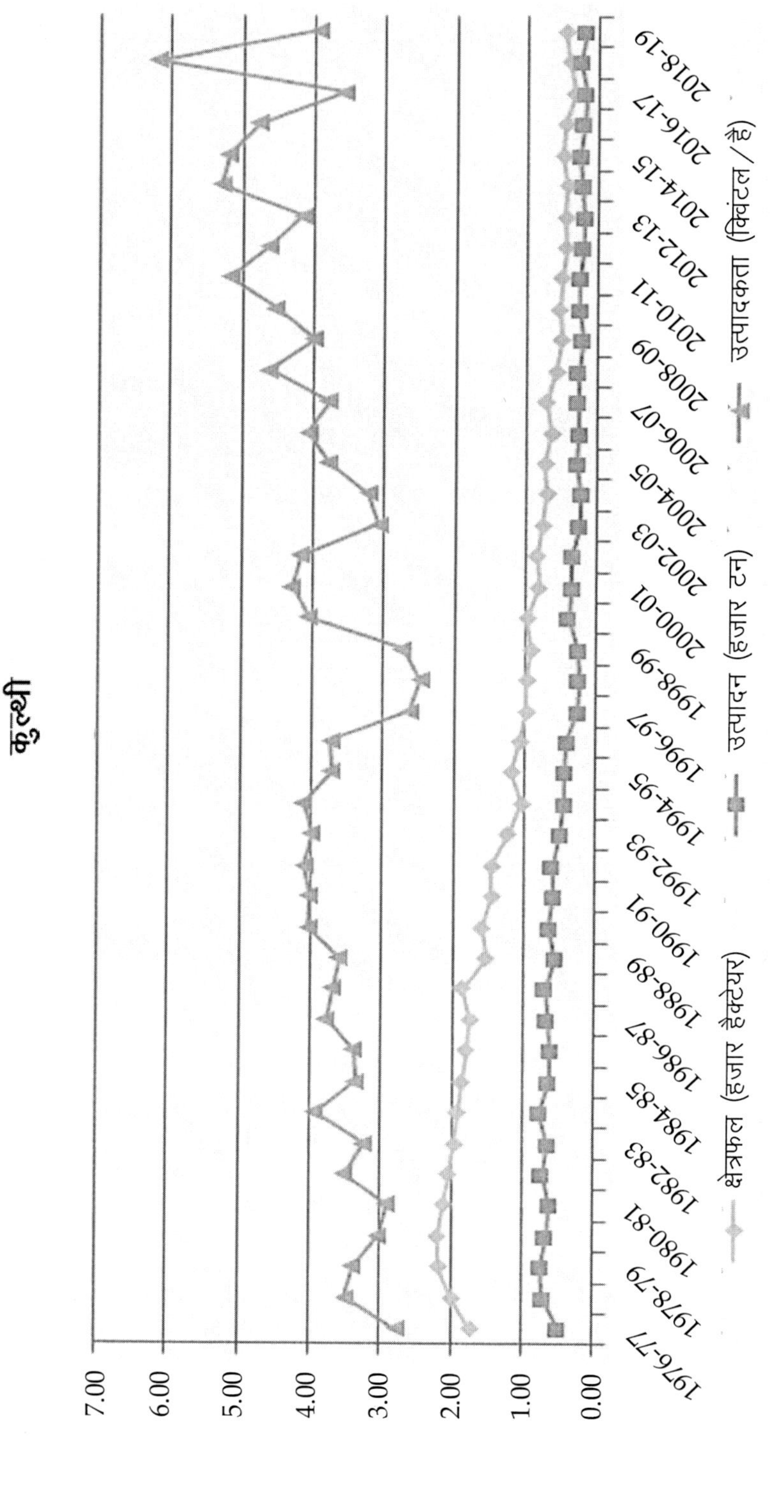

चित्र: भारत में कुल्थी क्षेत्रफल, उत्पादन एवं उत्पादकता

सारणी 2: राज्यवार किस्में

राज्य	अनुमोदित किस्में
राजस्थान	के.एस.–2, प्रताप कुल्थी
आन्ध्र प्रदेश	फ्लेम–1, फ्लेम–2, पाईयुर, पाईयुर–2, पी.एच.जी.
तमिलनाडु	पाईयुर–2, कर्नाटक पी.एच.जी.–9, जी.पी.एम.–6, सी.आर.आई.डी. ए.1–18 आर
गुजरात	प्रताप कुल्थी–1, जी.एच.जी.–5
उत्तराखंड	वी.एल. घाट–8, वी.एल.घाट–10
छत्तीसगढ़	इन्द्रा कुल्थी–1

स्रोतः भा.द.अनु.सं., कानपुर

जलवायुः कुल्थी अत्यधिक सूखा सहनशील फसल है। इसकी उपयुक्त वृद्धि के लिए हल्की गर्म, सूखी जलवायु अच्छी रहती है। इसे अधिक ऊँचाई वाले क्षेत्रों में अच्छे से नहीं उगाया जा सकता है। क्योंकि वहाँ जलवायु ठण्डी व आर्द्र होती है। इसकी खेती समुद्रतल से 1000 मी. ऊँचाई तक कर सकते हैं। इसकी उपयुक्त वृद्धि के लिए तापक्रम 25 से 30 सेन्टीग्रेड और सापेक्षिक आर्द्रता 50 से 80 प्रतिशत के बीच होनी चाहिए। फसल की प्रारम्भिक अवस्था में भारी वर्षा से जड़ों की ग्रन्थियां बनना प्रभावित होती हैं क्योंकि मृदा का वायु संचार कम होता है।

भूमि व भूमि की तैयारीः दक्षिण भारत में इसको सामान्यतः लैटराइटिक मृदा में उगाया जाता है। इस फसल को अनेक प्रकार की हल्की से भारी मृदा में उगाया जाता है जो कि मृदा क्षारीयता से मुक्त हो। इस फसल को कम खेत की तैयारी की आवश्यकता होती है। केवल 1 से 2 जुताई करके पाटा लगाकर तैयार कर लेना चाहिए।

बुवाई समयः कुल्थी फसल की बुवाई अगस्त के अन्त से नवम्बर माह तक की जाती है। चारे के लिए बुवाई फसल जून–अगस्त में करते हैं। तमिलनाडु में इसको सितम्बर से नवम्बर में बोया जाता है।

बीज दर व फसल अंतरणः द्विउद्देशीय (चारे व दाने) की बुवाई छिड़काव विधि से 40 कि.ग्रा./हैक्टेयर बीज की दर से करते हैं। पंक्ति में बुवाई करने पर दाने के लिए बीज दर 40–45 सें.मी. तथा दूरी 45 से 45 सें.मीं.व रबी फसल में पंक्ति से पंक्ति की दूरी 25 से 30 सें.मी. रखते हैं और पौधे से पौधे की दूरी लगभग 5 सें.मी. रखनी चाहिए।

बीजोपचारः बुवाई से पूर्व बीजों को फफूँदनाशी दवा कार्बेन्डाजिम 2 ग्राम/कि.ग्रा. बीज दर से उपचार करना चाहिए। इसके बाद राइजोबियम व पीएसबी कल्चर की 5 से 7 ग्रा./कि.ग्रा. बीज दर से उपचार करना चाहिए।

उर्वरकः बुवाई के समय 20 कि.ग्रा. नत्रजन व 30 कि.ग्रा. फॉस्फोरस/हैक्टेयर की दर से आधार उर्वरक के रूप में बीज के नीचे देना चाहिए।

सिंचाईः फसल में फूल आने से पहले एवं फली बनते समय सिंचाई करनी चाहिए।

खरपतवार नियंत्रणः बुवाई के बाद व अंकुरण पूर्व (0–3 दिन) पेन्डीमेथीलिन की 0.75–1.0 कि.ग्रा. सक्रिय तत्व को 400 से 600 ली. में घोल बनाकर प्रति हैक्टेयर की दर से उपयोग करें। इसके बाद हाथ से एक निराई, बुवाई के 20 से 25 दिन बाद करें।

फसल सुरक्षा

कीट नियंत्रण

1. **रसचूसक कीटः** पौधों का रस चूसकर फसल को नुकसान पहुँचाते हैं। इसके नियंत्रण हेतु डायमिथोएट 30 ई.सी. को 2 मि.ली./ली. पानी में घोल कर छिड़काव करें।
2. **पत्ती भक्षक व फली भेदक कीटः** इन कीटों के नियंत्रण के लिए क्विनालफॉस को 2 मि.ली./ली. पानी में घोल बनाकर छिड़काव करें।

रोग नियंत्रण

1. पीला मोजैक रोग

इस रोग से बचाव हेतु बुवाई पूर्व बीजों को कवकनाशी दवा कार्बेन्डाजिम का 2 ग्रा./कि.ग्रा. बीज दर से उपचार करके बोयें।

कटाई एवं गहाईः कुल्थी की फसल की कटाई के समय विशेष सावधानी रखनी पड़ती है। पौधे की ऊपरी फलियां जब पीली पड़ने लगें तब कटाई कर लेनी चाहिए। क्योंकि इस समय पौधे के निचले एवं मध्य भाग में लगी फलियां पक जाती हैं। कटाई में देरी करने से नीचे की फलियां चटकने लगती हैं जिससे उत्पादन में कमी आ जाती है। कटाई के उपरान्त पौधे को खुली धूप में सुखाकर गहाई करनी चाहिए।

भंडारणः गहाई के बाद दाने को 3–4 दिन तक धूप में सुखा लेना चाहिए तथा भंडारण के समय दाने में 9 से 10 प्रतिशत नमी होनी चाहिए।

उपजः 6 से 10 क्विंटल दाने की उपज/हैक्टेयर प्राप्त कर सकते हैं।

❑❑❑

अध्याय–19

राजमा की वैज्ञानिक खेती

भूमिका

राजमा (फेजियोलस वल्गेरिस) को विभिन्न नामों जैसे, फ्रेंचबीन, राजमा, फील्डबीन, किडनीबीन, स्पेपबीन एवं पोलबीन इत्यादि से जाना जाता है। इसकी उत्पादन क्षमता चना एवं मटर की तुलना में अधिक है। यह फसल महाराष्ट्र, हिमाचल प्रदेश, उत्तर प्रदेश, जम्मू–कश्मीर एवं उत्तर–पूर्वी राज्यों में 80 से 85 हजार हैक्टेयर क्षेत्र में उगाया जाता है जिसके फलस्वफरूप, अब यह रबी एवं ग्रीष्म में भी उत्तरी राज्यों में उगाया जा रहा है। पारम्परिक रूप से राजमा की फसल खरीफ के मौसम में ली जाती है। जबकि बेहतर प्रबंधन द्वारा रबी के मौसम में भी अधिक उपज ली जा सकती है। इसका उपयोग दाल एवं सब्जी के रूप में किया जाता है।

सारणी 1: पोषक महत्वत्ता

पोषक तत्व	मात्रा प्रतिशत में	पोषक तत्व	मात्रा मि.ली./100 ग्रा.
प्रोटीन	22.9	कैल्शियम	260
वसा	1.3	फॉस्फोरस	410
कार्बोहाइड्रेट	60.6	लौह	5.8

सारणी 2: राज्यवार प्रमुख प्रजाति का विवरण

राज्य	प्रजातियां
उत्तर प्रदेश	एच. यू.आर.–137, मालवीय राजमा–137
महाराष्ट्र	वरुण, एच.पी.आर.–35
बिहार	आई.पी.आर.–96–4 (अंवर)
राजस्थान	अंकुर
कर्नाटक	अर्का अनूप
गुजरात	गुजरात राजमा–1
उत्तराखंड	वी.एल. राजमा–1, 25, वी.एल. बीन–2

स्रोत: भा.द.अनु.सं., कानपुर

सारणी 3: राजमा की अन्य प्रमुख किस्मों का विवरण

किस्म	स्रोत	अनुमोदन वर्ष	अनुमोदन क्षेत्र	औसत उपज (क्विंटल/है.)	फसल अवधिं	अन्य विशेषताएं
मालवीय राजमा	बीएचयू	1991	उत्तरी पूर्वी मैदानी क्षेत्र, उ.प्र., बिहार, प. बंगाल	18–22	112–120	बीज का रंग लाल, मध्यम बौनी, सीधी
एचपीआर	एचपीकेवी	1992	महाराष्ट्र	14–15	73	बैंगनी धारियों के साथ बीज लाल
एसीपीआर 94040	आईआई पी आर	2002	महाराष्ट्र	14–16	66–68	श्यामवर्ण के प्रतिरोधी
आईपीआर 96–4	आई.आई. पी.आर.	2002	उत्तरी–पूर्वी मैदानी क्षेत्र, उ.प्र., बिहार, प. बंगाल	15–16	139	बीज का रंग लाल, मोजैक प्रतिरोधी
आर.एस. जे–178	मध्य	2005	राजस्थान	12	110–120	बीमारियों के मध्यम प्रतिरोधी
गुजरात राजमा 1	एसडीयू	2006	गुजरात	20	–	मोजैक वायरस प्रतिरोधी
वीएल बीन–2	वीपीकास अल्मोड़ा	2008	उत्तराखंड	14–15	82	जड़ गलन के प्रतिरोधी
अर्का अनूप	आईआईएच आर बेंगलुरु	2012	कर्नाटक	18–20	–	रतुआ प्रतिरोधी
राजमा–1	एसकेयूएसटी, कश्मीर	2001	जम्मू एवं कश्मीर	8–10	–	बौनी किस्म, जड़ गलन प्रतिरोधी

जलवायु: पहाड़ी क्षेत्रों में बुवाई खरीफ में एवं निचले स्थान तथा तराई क्षेत्र में बसंत ऋतु में की जाती है। यह उत्तरी–पूर्वी क्षेत्रों एवं महाराष्ट्र के पहाड़ी क्षेत्रों में रबी में की जाती है। यह पाला एवं जल भराव के प्रति अधिक संवेदनशील है। फसल की वृद्धि के लिए 10 से 27 सेन्टीग्रेड अनुकूलतम तापमान है। 30 सेन्टीग्रेड तापमान होने पर फूलों के झड़ने की अधिक समस्या पाई गई है। 5 सेन्टीग्रेड तापमान से कम होने पर फूलों एवं फलियों तथा शाखाओं में क्षति होती है।

भूमि एवं भूमि की तैयारी: राजमा की खेती हल्की दोमट से भारी चिकनी मृदा में तथा जहाँ नमी पर्याप्त हो, में की जाती है। दलहन फसलों की अपेक्षा

राजमा की खेती के लिए प्रयोग आने वाली मृदा घुलनशील, लवण मुक्त एवं उदासीन होनी चाहिए, अन्य दलहन फसलों की अपेक्षा राजमा एक मोटे आवरण वाली फसल है तथा इसकी बुवाई हेतु मृदा की जुताई ट्रैक्टर चालित हैरो व कल्टीवेटर से करके पाटा चलाना चाहिए। पहाड़ी क्षेत्रों की अम्लीय मृदा को बुवाई पूर्व चूने से उपचारित करना चाहिए।

खरीफ (पहाड़ी क्षेत्रों में): जून के अन्तिम सप्ताह से जुलाई के पहले सप्ताह तक।

रबी (समतल क्षेत्रों में): अक्टूबर के दूसरे सप्ताह में बुवाई की जाती है।

बसंत ऋतु (निचली पहाड़ियों पर): मार्च के दूसरे सप्ताह में बुवाई की जाती है।

बीज दर एवं अंतरण: 100 से 125 कि.ग्रा./है., खरीफ (पहाड़ी) 45 से 50 कि.ग्रा. प्रति हैक्टेयर बीज दर तथा अंतरण दूरी 8 से 10 सें.मी. रबी एवं बसन्त 40×10 सें.मी.।

फसल प्रणाली: पहाड़ी क्षेत्रों में यह अंतर्वर्तीय फसल प्रणाली के रूप में मक्का के साथ 1.2 के अनुपात में लिया जाता है। मक्के की दो पंक्तियां (90 सें. मी. पंक्ति से पंक्ति की दूरी) के बीच में राजमा की दो पंक्तियां (30 सें.मी.–पंक्ति से पंक्ति की दूरी के अंतर पर लगाएं। समतल क्षेत्रों में इसे बसन्त में आलू की खुदाई तथा सरसों की कटाई के बाद लगाएं।

खाद एवं उर्वरक: अन्तिम जुताई के समय 4 टन/है. की दर से गोबर की खाद का प्रयोग करें। दूसरी फसलों की अपेक्षा राजमा में नत्रजन स्थिरीकरण नहीं होता है जिसके कारण से गांठ बनने की प्रक्रिया नहीं होती है। इसी कारण राजमा को 90 से 120 कि.ग्रा. नत्रजन एवं 60 से 80 कि.ग्रा. फॉस्फोरस, 40 कि.ग्रा. पोटाश प्रति हैक्टेयर की दर से देना उत्तम रहता है। नत्रजन की आधी मात्रा, फॉस्फोरस व पोटाश की सम्पूर्ण मात्रा खेत तैयारी के समय भूमि में मिला दें। नत्रजन की आधी मात्रा को फली आने से पूर्व पौधों की पंक्ति के दोनों ओर 8 से 10 सें.मी. की दूरी पर डालकर भूमि में अच्छी प्रकार मिला दें।

जल प्रबंधन: उथली जड़ एवं अधिक उर्वरक मांग के कारण सिंचाई की अधिक आवश्यकता होती है। 2 से 3 सिंचाई उत्तर–पूर्वी मैदानी क्षेत्रों में तथा 3 से 4 सिंचाई मध्य मैदानी क्षेत्रों में की जाती है। फसल की क्रांतिक अवस्था अथवा बुवाई उपरान्त प्रथम सिंचाई 25 दिन बाद एवं द्वितीय 75 दिन बाद करें। मैदानों में

12 से 15 दिनों के अंतराल पर सिंचाई करते रहना चाहिए। सूखे मौसम की स्थिति में फूल आने के पूर्व एक सिंचाई करना अत्यंत लाभदायक रहता है। आवश्यकता से अधिक नमी होना अत्यधिक हानिकारक है।

खरपतवार नियंत्रण: अच्छी उपज प्राप्त करने के लिए फसल की प्रारम्भिक अवस्था के 25 से 30 दिन तक खरपतवार से मुक्त रखना चाहिए। समेकित खरपतवार नियंत्रण के लिए पेन्डीमिथालिन दवा की 0.75 से 1.0 कि.ग्रा. सक्रिय तत्व का 400 से 600 लीटर पानी में घोल बनाकर बुवाई के बाद तथा अंकुरण से पूर्व छिड़काव करें। इसके बाद एक निराई 30 से 35 दिन बाद करना लाभप्रद रहता है।

कीट एवं रोग नियंत्रण

1. **तना मक्खी:** तनों का फूल जाना एवं दो हिस्सों में टूटना अथवा पार्श्व जड़ों का न बनना। संक्रमित पौधे में आकस्मिक जड़ों का दिखाई देना। अंकुरित पौधों का सूख कर मर जाना। इसके नियंत्रण हेतु क्लोरोपायरीफॉस 8 मि.ली. हैक्टेयर की दर से प्रयोग करें तथा फोरेट की 10 ग्रा./10 कि.ग्रा. मात्रा से बीजोपचार करें।
2. **काला माहू:** यह कीट पत्तियों के रस को चूसता है। अधिक संक्रमित पौधों की पत्तियां सूख कर मुड़ जाती हैं। फलियां बौनी एवं विकृत हो जाती हैं। पौधे सूख कर मर जाते हैं। इसके नियंत्रण हेतु इमिडाक्लोरोप्रिड दवा की 17.8 एस.एल. की 0.5 मि.ली./लीटर पानी की दर से छिड़काव करें।
3. **फली छेदक:** यह फलियों में छेद करके अंदर के पदार्थ को खाकर हानि पहुँचाते हैं। इसके नियंत्रण के लिए कार्बेराइल 50 घुलनशील पाउडर 2 ग्रा./लीटर पानी की दर से घोल बनाकर 15 दिन के अन्तर पर दो छिड़काव करना चाहिए।
4. **पर्ण संरगक:** पत्तियां पीली हो कर झड़ जाती हैं। अधिक संक्रमित पौधे बौने रह जाते हैं। यह कीट वनस्पतीय अवस्था में दिखाई देते हैं। इसके नियंत्रण हेतु मिथाइल डेमेटॉन की 1 मि.ली./ली. की दर से छिड़काव करें।
5. **श्यामवर्ण फली (एन्थेक्नोज):** प्रभावित पौधे के बीजपत्र पर पीले–भूरे चित्तीदार धब्बे दिखाई देते हैं। पत्तियों के ऊपरी निचली एवं साथ ही साथ तनों पर भी गहरे रंग के धारीदार धब्बे दिखाई देते हैं। इसके नियंत्रण हेतु बीजोपचार थिरम+कार्बेन्डाजिम (2+1) 3 ग्राम प्रति कि.ग्रा. बीज दर से

उपचार करें। मैंकोजेब का छिड़काव 0.25 प्रतिशत (2.5 ग्रा./ली.) दर से अथवा कार्बेन्डाजिम 0.1 प्रतिशत का 2 से 3 बार पत्तों पर छिड़काव करें।

6. **जड़ गलनः** जड़ तंत्र सड़ने लगता है तथा जड़ लाल भूरे रंग जैसा दिखाई देने लगता है। इसके नियंत्रण हेतु बीज उपचार 2 ग्राम कार्बेन्डाजिम/कि. ग्रा. बीज की दर से स्प्रे करें।

7. **तना गलनः** इसके प्रारम्भिक लक्षण पत्तियों पर छोटे जलीय धब्बे के रूप में संक्रमण के 4 से 10 दिन में ही दिखाई देने लगते हैं। धब्बों का केन्द्र सूख कर भूरा तथा किनारे चमकीले पीले रंग के हो जाते हैं। इसके नियंत्रण हेतु कार्बेन्डाजिम का 0.1 प्रतिशत की दर से 2 से 3 बार पत्तियों पर छिड़काव फूल आने के समय एवं उसके पहले करें। समय पर बुवाई करें।

8. **कोणीय धब्बेः** पत्तियों पर कोणीय लाल भूरे रंग के धब्बे दिखाई देते हैं। धब्बे आपस में मिलकर नेक्रोसिस जैसी अवस्था बनाकर पत्तियों को गला देती है। इसके नियंत्रण हेतु कवकनाशी दवा कार्बेन्डाजिम से 2–3 ग्रा./कि.ग्रा. बीज की दर से करें।

9. **रतुआः** इसके प्रकोप से पौधे के निचले पत्तों पर गोल उभरे हुए धब्बे बन जात हैं। इसके नियंत्रण हेतु डाइथेन एम–45 का 2 ग्रा./ली. पानी की दर से घोल बनाकर स्प्रे करें।

10. **वायरसः** इसके प्रकोप में पत्तियां आपस में ही गुच्छी के रूप में बन जाती हैं। यह सफेद मक्खी के द्वारा फैलता है।

कटाई एवं गहाईः 126 से 130 दिन में फसल पक कर तैयार हो जाती है। कटाई के बाद 3 से 4 दिन तक फसल को धूप में सुखाएं, जब तक बीज की नमी 9 से 10 प्रतिशत न हो जाएं।

उपजः 20 से 25 क्विंटल प्रति हैक्टेयर सिंचित खेती में समतल क्षेत्रों तथा 5 से 10 क्विंटल प्रति हैक्टेयर बारानी खेतों मे पहाड़ों पर 40–50 क्विंटल प्रति हैक्टेयर के भूसे की प्राप्ति होती है।

❑❑❑

अध्याय–20

ग्वार की वैज्ञानिक खेती

ग्वार (सिमोपसिस टेट्रागोलोबा) सूखा रोधी, गहरी जड़, दाने वाली महत्वपूर्ण दलहनी फसल है। ग्वार को दाना, सब्जी एवं हरी खाद के लिए उगाया जाता है। ग्वार को मुख्य रूप से इसकी मुलायम फलियों के लिए उगाया जाता है। इसकी हरी फलियां प्रोटीन, खनिज एवं विटामिन का अच्छा स्रोत हैं। इसमें नमी 81.01 ग्रा. कार्बोहाइड्रेट्स 10.8 ग्रा., प्रोटीन 3.2 ग्रा. वसा 0.4 ग्राम, खनिज 1.4 ग्रा., रेशा 3.2 ग्रा. कैल्शियम 130.0 मि.ग्रा., फॉस्फोरस 50.0 मि.ग्रा. लौह 1.08 मि.ग्रा., ऊर्जा 16.0. कैलोरी पायी जाती है। इसके दाने में 30 से 33 प्रतिशत गोंद पाया जाता है। इसकी खेती राजस्थान, महाराष्ट्र, गुजरात, आंध्र प्रदेश, तमिलनाडु, कर्नाटक और केरल में प्रमुख रूप से की जाती है। राजस्थान देश में ग्वार का मुख्य उत्पादक देश राज्य है। राज्य में लगभग 29 लाख हैक्टेयर क्षेत्र में ग्वार उगाई जाती है। राज्य के पश्चिमी क्षेत्र में यह लगभग 27 लाख हैक्टेयर क्षेत्र में उगाई जाती है। लेकिन इसकी औसत उपज बहुत कम (395 कि.ग्रा/हैक्टेयर) है। निम्न उन्नत विधियों के प्रयोग से औसत उपज में 50 से 60 प्रतिशत तक वृद्धि की जा सकती है।

उन्नत किस्में

किस्म	पकने की अवधि (दिनों में)	औसत उपज (कु./है.)	विशेषताएं
आर जी सी–936	80–90	8–10	पौधे अधिक शाखाएं तथा झुलसा रोग के प्रति सहनशीलता
आर जी एम–112	80–95	9–10	बैक्टीरियल ब्लाइट सहन करने की क्षमता
आर जी सी–1002	80–90	10–11	पौधे की ऊँचाई 60–90 सें.मी.
आर जी सी–1003	85–95	8–12	गोंद की मात्रा 29 से 32 प्रतिशत
आर जी सी–1017	90–100	10–12	पौधे अधिक शाखाओं वाले तथा प्रोटीन की मात्रा 29–33 प्रतिशत

भूमि एवं उसकी तैयारी

ग्वार की खेती सभी प्रकार की भूमियों में की जा सकती है लेकिन दोमट व बलुई दोमट भूमि सबसे अच्छी होती है। भूमि में जल निकास की उचित व्यवस्था तथा उसका पी.एच.मान 7 से 8.5 तक होना चाहिए। ग्वार के लिये एक जुताई मिट्टी पलटने वाले हल या डिस्क हैरो से करने के बाद एक हैरो से क्रॉस जुताई करके पाटा लगा देना चाहिए। इसके उपरान्त एक कल्टीवेटर से जुताई करना पर्याप्त रहता है।

बीज एवं बुवाई

ग्वार की बुवाई सामान्यतः वर्षा आने पर 15 जुलाई तक कर देनी चाहिए। एक हैक्टेयर खेत के लिए 15 किलो बीज पर्याप्त रहता है। ग्वार की बुवाई पंक्ति से पंक्ति की दूरी 45 सें.मी. से 50 सें.मी. तथा पौधे से पौधे की दूरी 10–15 सें.मी. पर करनी चाहिए।

खाद एवं उर्वरक

ग्वार दलहनी फसल होने के कारण नाइट्रोजन की कुछ आपूर्ति वातावरण की नाइट्रोजन को जड़ों में उपस्थित गाँठों द्वारा एकत्र करके की जाती है। लेकिन फसल की प्रारम्भिक अवस्था में पोषक तत्वों की पूर्ति के लिये 20 कि.ग्रा. नाइट्रोजन व 40 कि.ग्रा. फॉरूफोरस प्रति हैक्टेयर पर्याप्त रहता है। सम्पूर्ण नाइट्रोजन एवं फॉस्फोरस की मात्रा बुवाई के समय खेत में डाल देनी चाहिए। इसके अतिरिक्त ग्वार के बीज को बुवाई से पहले राइजोबियम कल्चर की 600 ग्राम मात्रा को एक

लीटर पानी व 250 ग्राम गुड़ के घोल में बीज को उपचारित कर छाया में सुखा कर बोना लाभदायक रहता है। खेत की तैयारी के समय 5 टन गोबर या कम्पोस्ट खाद 2–3 वर्ष में एक बार अवश्य प्रयोग करनी चाहिए। खाद एवं उर्वरकों के प्रयोग से पहले मिट्टी की जाँच कर लेनी चाहिए।

सिंचाई

यदि बुवाई के पश्चात् अच्छी वर्षा न हो तो जहाँ सिंचाई की सुविधा हो वहाँ पर 20–25 दिन के अन्तराल पर कम से कम 3 सिंचाई देनी चाहिए। सूखे की स्थिति में ग्वार की बुवाई के 25 व 45 दिन बाद 0.10 प्रतिशत थायोयूरिया के घोल का छिड़काव करने से उपज में वृद्धि होती है।

खरपतवार नियंत्रण

ग्वार की फसल उगने के समय से ही अनेक प्रकार के खरपतवार जैसे, चन्दलिया, सफेद फूली, बुई, कांटी, मंची, लोलरू, मोंथा, सोनेला इत्यादि फसल को हानि पहुँचाते हैं। खरपतवारों के नियंत्रण हेतु फसल की बुवाई के 2 दिन पश्चात् तक पैन्डीमेथालीन (स्टोम्प) खरपतवारनाशी की बाजार में उपलब्ध 3.30 लीटर मात्रा को 500 लीटर पानी में घोल बनाकर समान रूप से खेत में छिड़काव कर देना चाहिए। इसके उपरान्त जब फसल 25–30 दिन की हो जाए तो एक बार कस्सी से गुड़ाई कर देनी चाहिए। यदि मजदूरों की समस्या हो तो बाजार में उपलब्ध **इमेजीथाइपर** (परसूट) की 750 मि.ली. मात्रा को प्रति हैक्टेयर की दर से 500 लीटर पानी में घोल बना कर बुवाई के 20–25 दिन बाद छिड़काव कर देना चाहिए।

पादप संरक्षण

दीमक: दीमक फसल के पौधों की जड़ों को खाकर नुकसान पहुँचाती हैं। बुवाई से पहले अन्तिम जुताई के समय खेत में क्यूनालफोस 1.5 प्रतिशत पाउडर की 20 से 25 किलो प्रति हैक्टेयर की दर से भूमि में मिलानी चाहिये। बोने के समय बीज को क्लोरोपाइरीफोस कीटनाशक की 2 मि.ली. मात्रा से प्रति कि.ग्रा. बीज की दर से उपचारित कर बोना चाहिये।

कातरा: इस कीट की लट प्रारम्भिक अवस्था में फसल के पौधों को खाकर नुकसान पहुँचाती है। इसके नियंत्रण के लिए खेत के आसपास सफाई रहनी चाहिए तथा खेत में प्रकोप होने पर मिथाइल पैराथिओन 2 प्रतिशत या क्यूनालफोस 1.5 प्रतिशत या कार्बोरिल 5 प्रतिशत चूर्ण की 20 से 25 कि.ग्रा. मात्रा प्रति हैक्टेयर की दर से भुरकनी चाहिए।

मोयलाः यह कीट पौधों के कोमल भागों का रस चूस कर फसल को हानि पहुँचाता है। इसके नियंत्रण हेतु मोनोक्रोटोमोस कीटनाशी की एक लीटर मात्रा को 500 लीटर पानी में घोल बनाकर छिड़काव कर देना चाहिए।

सफेद मक्खी एवं हरा तेलाः इन कीटों के नियंत्रण के लिए ट्राइजोफोस की 1.5 लीटर मात्रा या मैलाथियोन की एक लीटर मात्रा को पानी में घोल बनाकर प्रति हैक्टेयर की दर से छिड़काव करना चाहिए।

जीवाणु जनित पत्ती झुलसा रोग (बैक्टीरियल ब्लाइट)ः इस रोग के जीवाणु बीज द्वारा फैलते हैं। यह रोग अधिक ताप एवं आर्द्रता होने पर तीव्रता से फैलता है। यह ग्वार की बहुत हानिकारक बीमारी है। इस बीमारी के कारण पत्ती के ऊपर गोल आकार के धब्बे बनते हैं। इस बीमारी के नियंत्रण हेतु रोगरोधी किस्मों को उगाना चाहिए। बीज को 2 ग्राम स्ट्रेप्टोसाइक्लिन से प्रति कि.ग्रा. बीज की दर से उपचारित करके बोना चाहिए। इसके पश्चात् फसल में बुवाई के 40–45 दिन बाद 20 ग्राम स्ट्रेप्टोसाइक्लिन प्रति हैक्टेयर की दर से घोल बनाकर 2–3 छिड़काव करने चाहिए।

छाछिया रोगः इस रोग के कारण पौधों के ऊपर सफेद रंग के पाउडर का आवरण बन जाता है। इस रोग के नियंत्रण हेतु 25 किग्रा गन्धक चूर्ण या एक लीटर कैराथिओन का 500 लीटर पानी में घोल बनाकर प्रति हैक्टेयर की दर से भुरकाव करना चाहिए।

जड़ गलनः यह बीमारी भूमि में पैदा हुई फफूँद के कारण फैलती है। इस बीमारी के कारण पौधे अचानक मर जाते हैं तथा समूहों में पौधों की संख्या कम हो जाती है। इस बीमारी की रोकथाम के लिये बीज को 3 ग्राम थाइरम या मैंकोजेब की 2.50 ग्राम प्रति कि.ग्रा. बीज की दर से उपचारित कर बोना चाहिये।

फसल चक्र

सामान्यतः ग्वार शुष्क क्षेत्र में मिश्रित खेती के रूप में अधिक उगाई जाती है केवल ग्वार उगाने के लिये उचित फसल चक्र जैसे, ग्वार–बाजरा असिंचित क्षेत्रों के लिये तथा ग्वार–गेहूँ सिंचित क्षेत्रों के लिए उपयुक्त होता है।

बीज उत्पादनः ग्वार के बीज उत्पादन हेतु ऐसे खेत का चुनाव करना चाहिए जिसमें पिछले वर्ष ग्वार की खेती न की गई हो तथा खेत के चारों तरफ ग्वार की फसल नहीं उगाई जा रही हो। ग्वार के लिये पृथक्करण दूरी कम से कम 10 मीटर

होनी चाहिए। खेत की अच्छी प्रकार से तैयारी करनी चाहिए तथा प्रमाणित व उपचारित बीज बुवाई के लिये प्रयोग करना चाहिए। समय–समय पर खेत से दूसरी किस्म के पौधे, खरपतवार एवं बीमारियों से ग्रसित पौधे निकाल देना चाहिए। कीड़े एवं बीमारियों की रोकथाम के लिए उचित उपचार करना चाहिए तथा फसल अच्छी प्रकार से पकने के पश्चात् कटाई करनी चाहिए। कटाई करते समय खेत के चारों तरफ लगभग 10 मीटर फसल छोड़कर बीज के लिए लाटे को काटकर अलग एकत्र करके अच्छी प्रकार से सुखा कर थ्रैसर द्वारा दाना निकाल लेना चाहिए। अच्छी प्रकार से ग्रेडिंग कर मोटे आकार के दाने अलग कर उनको सुखाना चाहिए तथा नमी 8 से 9 प्रतिशत से अधिक नहीं होनी चाहिए। बीज को उपचारित कर लोहे की टंकियों में भरकर अच्छी प्रकार से बंद कर देना चाहिए। इस बीज को अगले वर्ष बुवाई के लिये प्रयोग किया जा सकता है।

कटाई एवं गहाई

ग्वार के पौधे जब भूरे रंग के पड़ने लगें तथा फलियां सूखने लगें तो दरांती की सहायता से कटाई कर लेनी चाहिए तथा दाना भूसे से अलग कर साफ कर लेना चाहिए।

उपज एवं शुद्ध लाभ

उन्नत तकनीकियों द्वारा ग्वार की खेती करने पर औसतन 8–10 क्विंटल दाना एवं 12–14 क्विंटल भूसा प्राप्त हो जाता है। एक हैक्टेयर ग्वार उत्पादन के लिये लगभग 18 से 20 हजार रुपये की लागत आती है। यदि ग्वार का बाजार मूल्य रुपये 120 प्रति कि.ग्रा. हो तो किसान ग्वार की खेती द्वारा रुपये 70 से 75 हजार प्रति हैक्टेयर का शुद्ध लाभ प्राप्त कर सकते हैं।

□□□

अध्याय–21

दालों का फसलोत्तर प्रसंस्करण एवं मूल्यवर्धन

दालें, हमारी खाद्य एवं पोषण सुरक्षा का महत्वपूर्ण अंग है। दलहन को मानव आहार में प्रोटीन, मृदा उर्वराशक्ति में वृद्धि करने तथा पशुओं के चारे के रूप में उपयोग किया जाता है। शाकाहारियों के लिए दालें प्रोटीन के मुख्य स्रोतों में से एक हैं। अनाज वाली फसलों की तुलना में दालों में लगभग दोगुनी प्रोटीन होती है, दालों में प्रोटीन की मात्रा मीट और अंडे से भी अधिक होती है। भारतीय दालों में लगभग 20 से 25 प्रतिशत प्रोटीन होती है। उबालने पर आंशिक रूप से गल कर पारम्परिक व्यंजन दाल या सांभर प्राप्त होता है। विश्व स्वास्थ्य संगठन के अनुसार प्रति व्यक्ति प्रतिदिन 80 ग्राम दाल भोजन में होनी चाहिए। पीजन पी (अरहर), ब्लैकग्राम (उड़द), लैंटिल (मसूर), ग्रीनग्राम (मूँग) जैसे विभिन्न दालों को हमारे देश के विभिन्न हिस्सों में उगाया जाता है। पारंपरिक तरीकों में किसानों द्वारा दालों की प्राथमिक प्रसंस्करण गतिविधियों, जैसे कि सफाई, सुखाना, ग्रेडिंग, अनुकूलन करना, छिलका उतारना, पिसाई, भूनना, पॉलिश करना, बोरों में भरना और भंडारण का उपयोग किया जाता है। दालों से मिलने वाले आम उत्पादों में साबुत दाल, छीली हुई दाल, भुनी हुई दालें, तले हुए उत्पाद, खाद्य मिश्रण (सत्तू), पापड़ और रेडी–टू–ईट एक्सट्रूडेड उत्पाद होते हैं। भुने चने एवं जौ या गेहूँ को साथ पीसे प्रसंस्कृत सत्तू को तैयार किया जाता है। आज भी इसका व्यंजन बाल आहार के रूप में उपयोग किया जाता है। केवल 56–70 प्रतिशत उत्पादन खाद्य उपयोग के लिए उपलब्ध है और बाकी बीज और मिलिंग और अन्य नुकसान के रूप में जाता है। दालों के प्रसंस्करण और मूल्यवर्धन से ग्रामीण युवाओं को रोजगार मिलेगा।

दालों का प्राथमिक प्रसंस्करण

दलहनों को मुख्यतः छिलका उतारने के उपरान्त प्रयोग में लाया जाता है। भारत में गेहूँ एवं धान की मिलिंग के बाद दाल मिलिंग तीसरा सबसे बड़ा खाद्य प्रसंस्करण उद्योग है। दलहन के कुल उत्पादन का लगभग 75 प्रतिशत दाल के रूप में ही प्रयोग किया जाता है। प्राथमिक प्रसंस्करण से दलहन के अपोषक तत्वों

में कमी के साथ ही दाल की पाक और पाचन गुणवत्ता में वृद्धि होती है। दलहनी फसलों में छिलके और दाल के मध्य गोंद जैसा पदार्थ होता है, जिसकी पकड़ को कम करने के लिए दाल के दानों का मिलिंग से पूर्व उपचार अत्यन्त आवश्यक है। चना, मसूर और मटर का छिलका आसानी से उतर जाता है, जबकि अरहर, मूँग और उड़द का छिलका उतारने में कठिनाई आती है। कुटीर और घरेलू स्तर पर दाल की मिलिंग हेतु दालों को पानी में भिगाने और सुखाने का उपचार पारम्परिक रूप से प्रचलित है, किन्तु व्यावसायिक मिलों में तेल और पानी उपचार का बहुतायता से प्रयोग होता है।

सफाई और श्रेणीकरण द्वारा साबुत दाल प्रसंस्करण

उचित नमी तक (सुखाने) के बाद साबुत अनाज को बाजार भेजने के लिए साफ, वर्गीकृत और पैक किया जा सकता है। कुछ दालों की सफाई और ग्रेडिंग के बाद पॉलिश की जाती है और पूरे दाल के रूप में विपणन किया जाता है। चमकाने से दाल में चमक बढ़ जाती है। इसमें या तो दानों की सतह से धूल हटाने या दानों की सतह पर कुछ खाद्य तेल के अनुप्रयोग शामिल हैं। इन क्रियाओं के लिए निम्न उपकरणों की आवश्यकता होती है:

1. बाल्टी लिफ्ट
2. स्क्रीन ग्रेडर, (एस्पीरेटर के साथ)
3. डी–स्टोनर
4. पॉलिशर/कृमि मिक्सर
5. वजन और बैगिंग करने का यंत्र

दाल पिसाई

ग्रामीण क्षेत्रों में घरेलू स्तर पर दाल से छिलका उतारने और विभाजित करने के लिए स्टोन ग्राइंडर (चक्की) का उपयोग किया जाता है। 80 प्रतिशत से अधिक दालों को वाणिज्यिक दाल मिलों में संसाधित किया जाता है और दाल के रूप में खपत होती है। किसानों से संपूर्ण दालों का संग्रह करने और उसकी मिलिंग करना एक लाभदायक औद्योगिक गतिविधि है। बढ़ती मांग को पूरा करने के लिए शहरी और राज्य के ग्रामीण क्षेत्रों में ऐसी मिलिंग यूनिट स्थापित करने की बहुत अच्छी संभावना है। कच्चा माल होने के कारण उसी प्रकार की औद्योगिक गतिविधि के लिए समग्र स्तर पर अधिक कार्यशील पूँजी की आवश्यकता होती है।

4–30 क्विंटल प्रति हैक्टेयर की दर से दालें व्यावसायिक दाल मिलों में होता है। भारत में विभिन्न अनुसंधान संगठनों (सीएफटीआरआई, मैसूर, पीकेवी, अकोला, सीआईएई, भोपाल) ने 0.5–2.0 क्विंटल/घंटा की क्षमता वाले छोटे पैमाने पर प्रसंस्करण के लिए दाल मिलों का भी विकास किया है। दाल प्रसंस्करण के विभिन्न पहलुओं में मशीन पैरामीटर, अनाज पैरामीटर और पूर्व–मिलिंग उपचार शामिल हैं।

दाल बनाने की यूनिट

- मिलिंग के दौरान टूटने से बचने के लिए प्रत्येक ग्रेड को अलग से मिलाने के लिए विदेशी सामग्रियों को हटाने के लिए सफाई।
- **अनुकूलन करना (कंडीशनिंग):** दालों का पूर्व मिलिंग उपचार भूसी को आसानी से हटाने में सही होता है। मूँग, उड़द, अरहर आदि दाल की भूसी उसके छिलके के साथ–साथ एक प्रकार के गोंद से जुड़ा होता है। इसलिए पिसाई के दौरान भूसा निकालते समय छिलके तक जाते हैं और दाल का निकास कम ही होता है। अनुकूलन के दौरान गम को निकाल दिया जाता है। इसलिए भूसा आसानी से निकल जाता है और पिसाई के दाल काम आती है। इस प्रकार के अनुकूलन को सही तरह से किया जाता है। जैसे कि सूखा मिलिंग, गीला मिलिंग में पहले दाल की पिसाई हेतु भिगोना, फिर सुखाना और रात में रखना होता है। सूखा मिलिंग पपड़ी में दाल के ऊपर खुरचना इत्यादि है। तेल मिश्रण (400–600 ग्राम/क्यू) और ढेर लगाना, 2 से 4 दिनों तक धूप में सुखाना, 5–7 प्रतिशत पानी का प्रयोग करना आदि सरल है। समग्र स्तर पर चना, अरहर, मसूर आदि दाल की पिसाई करना सहज होता है और उसे कम अनुकूल की आवश्यकता होती है। मूँग, अरहर, उड़द, दाल को अधिक समय तक अनुकूलित किया जाता है।
- छिलका उतारना
- भूसी अलग करना
- विभाजन
- ग्रेडिंग
- पॉलिश
- पैकेजिंग

उपकरण

1. क्लीनर और ग्रेडर (रोटरी स्क्रीन/फ्लैट स्क्रीन)
2. घर्षण रोलर मिल (बेलनाकार/पतला)/स्टोन चक्की
3. स्क्रू मिक्सर
4. ड्रायर (यांत्रिक/सूर्य)
5. भूसी का पंखा
6. स्प्लिटिंग मशीनरी (एट्रिशन मिल/रोलर/इम्पैक्ट स्प्लिटर)
7. ग्रेडर (फ्लैट स्क्रीन)
8. ब्रश प्रकार पॉलिशर
9. बाल्टी लिफ्ट (बकेट एलीवेटर)

संचालन कार्य (ऑपरेशन)

दाल मिलिंग में दाल का छिलका उतारना, दाल को दो भागों में तोड़ने की प्रक्रिया तथा दाल में पॉलिश करना है। सफाई और ग्रेडिंग के बाद, दाल को खुरचने के लिए 2 बार रोलर से गुजारा जाता है। फिर उसमें तेल (400–600 ग्राम/क्विं.) मिलाया जाता है जिसके लिए एक स्क्रू मिक्सचर उपयोग किया जा सकता है और रात भर तड़का लगाया जाता है। उसे धूप में दो दिनों तक सुखाने के बाद, पानी (5–7 प्रतिशत) मिलाया जाता है और 6 घंटे के लिए ठण्डा किया जाता है। धूप के बदले उसे सुखाने के यंत्र ड्रायर भी उपयोग किया जा सकता है। लेकिन उसमें 60 सेन्टीग्रेड से कम तापमान रखना चाहिए। फिर से इसे डीहिलिंग के लिए रोलर मिल से गुजारा जाता है और पंखे द्वारा भूसी निकाल दी जाती है। मिल्ड दाल को अलग गट और स्प्लिट दाल में वर्गीकृत किया जाता है। मूँग दाल का गट्टा हालांकि स्प्लिटर मशीन से पारित किया जाता है। मिल्ड दाल को पाउडर और पानी के उपचार के साथ पॉलिशर में पॉलिश किया जाता है, जो बाजार की आपूर्ति के लिए गनी बैग में पैक किया जाता है।

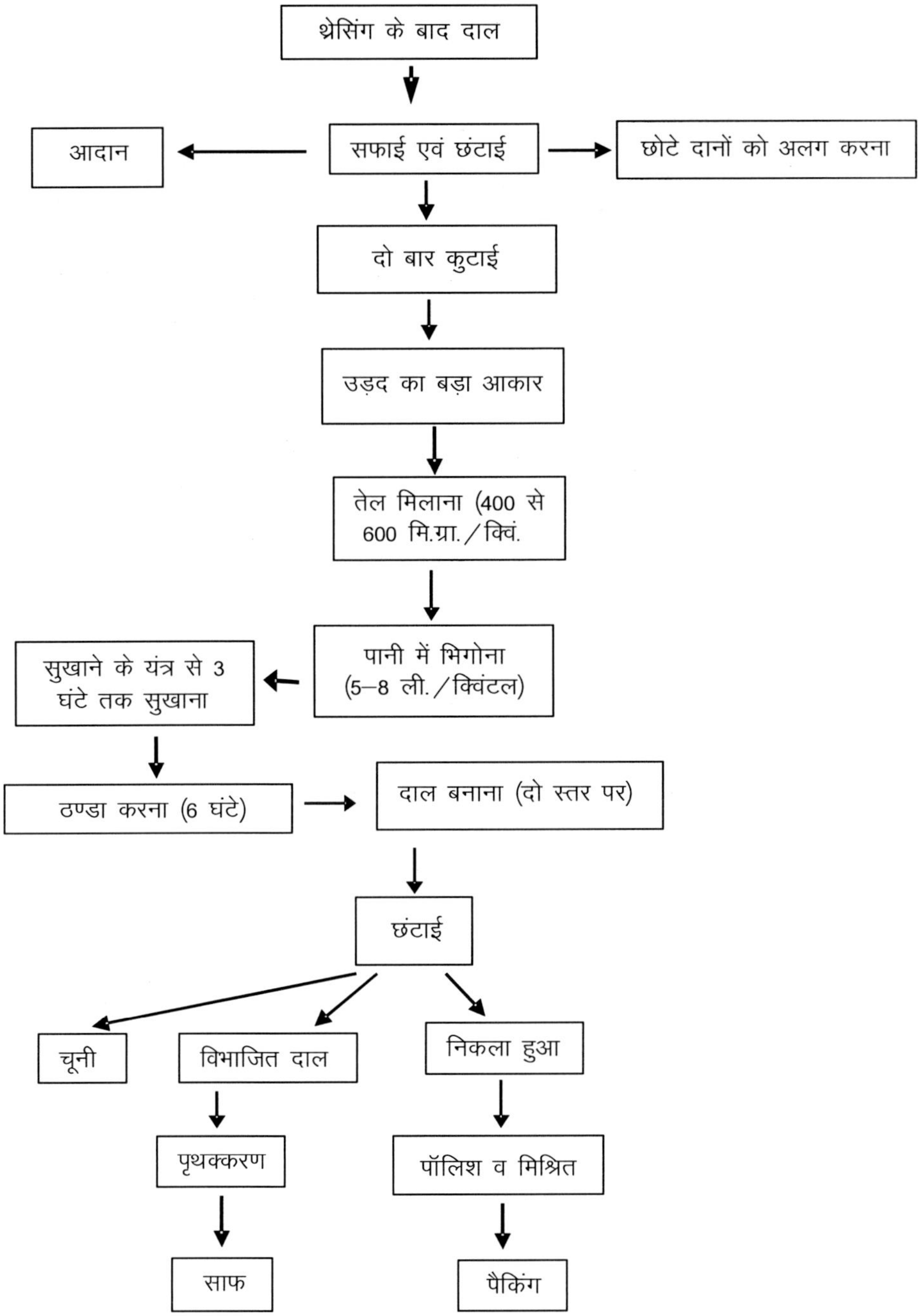

चित्रः उड़द दाल बनाने की प्रक्रिया

दाल आधारित अन्य उद्यम

- चना और मटर भुने हुए रूप में भी खाये जाते हैं। भूनने में शामिल इकाई की क्रियाओं में सफाई, ग्रेडिंग, नमी, रोस्टिंग, पफिंग, विभाजन, भूसी जुदाई, ग्रेडिंग और पैकेजिंग शामिल हैं। अनाज को गर्म करने का काम में धूंध, चावल की भूसी, मूँगफली के छिलके और कृषि अपशिष्ट द्वारा किया जाता है। फ्राइड दाल को भिगोने और तलने के बाद प्राप्त किया जा सकता है।
- बेसन बनाने में पल्वेरीजर/एटिशन मिल द्वारा दाल के चूर्ण करना, स्क्रू के द्वारा ग्रेडिंग और पैकिंग करना शामिल है। इसका उपयोग दाल आधारित मीठे व्यंजनों और स्नैक्स की तैयारी के लिए किया जाता है।
- बड़ी और पापड़ इकाई को घरेलू स्तर पर बढ़ावा दिया जा सकता है।
- घरेलू स्तर पर छोटे–छोटे उद्योग में दाल की मिलिंग, दाल का आटा (बेसन) यूनिट को कम प्रारम्भिक निवेश के साथ शुरू किया जा सकता है। इन सब उद्योग को कस्टम हायरिंग में भी प्रारम्भ किया जा सकता है।

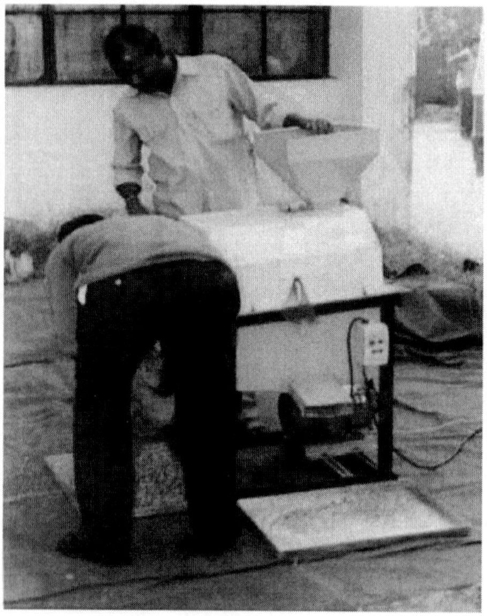

चित्रः सीआईएई दाल मिल

चित्रः सीएफटीआरआई मॉडल दाल मिल

चित्रः पीकेवी, अकोला मिनी दाल मिल

चित्रः दाल मिल में उपयोग होने वाला एक क्लीनर सह ग्रेडर

चित्रः स्वचालित दाल मिलिंग प्लांट

सारणी 1: विभिन्न मिनी दाल चक्कियों की तकनीकी विशेषताएं

मानदंड	**पीकेवी, अकोला**	**सीआईएई, भोपाल**	**सीएफटीआरआई, मैसूर**
कार्यक्षमता ;ाहधीद्ध	125.150	80.100	80.100
दालों की मिलिंग	अरहर, मूँग, उड़द, काला चना	अरहर, मूँग, उड़द, काला चना आदि	अरहर, मूँग, उड़द, काला चना आदि
शक्ति आवश्यकता	3 hp, सिंगल फेज	2 hp, सिंगल फेज	1-1.5 hp, सिंगल फेज
दाल प्राप्तिः	75.80	74.75	78.82
अनुमानित लागत	1,00,000/-	60,000/-	80,000/-

सारणी 2: घरेलू स्तर पर छोटे–छोटे उद्योग में दाल मिलिंग यूनिट (100 कि. ग्रा./एच.) की आवश्यकता

उपकरण	**मात्रा**
रोलर मिल, 2 इंच लकड़ी	1
तेल मिश्रण स्क्रू मिक्सर, 8 एमएस	1
स्प्लिटर (फाटका), 2 फुट एमएस	1
क्लीनर–कम–ग्रेडर, लकड़ी का 8"3'	1
पॉलिशर, 2' ब्रश टाइप	1
ब्लोअर पंखा (लकड़ी)	1
15 hp मोटर	1
2 hp मोटर	2 दव
मोटर, स्टार्टर, स्विच, मोटर रेल, पुली, शाफ्ट, बेल्ट	

विविध उपकरण

किसान को केवल उत्पादक से उत्पादन और–सह–प्रोसेसर में बदलने के लिए ग्रामीण क्षेत्रों में कृषि प्रसंस्करण उद्योगों की स्थापना की आवश्यकता है। प्रमुख उत्पादक क्षेत्रों में व्यवहार्य प्रसंस्करण उद्योगों की स्थापना और किसानों द्वारा गठित सहकारी समितियों/समूहों के माध्यम से इसे चलाने से उत्पादक को वास्तविक लाभ मिल सकेगा। उपलब्ध कृषि उत्पादों से निर्यात गुणवत्ता वाले उत्पादों के उत्पादन हेतु निजी खेत या सहकारी समितियों द्वारा बड़े पैमाने पर प्रसंस्करण उद्योगों के विकास की आवश्यकता भी है। यह किसानों को बड़े पैमाने पर उद्योग के लिए कच्चे माल के रूप में अपनी वस्तुओं को बेचने के लिए बाजार का निर्माण करेगा।

❑❑❑

अध्याय–22

दलहनी फसलों के बीज उत्पादन की उन्नत प्रौद्योगिकियां

दलहनी फसलों के क्षेत्रफल एवं उत्पादन की दृष्टि से भारत अग्रणी राष्ट्र है। देश में जम्मू व कश्मीर, हिमाचल प्रदेश एवं उत्तर–पूर्वी भारत के कुछ क्षेत्रों को छोड़कर देश के सभी भागों में दलहनी फसलें आसानी से उगाई जाती हैं। दलहनी फसलों में बीजोत्पादन की निम्न सस्य प्रबंधन प्रणाली का पालन कर किसान अपने ही खेत में शुद्ध बीजोत्पादन कर स्वावलम्बी बन सकते हैं।

मृदा

दलहनी फसलों हेतु मृदा का चयन करते समय ध्यान रखना चाहिए कि खेत ऊँचा एवं समतल हो और उसमें जल–निकास अच्छा हो। दलहनी फसलों को मटियार दोमट मृदा से लेकर रेतीली दोमट मृदा में उगाया जा सकता है, जिसका पी.एच. मान 6.5 से 7.5 के मध्य हो। जिन मृदाओं में भू–जल स्तर गहराई पर हो, सर्वोत्तम रहती है।

खेत की चयन एवं तैयारी: खेत का चयन करते समय पृथक्करण दूरी, स्व–परागित फसलों में दो किस्मों के बीच मानक दूरी निर्धारित की गई है तथा पिछले वर्ष जो फसल उस खेत में ली गई, वहाँ पर उसी फसल को दूसरे वर्ष में न लें। खेत तैयारी के समय हैरो एवं कल्टीवेटर द्वारा क्रॉस जुताई करके पाटा लगाकर समतल करें।

बीज का स्रोत: शुद्ध एवं उन्नत बीज किसी भी प्रमाणीकरण संस्था या कृषि विश्वविद्यालय फार्म या बीज निगम या विश्वसनीय स्रोत के माध्यम से प्राप्त कर सकते हैं। प्रजनक बीज उत्पादन हेतु नाभिकीय बीज, आधार बीज उत्पादन हेतु प्रजनक बीज तथा प्रमाणित बीज उत्पादन हेतु आधार बीज का उपयोग किया जाता है।

फसल चक्र: मृदा उर्वरता के टिकाऊपन को बनाए रखने के लिए दलहनी फसलों का फसल चक्र में समावेश महत्वपूर्ण है। इन फसलों को धान्य फसलों एवं

तिलहनों के साथ अंतः फसलीकरण के रूप में या फसल चक्र के रूप में उगाना लाभदायक होता है।

बुवाई का समयः प्रत्येक मौसम में दलहनी फसलों की बुवाई निर्धारित समय पर करनी चाहिए, उचित समय पर बुवाई करने से बीज अंकुरण अच्छा होता है तथा पौधे स्वस्थ रहते हैं। बुवाई में विलम्ब करने से बीजोत्पादन पर प्रतिकूल प्रभाव पड़ता है।

बीज दर व बीज उपचार

दलहनी फसलों की उच्च गुणवत्ता के बीजोत्पादन हेतु अधिक बीज दर का उपयोग नहीं करना चाहिए। फसलों के अनुसार निर्धारित बीज दर के अनुरूप ही बुवाई करनी चाहिए। सामान्यतः बीज उपचारित ही प्राप्त होता है, यदि बीज उपचारित नहीं हो तो बुवाई से पूर्व बीज को केप्टान, थीरम, बाविस्टीन या बीटोवेक्स दवा की 2 ग्राम प्रति कि.ग्रा. बीज की दर से उपचारित करें। उसके बाद बीज को जीवाणु खाद के टीकों जिसमें राइजोबियम का टीका व फॉस्फोरस टीका इत्यादि सम्मिलित है, से उपचारित करके बीज को छायादार स्थान पर सुखाएं व शीघ्र ही बुवाई करें। मृदा जनित रोगों के रोकथाम के लिए बीज उपचार के लिए 4 से 10 ग्राम ट्राइकोडर्मा का प्रयोग प्रति कि.ग्रा. बीज की दर से संस्तुत है।

बुवाई विधि व पृथक्करण

बीजोत्पादन हेतु फसल की बुवाई साफ सीड ड्रिल या टीएमओ मशीन से पंक्तियों में निर्धारित दूरी पर उचित नमी में करनी चाहिए। प्रत्येक 10 मीटर के बाद एक मीटर का निरीक्षण पथ छोड़ना चाहिए जिससे रोगिंग, उर्वरक, छिड़काव एवं कीटनाशक दवाओं के उपयोग करने में कठिनाई नहीं होती है।

बीज उत्पादन के लिए उगाई जाने वाली फसल को अन्य प्रजातियों से एक निश्चित दूरी पर उगाने को पृथक्करण तथा इस दूरी को पृथक्करण दूरी कहते हैं। फूल खिलने के समय पर–परागण से होने वाले प्रदूषण को रोकने, रोगों के प्रसार को कम करने तथा कटाई के समय अन्य प्रजातियों के मिश्रण से बचाव के लिए पृथक्करण दूरी अति आवश्यक होती है। मटर, मसूर एवं चना में आधारीय बीज उत्पादन के लिए न्यूनतम पृथक्करण दूरी 10, 10 एवं 5 मीटर तथा अरहर, उड़द एवं मूँग के प्रमाणित बीज उत्पादन के लिए न्यूनतम पृथक्करण दूरी 20, 5 एवं 3 मीटर होनी चाहिए।

पोषक तत्व प्रबंधन

दलहनी फसलें अपनी नत्रजन की आवश्यकता मुख्यतः स्वयं अपनी जड़ों में पाई जाने वाली ग्रन्थिकाओं में उपस्थित जीवाणुओं द्वारा वायुमंडलीय नत्रजन का यौगिकीकरण करके कर लेते हैं, इसलिए इन फसलों को कम नत्रजन देने की आवश्यकता होती है। इसलिए इन फसलों में प्रारम्भ में 20 से 25 कि.ग्रा. नत्रजन प्रति हैक्टेयर देना पर्याप्त है। मूँग, उड़द, लोबिया एवं मूँगफली में 40 से 60 कि. ग्रा./है. फॉस्फोरस दें। अरहर में 80 से 100 कि.ग्रा./है. एवं सोयाबीन में 60 से 80 कि.ग्रा./हैक्टेयर फॉस्फोरस देने की अनुशंसा की जाती है। इन फसलों में 40 से 60 कि.ग्रा./हैक्टेयर पोटाश देना लाभप्रद पाया गया है। सोयाबीन में 20 से 25 कि.ग्रा./हैक्टेयर गंधक देना चाहिए। सभी उर्वरकों को बुवाई से पूर्व देना उपयुक्त रहता है।

जल प्रबंधनः दलहनी फसलें सामान्यतः बारानी क्षेत्रों में उगाई जाती है तथा मानसून वर्षा पर आश्रित रहती है। इन फसलों में फूल बनते समय व फली के विकास के समय जल की कमी नहीं होनी चाहिए। अतः सिंचाई के साधन उपलब्ध हो तो पुष्पावस्था से पूर्व एवं फली बनते समय इन फसलों की सिंचाई आवश्यकतानुसार करें। दलहनी फसलें पानी के भराव से संवेदनशील होती हैं। अतः भारी वर्षा होने पर खेती में पानी नही भरने दें व अतिरिक्त जल को खेत से बाहर निकाल दें।

निराई–गुड़ाई एवं खरपतवार नियंत्रणः दलहनी फसलों से बीजोत्पादन के लिए आरम्भिक 20 से 40 दिनों तक खरपतवारों से फसल को मुक्त रखें जिसके लिए दो बार निराई–गुड़ाई करें, प्रथम निराई–गुड़ाई बुवाई के 20 से 25 दिन बाद व दूसरी निराई–गुड़ाई 40 से 45 दिन पर की जानी चाहिए। खरपतवारनाशी द्वारा खरपतवार नियंत्रण करने के लिए पेन्डीमेथिलीन दवा की 0.75 से 1.0 कि.ग्रा./ हैक्टेयर की दर से 600 से 800 लीटर पानी में घोलकर बुवाई के बाद एवं फसल अंकुरण से पहले खेत में छिड़काव करें। इमेजेथापार नामक खरपतवारनाशी को 75 से 100 ग्रा./है. बुवाई के 15 से 20 दिन बाद छिड़काव करके खरपतवारों का प्रबंधन कर सकते हैं।

अवांछित पौधों को निकालना (रोगिंग): बीजोत्पादन में खरपतवार, रोग व कीट ग्रस्त पौधों के अतिरिक्त बोई गई फसल किस्म के प्रमाणीकरण मानक गुणों से भिन्न पौधों को निकाल देना चाहिए ताकि बीज की आनुवंशिक शुद्धता बनाई रखी जा सके। रोगिंग फसलों की तीन अवस्थाओं में की जाती है ताकि अवांछित पौधों को आसानी से अलग किया जा सके।

1. फूल आने से पूर्व (असमान ऊँचाई वाले पौधे निकाल कर)
2. फूल के समय (फूल का रंग तथा पत्तियों का आकार–प्रकार देखकर)
3. बीज पकने से पूर्व (फलियां, घेटियों का रंग देखकर)

सारणी 1: दलहनी फसलों में कीट व रोग नियंत्रण

फसल	कीट	नियंत्रण
मूँग, उड़द व लोबिया	सूंड़ी	5 फेरोमोन ट्रेप/है. लगाएं तथा बी.टी. एवं एचएनपीवी का छिड़काव करें। डेल्टामेथ्रिन का स्प्रे करें।
	लीफ हॉपर, एफिड, जैसिड	प्रारंभिक अवस्था में प्रकोप होने पर डाइमेथोएट तथा फली बनने के बाद क्लोरपाइरिफॉस (2 मि.ली./ली.) का छिड़काव करें।
अरहर	फली बेधक	इन्डोक्साकार्ब का फूल आते समय एवं फली बनते समय छिड़काव करें।
	गैलेरूसिड बीटल और जैसिड	मोनोक्रोटोफॉस 0.04 प्रतिशत या नीमअर्क 5 प्रतिशत का छिड़काव करें।
सोयाबीन	तना मक्खी	बुवाई पूर्व फोरेट 10 कि.ग्रा./है. की दर से स्प्रे करें।
	तम्बाकू की सूंड़ी व रोयेदार सूंड़ी	क्लोरोपाइरिफॉस (1.5 ली/है.) का छिड़काव करें।
फसल	**रोग**	**नियंत्रण**
मूँग, उड़द व लोबिया	मोजैक	वाहक कीट सफेद मक्खी की रोकथाम के लिए डाइमिथोएट या मेटासिस्टॉक्स 0.1 प्रतिशत का छिड़काव करें।
	चूर्णिल आसिता व पत्ती धब्बा रोग	जिनेब या केप्टान दवा का 2.5 ग्रा./ली. का घोल बनाकर स्प्रे करें।
सोयाबीन	पर्ण धब्बा रोग ब्लाइट (उकठा)	कार्बेन्डामिज 0.5 कि.ग्रा./है.
	पीला मोजैक	मिथाइल डिमेटॉन 0.8 ली./है. का छिड़काव करें।
अरहर	तना विगलन	रिडोमिल एम जेड–72 द्वारा बीजोपचार करें।

बीज फसल की कटाई एवं मड़ाई

फसल उत्पादन में बीज के पूर्णतः परिपक्व हो जाने पर उचित नमी अवस्था में फसल की कटाई करना उपयुक्त होता है। इसमें असावधानी बरतने पर उपज व गुणवत्ता में कमी आती है। अतः फसल पकने की स्थिति में तकनीकी बिन्दुओं का निरीक्षण एवं प्रमाणीकरण कराकर ही फसल को काटना चाहिए। कटाई के

समय बीज की यांत्रिक क्षति न हो, बीजों में यांत्रिक प्रदूषण न हो तथा बीज ढेर की पहचान बनाये रखी जाये। मड़ाई के बाद उत्पादन की गुणवत्ता बढ़ाने के लिए अतिरिक्त प्रदूषकों जैसे, अक्रिय पदार्थ, भूसा, कटे व सिकुड़े बीज, खरपतवार व अन्य फसलों के बीजों को अलग किया जाता है। थ्रेसर से मड़ाई करते समय यह आवश्यक है कि एक समय में एक ही प्रजाति की मड़ाई करें। फसल की दूसरी मड़ाई से पूर्व खलिहान व थ्रेसर की समुचित सफाई करनी चाहिए।

बीज फसल का निरीक्षणः फसल की विभिन्न अवस्थाओं में प्रासंगिक संस्था एवं वैज्ञानिकों द्वारा बीज प्रमाणीकरण निरीक्षण किया जाता है। इन प्रक्षेत्र निरीक्षणों के दौरान अवांछित पौधों की उपस्थिति, पृथक्करण दूरी व रोगी पौधों की जांच की जाती है।

बीजों को सुखानाः कटाई के बाद बीज में आर्द्रता मानक स्तर से अधिक होती है, अतः मानक स्तर आर्द्रता प्रतिशत लाने के लिए बीज को पक्के फर्श या टारपोलिन बिछाकर उस पर फैला कर सुखाना अति आवश्यक है। दलहनी फसलों में 9 प्रतिशत नमी भंडारण के लिए उपयुक्त पायी गई है।

भंडारणः सूखे हुए बीज को प्लास्टिक या जूट की बोरियों में भरकर भंडारण आर्द्रता रहित साफ–सुथरे पक्के गोदामों में भंडारित करना चाहिए। गोदामों में कीड़े, चूहों के नियंत्रण हेतु कीटनाशक दवा, फ्यूमीगेशन व चूहों के मारने हेतु जिंक फास्फॉइड का उपयोग करना चाहिए। भंडारण में बीज को अलग–अलग किस्म के आधार पर टैग लगाकर रखना चाहिए जिससे किसी भी प्रकार का सम्मिश्रण न हो।

उस बीज को उत्तम कोटि का माना जाता है जिसमें आनुवंशिक शुद्धता शत–प्रतिशत हो अन्य फसल एवं खरपतवार के बीजों से रहित हो, रोग व कीट के प्रभाव से मुक्त हो, जिसमें जीवन शक्ति और ओज भरपूर हो तथा उसकी अंकुरण क्षमता उच्चकोटि की हो, जिसमें खेत में जमाव अच्छा हो, किसानों से अनुरोध है कि अपने विकास खण्ड से बीज प्राप्त कर अपने पुराने बीजों को बदलते हुए प्रमाणित बीजों से बुवाई करें, जिससे दलहनी फसलों के उत्पादन में वृद्धि हो।

❑❑❑

अध्याय–23

दलहनी फसलों में सामयिक सस्य क्रियाएँ

प्रस्तुत अध्याय में जनवरी से दिसम्बर माह के बीच किये जाने वाले महत्वपूर्ण सस्य क्रियाओं पर चर्चा की जा रही है। इससे सम्बन्धित जानकारी का किसान भाई लाभ उठाकर फसल एवं आय प्राप्त कर सकते हैं, जैसेः

जनवरीः चना व मटर में फूल आने शुरू हो जाते हैं। सिंचाई की सुविधा उपलब्ध होने पर चना व मटर में एक बार हल्का पानी लगा देना चाहिए। चने की फसल में फली बेधक कीट की गिडारों के नियंत्रण हेतु फेनवेलरेट 20 ई.सी. की 500 मि.ली. या मोनोक्रोटोफॉस 36 ई.सी. की 750 मि.ली. मात्रा को 600 ली. पानी में मिलाकर प्रति हैक्टेयर की दर से छिड़काव करें।

फरवरीः इस माह के अंत में बसंतकालीन मूँग की बुवाई कर सकते हैं। चने में फली छेदक कीट का प्रकोप फली में दाना बनते समय अधिक होता है। इसके नियंत्रण हेतु मोनोक्रोटोफॉस 40 ई.सी. दवा की 1 ली. मात्रा को 600 ली. पानी में मिलाकर फली आते समय फसल पर छिड़काव करें। चने की फसल में रस्ट रोग के लक्षण दिखाई देने पर मैंकोजेब (75 प्रतिशत डब्ल्यू.पी.) 500 ग्राम प्रति एकड़ की दर से 200 ली. पानी में घोलकर छिड़काव करें। चने में झुलसा रोग के नियंत्रण हेतु ट्राइकोडर्मा विरिडी 500 ग्रा. प्रति एकड़ या जिंक कार्बोमेंट 2.0 कि.ग्रा. या जीरम 90 प्रतिशत 2 कि.ग्रा. प्रति है. की दर से 200 ली. पानी मिलाकर छिड़काव करें। मसूर की फसल में माहूं कीट के नियंत्रण हेतु क्लोरोपायरीफॉस 20 ई.सी. 750 मि. ली. यह फॉस्फोरस 85 ई.सी. 250 मि.ली. या डायमिथियेट 30 ई.सी. 500 मि.ली. मात्रा प्रति हैक्टेयर को 500 ली. पानी में मिलाकर छिड़काव करें। मटर की फसल में पहली सिंचाई फूल आते समय तथा दूसरी दाना भरते समय करनी चाहिए। मटर में लीफ माइनर का प्रकोप होने पर मिथाइल डिमेटोन 1.0 मि.ली. प्रति ली. पानी में मिलाकर छिड़काव करें। मटर में फली छेदक के नियंत्रण हेतु इमिडाक्लोप्रिड 0. 5 प्रतिशत या डाइमेथोएट 0.03 प्रतिशत का 400 से 600 ली. पानी में घोल बनाकर स्प्रे करें। मटर की फसल में चूर्णिल आसिता रोग लक्षण दिखाई देने पर सल्फेस 2.5 कि.ग्रा./है. या डाइथेन एम–45 कि.ग्रा./है. की दर से 600 ली. पानी में घोलकर 2 से 3 बार छिड़काव करें।

मार्च: इस माह ग्रीष्मकालीन उड़द एवं मूँग की बुवाई की जा सकती है। इन फसलों को शुद्ध या अंतःफसल के रूप में उगाया जा सकता है। चने में फली छेदक कीट का प्रकोप फली में दाना बनते समय अधिक होता है। इसके नियंत्रण हेतु मोनोक्रोटोफॉस 40 ई.सी. दवा की 1 ली. मात्रा को 600 ली. पानी में मिलाकर फली आते समय फसल पर छिड़काव करें। मसूर में फली छेदक की रोकथाम फेनबलारेट रसायन की 750 मि.ली. मात्रा को 600 ली. पानी में मिलाकर छिड़काव करें। बरसीम फसल में फूल आने के बाद कासनी खरपतवार को पहचानकर खेत से निकाल दें।

अप्रैल: इस माह में ग्रीष्म ऋतु या चैत्र वैशाख का आगाज़ होने लगता है। किसान भाइयों के पास जहाँ पर सिंचाई के साधन उपलब्ध हैं, वहाँ पर कम अवधि में तैयार होने वाली ग्रीष्मकालीन दलहनी फसलों की बुवाई की जा सकती है। ग्रीष्मकालीन दलहनी फसलें जैसे, मूँग, उड़द व लोबिया की बुवाई 20 अप्रैल तक अवश्य पूरी कर लें। सामान्यतः ग्रीष्मकालीन/बसंत मूँग एवं उड़द की बुवाई सामान्यतः मार्च के पहले सप्ताह से अप्रैल के पहले सप्ताह (15 मार्च से 15 अप्रैल) के मध्य में करनी चाहिए। बसंत मूँग की उन्नतशील प्रजातियों जैसे, सम्राट, पूसा विशाल, पूसा वैशाली, पूसा–9531, पूसा 672, पंत मूँग–4, 5, 6 एवं नरेन्द्र मूँग–1 तथा उड़द की शेखर–1,2,3, माश–1008, 479 व सुजाता आदि उगाई जा सकती है। सिंचित अवस्था में अरहर की यू.पी.ए.एस 120 तथा टी–1 की अप्रैल में बुवाई की जा सकती है। इस माह रबी दलहनी फसलों की कटाई एवं गुड़ाई की जाती है। चना और मसूर की फसल में जब पौधे की पत्तियां गिरने लगती हैं और तना व फली भूरे रंग की होने लगती है तब कटाई का उपयुक्त समय है। दाने वाली मटर की कटाई कर लें।

मई: मूँग, उड़द एवं लोबिया की फसल में बुवाई के बाद पहली सिंचाई 20 से 25 दिनों पर तथा दूसरी 35 से 40 दिनों पर करें। आवश्यकता होने पर 45 से 50 दिनों पर तीसरी सिंचाई भी करें। बुवाई के 15 से 20 दिनों के अंदर कसोले से निराई–गुड़ाई कर खरपतवारों को नष्ट कर देना चाहिए। लोबिया की फलियों की तुड़ाई नियमित करते रहें।

जून: उत्तरी–पश्चिमी क्षेत्रों जैसे, पंजाब, हरियाणा, राजस्थान, दिल्ली एवं पश्चिमी उत्तर प्रदेश के क्षेत्रों में जून के दूसरे सप्ताह में पलेवा करके अरहर की अगेती किस्मों की बुवाई करें। उत्तर–पूर्वी क्षेत्रों जैसे, बिहार, बंगाल और पूर्वी उत्तर प्रदेश में अरहर की बुवाई मानसून की पहली वर्षा के बाद जून के अंतिम सप्ताह में करें।

जुलाईः इस माह उड़द व मूँग की बुवाई वर्षा प्रारम्भ होने पर की जा सकती है। किस्मों के अनुसार उड़द व मूँग की उपयुक्त बीज दर 15 से 20 कि.ग्रा./है. है।

अगस्तः मूँग व उड़द की शीघ्र पकने वाली उन्नत प्रजातियों की बुवाई करें। अरहर, मूँग, उड़द व लोबिया आदि दलहनी फसलों में फूल आने पर मृदा में हल्की नमी बनाये रखें। बुवाई के 15 से 20 दिनों के अंदर कसोले से निराई–गुड़ाई कर खरपतवारों को नष्ट कर देना चाहिए। चौड़ी पत्ती तथा घास वाले खरपतवार को रासायनिक विधि से नष्ट करने के लिए पेन्डीमेथिलीन 30 ई.सी. दवा की 3.30 ली. एलाक्लोर की 4.0 ली. या फ्लूक्लोरोलिन 45 ई.सी. दवा की 2.20 ली. मात्रा को 800 ली. पानी में मिलाकर बुवाई के तुरन्त बाद या अंकुरण से पहले छिड़काव करें। मूँग व उड़द एवं अरहर की फसल में पीले मोजैक के नियंत्रण हेतु डाइमोथेएट 30 ई. सी. दवा की 1.0 ली. मात्रा को 600 ली. पानी में घोलकर 10 से 15 दिनों के अंतराल पर 2 से 3 बार छिड़काव करें या इमिडाक्लोरोप्रिड 0.5 मि.ली./ली. पानी 500 ली. प्रति हैक्टेयर की दर से छिड़काव करें।

सितम्बरः इस माह दलहनी फसलों को जल भराव से बचाना आवश्यक होता है। अतः अधिक वर्षा की स्थिति में आवश्यकतानुसार अरहर, उड़द, मूँग एवं लोबिया आदि फसलों में जल निकास आवश्यक होता है। यदि वर्षा का वितरण ठीक प्रकार से न हो और मौसम लम्बे समय तक सूखा रहे तो अरहर में एक सिंचाई फूल निकलने के पहले और दूसरी उसके उपरान्त फलियां बनते समय देनी चाहिए अर्थात कलियां बनते समय वर्षा न होने की स्थिति में खेत में पर्याप्त नमी रखने के लिए सिंचाई करें। लोबिया की फसल में सफेद मक्खी के नियंत्रण हेतु 0.1 प्रतिशत मेटासिस्टॉक्स या डाइमेथोएट का छिड़काव 10 दिन के अंतराल पर करें। मूँग व उड़द की फलियां जैसे–जैसे पकती जाएं, उनकी तुड़ाई करते रहें।

अक्टूबरः इस माह में दलहनी फसलें (मूँग, उड़द, ग्वार, लोबिया) की अगेती प्रजातियों की कटाई व मड़ाई एवं रबी फसलों की बुवाई जैसे, चना, मटर, मसूर एवं बरसीम इत्यादि की आरम्भ हो जाती है। अक्टूबर माह के प्रमुख दलहनी फसलों में सस्य क्रियाएं इस प्रकार हैंः

1. **अरहर, मूँग, उड़द और लोबिया इत्यादि की देखभाल एवं कटाईः** अरहर की कुछ किस्में 5 से 6 महीने में तथा कुछ 10 महीनों में पककर तैयार होती हैं। अगेती किस्में नवंबर–दिसम्बर में और पछेती किस्में मार्च–अप्रैल में काटी जाती हैं। फसल की कटाई परंपरागत कृषि हंसिया से की जाती है।

फसल सूख जाने पर फलियों को काटकर या पीटकर दाने निकाले जाते हैं। यांत्रिक विधि में पूलमेन थ्रेसर का उपयोग किया जाता है। अरहर की फसल में चना फलीभेदक का प्रकोप होने पर स्पाईनोसाड 45 प्रतिशत एस.जी. (0.2 मि.ली./ली.) इंडोक्सोकार्ब 15.8 ई.सी. (0.5 मि.ली./ली.) की दर से छिड़काव करें। कली बनते समय कोरोजेन 18.5 एस.सी. (1 मि.ली./ली.) की दर से छिड़काव कर दें।

2. उड़द की फलियों की तुड़ाई करते रहें और यदि फलियां एक साथ पक रही हैं तो ऐसी स्थिति में हंसिया से कटाई करें।
3. लोबिया की हरी फलियों के उपयोग हेतु 45 से 90 दिनों तक तोड़ सकते हैं।
4. ग्वार की फसल की कटाई दरांती से की जाती है। कटाई के बाद फसल को अच्छी तरह सुखा लें।
5. बरसीम की बुवाई अक्टूबर के प्रथम सप्ताह में कर देनी चाहिए। इसके लिए वीएल 10, 1, 2, 22, यूपीवी 103 व 110, बरसीम लुधियाना, मिस्कावी, पूसा जायन्ट, टाईप 180, 678, 780, वरदान इत्यादि प्रमुख है।

नवम्बर: रबी में उगाई जाने वाली दलहनी फसलों की बुवाई किसी कारणवश अभी तक न हो पाई हो तो इस माह के पहले सप्ताह में इस कार्य को समाप्त कर लें। बुवाई के 25 से 30 दिन बाद एक निराई करके गुड़ाई कर दें। पहली सिंचाई के बाद ओट आने पर वायु–संचार के लिए हल्की गुड़ाई पुनः न करें। खरपतवार नियंत्रण हेतु 2.0 ली. फ्लूक्लोरालिन 45 ई.सी. प्रति हैक्टेयर की दर से 1000 ली. पानी में घोलकर बोने से पूर्व अथवा 3.3 ली. पेन्डामिथेलिन 30 ई.सी. बुवाई के 2 से 3 दिन के अंदर अंकुरण के पूर्व ही प्रयोग करें। बरसीम की फसल की पहली कटाई इस माह के अंत तक अवश्य कर लें।

दिसम्बर: इस माह समय से बोई गई दलहनी फसलों जैसे, चना, मटर और मसूर की फसलों से आवश्यकतानुसार खरपतवारों का उन्मूलन करें। साथ ही वर्षा न होने की स्थिति में हल्की सिंचाई कर देनी चाहिए। चने में बुवाई के 35 से 40 दिनों बाद शीर्ष कालिका की तुड़ाई करें। देर से बोई गई फसल में शाखा अथवा फली बनते समय 2 प्रतिशत यूरिया/डी.ए.पी. के घोल का छिड़काव करें। अरहर की जून में बोई किस्मों की कटाई करें।

❑❑❑

अध्याय–24

दलहन द्वारा खाद्य एवं पोषण सुरक्षा से सम्बन्धित प्रमुख शब्दकोष

शब्द	Word
दलहनी फसल	Legume crop
लैग्यूमिनेसी	Leguminaceae
दाल	Pulse
दलहन आपूर्ति	Pulse Availability
दलहन उत्पादन में बाधायें	Constraints in pulse Production
जड़ों में गांठें	Nodules
बसंतकालीन	Spring Season
ग्रीष्मकालीन	Summer Season
खरीफ	Kharif
कम अवधि	Short duration
मध्यम अवधि	Medium duration
लम्बी अवधि	Long duration
बीज दर	Seed Rate
अंतरण	Spacing
चना	Chickpea, Bengalgram
शीर्ष तुड़ाई	Nipping/Topping
अरहर	Pigenpea, Redgram
मूँग	Mungbean, Greangram
उड़द	Blackgram, Urdbean
मसूर	Lentil, Red dhal
मटर	Pea
राजमा	Fieldbean, Commonbean, Kidneybean
लोबिया	Cowpea, Cowgram,Chinapea
सेम	Indian bean, Egyptian bean, Hyacinth bean

मोठ	Mothbean, Motbean
कुल्थी	Horsegram, madrasgram
खेसारी	Lathyrus pea, Indian Vetch, Graspea
ग्वार	Clusterbean
सोयाबीन	Soybean
साइसर ऐरिटीनम	Cicer Arietinum
कैजेनस कजान	Cajanus cajn L.
बीमारी	Disease
प्रतिरोधी	Resistant
मोजैक	Mosaic
पीला चित्रवर्ण रोग	Yellow Mosaic Virus
झुलसा रोग	Blight
चूर्णित आसिता/बुकनी	Powdery mildew
मृदुरोमिल आसिता रोग	Downy mildew
पर्णकुंचन	Leaf Curl
रूक्ष रोग	Anthracnose
बुंदकी रोग या सरकोस्पोरा पत्र	Cercospora Leaf Spots
कोणीय पर्ण चित्ती	Angular leaf sport
स्तम्भ मूल संधि रोग	Collar rot
तना सड़न	Stem rot
तना अंगमारी	Stem blight
रतुआ/गेरुई	Rust
उक्ठा रोग/मुरझान	Wilt
उत्पत्ति	Origin
माहू	Aphid
फली भेदक	Pod borer
कटुआ	Cutworm
श्वेत मक्खी	Whitefly
पत्तियां खाने वाले गिडार	Hair catterpiller
बिहार रोमिल सूंड़ी	Bihar hair catterpiller
फसल विविधीकरण	Crop diversification
अजैविक प्रतिबल	Abiotic Strees
अवायवीय	Anaerobic

जुताई	Tillage
सेम (बीन)	Bean
बेरी–बेरी (विटामिन बी की कमी)	Beri-Beri
बीटा कैरोटीन	Beta carotene
जड़ ग्रन्थिकाओं	Root nodules
बीज सुसुप्तावस्था	Seed dormancy
जैवसंवर्द्धन (जैवसुदृढ़ीकरण)	Biofortification
जैवसंवर्द्धित	Biofortified
जैवसूचनिकी	Bioinformatics
जैवसुरक्षा	Biosafety
जैवप्रौद्योगिकी	Biotechnology
जैवरूपान्तरण	Biotransformation
प्रजनन	Breeding
प्रजनन वंशक्रम	Breeding lines
प्रजनन विधियाँ	Breeding methods
प्रजनन तकनीक	Breeding technique
पुंज विधि	Bulk method
ऊर्जा उपभोग	Calorie consumption
अभिलक्षण	Characteristic
संरोध	Containment
संदूषण / सम्मिश्रण	Contamination
तांबा (कॉपर)	Copper
फसल उन्नयन	Crop improvement
संकरण	Cross
पर–निषेचन	Cross fertilization
खोज	Discovery
डीएनए अणु	DNA Molecule
न्यूवता	Deficiency
निम्नीकरण	Degradation
अंश	Degree
प्रायोगिक अभिकल्पना	Design of experiment
वांछित जीन	Desired gene
सूत्रवियुग्मन	Desynapsis

नर भाग को हटाना	Detasselling
विसंगति	Discordance
रोगरोधिता	Disease resistance
विपुंसन	Emasculation
मूल्यांकन	Evaluation
संवर्द्धक (प्रमोटर)	Enhancers
प्रबलता	Epistasis
वातावरण	Environment
कारक	Factor
उर्वरता	Fertility
निषेचन	Fertilization
खाद्य	Food
संवर्द्धन	Fortification
प्रकार्य	Function
प्रकार्यात्मक	Functional
जीन	Gene
जीन संप्रेषण	Gene transmission
आनुवंशिक अभियांत्रिकी	Genetic Engineering
आनुवंशिक रूप से परिवर्द्धित फसलें	Genetically Modiffied (G.M.) Crop
आनुवंशिकी	Genetics
आनुवांशिक वंशागत	Genetic heredity
जीनोम	Genome
जिनोम चित्रण	Genome mapping
जीनप्रारूप	Genotype
जननद्रव्य संरक्षण	Germplasm conservation
जीन क्लोनिंग	Gene cloning
जीन रूपांतरण	Gene transformation
जीन अभिव्यक्ति	Gene expression
आनुवंशिक चिन्हक	Genetic marker
आनुवंशिक द्रव्य	Genetic material
जननद्रव्य	Germplasm
वृद्धि हार्मोन	Growth harmone
वृद्धि नियामक–मुक्त	Growth regulator free

वृद्धि नियंत्रक	Growth regulators
वृद्धि रोधक	Growth retardant
खरपतवारनाशी	Herbicide
आवास	Habitat
अगुणित	Haploid
हार्वेस्टप्लस	Harvestplus
संकट	Hazards
वंशागत	Hereditary
वंशागतित्व	Heritability
वंशागत	Heritable
विषमयुग्मज	Heterozygous
षट्गुणित	Hexaplloid
निहित अदृश्य भुखमरी	Hidden hunger
समांगी/समरूप	Homogeneous
एकरूपता	Homogenity
समजात	Homologous
समजातक	Homologus
पोषी	Host
एकसमान	Identical
पात्रे तकनीक	*In vitro* technique
प्रेरक	Inducer
अंतःप्रजात	Inbred
अंतःप्रजात वंशक्रम	Inbred line
अंतःप्रजनन	Inbreeding
अंत प्रजनन	Inbreeding
अनिषेच्यता, असंगतता	Incompatibility
एकल	Individual
अन्तः क्रमण	Ingress
जन्मजात रोधिता	Inherent resistance
वंशागति	Inheritance
रुकावट	Inhibition
निरोधक	Inhibitor
संरोप्य (इनोकुलेशन)	Inoculation

स्वस्थाने संकरण	*In-situ* Hybridization
अंतःजेनेरिक संकर	Inter generic hybrids
अंतःस्पेशीज संकर	Inter species hybrids
अंतरजीतीय पारस्परिक क्रिया	Interspecific Interaction
अंतःबांझपन	Intersterillity
आयोडीन	Iodine
लौह	Iron
पृथक्करण	Isolation
अपूर्ण सहलग्नता	Incomplete linkage
प्रतिलोमन	Inversion
सजीव स्थान	Living space
सहलग्नता/ सहवर्तिता	Linkage
अनुरक्षित	Maintain
अनुरक्षण	Maintenance
नर बन्ध्यता	Male sterility
कुपोषित	Malnourished
कुपोषण	Malnutrition
चिन्हक जीन	Marker genes
चिन्हकों	Markers
संगम	Mating
सूक्ष्म पोषक तत्व	Micronutrient
सूक्ष्म प्रवर्द्धन	Micropropagation
खनिज	Mineral
आण्विक चिन्हक	Molecular Markers
उत्परिवर्तन	Mutation
पोषकता	Nutrition
पोषण संवर्द्धित	Nutritionally enhanced
अंग कल्चर	Organ culture
परजीवी	Parasite
जनकों	Parents
रोगजनक	Pathogene
विभोजी	Phage
लक्षणप्रारूप	Phenotype

पादप कल्चर	Plant culture
पादप ऊतक	Plant tissue
पराग कल्चर	Pollen culture
बहुसंकर	Polycross
अन्वेषी	Probes
संतति	Progeny
दो संतति	Progeny
वंशावली विधि	Pedigree method
लक्षणप्रारूप	Phenotype
शुद्ध वंशक्रम	Pure line
शुद्ध वंशक्रम चयन	Pure line selection
परिशुद्ध / शुद्ध	Precise
चतुर्युग्म	Quadrivalent
मात्रात्मक लक्षण	Quantitative character
संगरोध	Quarantine
यादृच्छिक	Random
पुनर्योगज	Recombinant
पुनर्योजन	Recombination
पुनरुत्पादन	Regeneration
नियामक स्वीकृति	Regulatory approval
अनुक्रिया	Response
पुनर्योगज डी. एन. ए.	Recombinant DNA
पुनर्योगज अंतःप्रजात क्रम	Recombinant inbred lines
अभिकर्मक	Reagent
पुनरावर्तन	Repeat
प्रतिवलन / प्रतिकृति	Replication
जाति	Species
विभेद	Strain
सेलेनियम	Selenium
स्वनिषेचन	Selfing
अनुक्रमण	Sequencing
प्ररोह	Shoot
एक फसलीय आहार	Single crop diet

बच्चों में बौनापन (स्टंटिंग)	Stunting
बंध्यता (विटामिन 'ई' की कमी)	Sterity
प्रतिबल	Stess
रोगाणुनाशन	Sterilization
संरचनात्मक	Stuctural
अवरुद्ध विकास	Stunt growth
उत्तरजीविता	Survival
ऊतक संवर्धन	Tissue culture
सहिष्णुता	Tolerance
आविषालुता	Toxicity
स्थानांतरित	Transgenic
रूपांतरण आरएनए	Transfer RNA
संचरण	Transformation
पाराजीनी	Transgene
पाराजीनी (ट्रांसजेनिक) फसल	Transgenic crop
प्रतिरोपित	Transplant
सारणीबद्ध	Tabulated
चिन्हीकरण	Tagging
परीक्षण	Test
संप्रेशण	Transmission
संप्रेषित	Transmit
परिवर्तनशील अवयव	Transposable element
पक्षांतरण	Transposition
अल्पपोशित	Undernourished
परिवर्त	Variant
विविधता	Variation
प्रजाति, किस्म	Variety
संवहनी सम्बन्ध	Vascular connection
वाहक	Vector
विटामिन	Vitamin
विश्व स्वास्थ्य संगठन	WHO
जस्ता (जिंक)	Zinc

संदर्भ ग्रंथ

1. पोषण सुरक्षा में दालों का योगदान द्वारा मृदुला डी, खेती, फरवरी, 2021
2. दलहन विकास निदेशालय, कृषि एवं किसान कल्याण मंत्रालय, भारत सरकार, विंध्याचल भवन, भोपाल
3. पूसा सुरभि, 2018–19 द्वारा भा.कृ.अनु.सं., पूसा, नई दिल्ली
4. प्रसार दूत द्वारा भा.कृ.अनु.सं., पूसा, नई दिल्ली
5. खेती द्वारा भा.कृ.अनु.प., दिल्ली
6. भा.कृ.अनु.प.–भा.द.अनु.सं., कानपुर
7. भा.कृ.अनु.प.–भा.स.अनु.सं., बनारस
8. खेती दुनिया, पटियाला
9. दलहनी फसलों की विविधता एवं उत्पादन विधि द्वारा अजय कुमार त्रिवेदी एवं अन्य, मई, खेती, 2014
10. दलहनी फसलें हैं–मृदा के लिए अधिक जरूरी द्वारा डॉ. निरंजन कुमार बरोड

❑❑❑